智能网联和新能源汽

战略性新兴领域"十四

U0615877

新能源汽车大数据分析与应用技术

第2版

王震坡 刘鹏 张照生 编著

机械工业出版社
CHINA MACHINE PRESS

本书从新能源汽车数据基础、大数据应用流程、数据分析方法、数据处理工具、新能源汽车运行大数据统计分析与应用实例、大数据分析在未来交通出行中的应用及发展前景等方面,融合车辆工程、信息工程、计算机技术等多学科知识,理论与实践相结合,由浅入深,系统地介绍了新能源汽车与大数据融合的发展趋势、理论基础与挖掘技术、应用技术与范例。可为从事大数据分析工作的研究人员和相关工作组提供借鉴和参考,对新能源汽车大数据平台构建、数据管理和数据应用有指导意义。

本书适合新能源汽车相关行业的从业人员,从事相关科研项目或相关专业的教师、学者,以及本科生、研究生阅读。

图书在版编目(CIP)数据

新能源汽车大数据分析与应用技术 / 王震坡,刘鹏,张照生编著. --2 版. --北京:机械工业出版社,2024. 10(2025.8 重印). --(战略性新兴领域"十四五"高等教育系列教材). --ISBN 978-7-111-76659-9

Ⅰ.U469.7

中国国家版本馆 CIP 数据核字第 2024SW6765 号

机械工业出版社(北京市百万庄大街 22 号 邮政编码 100037)
策划编辑:王 婕   责任编辑:王 婕 李崇康
责任校对:张爱妮 张 薇   封面设计:张 静
责任印制:张 博
固安县铭成印刷有限公司印刷
2025 年 8 月第 2 版第 2 次印刷
184mm×260mm · 15.5 印张 · 343 千字
标准书号:ISBN 978-7-111-76659-9
定价:65.00 元

电话服务   网络服务
客服电话:010-88361066   机 工 官 网:www.cmpbook.com
　　　　　010-88379833   机 工 官 博:weibo.com/cmp1952
　　　　　010-68326294   金 书 网:www.golden-book.com
封底无防伪标均为盗版   机工教育服务网:www.cmpedu.com

丛书序

全球汽车产业正快速进入以电动化、智能化为主的转型升级阶段，汽车产业生态和竞争格局正加剧重构，中国汽车强国之路面临着前所未有的机遇与挑战。智能网联新能源汽车产业的快速变革，推动汽车产业对人才能力需求的根本性改变。作为人才培养过程中的基础性核心要素，专业教材建设工作应为高质量人才培养体系提供坚实支撑，为人才培养提供知识载体，促使学生在知识学习中通过实践获得智慧，进而实现人才驱动产业高质量发展的倍增效应。

为全面贯彻党的二十大精神，深入贯彻落实习近平总书记关于教育的重要论述，深化新工科建设，加强高等学校战略性新兴领域卓越工程师培养，在教育部高等教育司和中国汽车工程学会的指导下，我们联合车辆工程相关专业的二十余所院校、十余家汽车及科技公司，共同开展了智能网联和新能源汽车战略性新兴领域"十四五"高等教育系列教材的建设工作。

本系列教材内容贯穿智能网联新能源汽车的全产业链，紧紧围绕立德树人的根本任务，用心打造培根铸魂、启智增慧的精品教材。同时结合信息时代、数字时代的学习特点，在教材建设过程中积极推进数字化转型，以更丰富的教材形态和内容供给助推育人方式变革。本系列教材建设旨在充分发挥教材作为人才培养关键要素的重要作用，着力破解战略性新兴领域高等教育教材整体规划性不强、部分内容陈旧、更新迭代速度慢等问题，加快建设体现时代精神、融汇产学共识、凸显数字赋能、具有战略性新兴领域特色的高等教育专业教材体系，牵引带动相关领域核心课程、重点实践项目、高水平教学团队建设，着力提升人才自主培养质量。特别值得指出的是，在本系列教材建设过程中，智能网联新能源汽车头部企业以极大的热情积极投入教材建设工作中，以丰富的工程实践反哺人才培养，高校和企业优势互补、加强协同，共同大力推进新时代、新形势下的汽车人才培养工作。

在智能网联新能源汽车高速发展的阶段，技术积累、梳理、传播和创新非常重要。本系列教材不仅可以为高等院校、汽车研究机构和企业工程技术人才培养提供非常有价值的内容，而且可以直接服务于电动汽车产业的自主创新，对深入推进供给侧结构性改革、提高我国电动汽车产业自主研发创新能力、提升自主品牌零部件和整车企业的竞争力、培育智能网联新能源汽车行业新动能，都具有非常重要的价值。

丛书总主编、中国工程院院士

2024 年 6 月

前 言

当前，全球新一轮科技革命和产业变革蓬勃发展，电动化、网联化、智能化成为汽车产业的发展潮流和趋势。本书是北京理工大学电动车辆国家工程研究中心根据10余年新能源汽车与大数据研究经验编制而成，是我国新能源汽车与大数据融合领域的第一本教材，是新能源汽车国家监管平台技术的长期积淀。

近年来，随着计算机和信息技术的迅猛发展和普及应用，行业应用系统的规模迅速扩大，行业应用所产生的数据呈爆炸性增长。动辄达到数百太字节（1TB=1024GB）甚至数十至数百拍字节（1PB=1024TB）规模的行业/企业大数据已远远超出了现有传统的计算技术和信息系统的处理能力。因此，寻求有效的大数据理技术、方法和手段已成为业界的迫切需求。

目前，全球汽车领域专家、学者，以及政府、高校、公司等各大机构都在致力于研究和开发车辆大数据相关技术，并推进该领域的进步和发展。本书从新能源汽车技术需求与发展现状，到大数据基础理论，再到工程实践与技术应用，循序渐进、深入浅出地阐述了大数据在交通领域应用的关键技术与方法。在第1版的基础上，本书突出新能源汽车大数据技术内容，增加了近年已经在行业成熟应用的新技术和新进展，并整合对应案例形成新的应用章节；增加了"大模型"等热门新兴技术相关内容，构成新的通识性知识章节。其次，在新能源汽车市场快速扩张的背景下，本书增加了大数据安全分析、数据隐私保护等应用理论与关键技术章节，以适应现阶段大数据安全技术热点和现实需求。另外，随着智能网联技术发展和新能源汽车应用频率的提升，快速数据处理和智能分析成为发展趋势，本书增加了高效数据处理技术、智能数据分析技术等相关内容，以适应新能源汽车大数据快速分析、提升车辆使用便捷性的需求。

另外，本书在新能源汽车应用、多网融合应用等方面增加了实践案例，为从事新能源汽车大数据分析工作的研究人员和相关工作者提供借鉴和参考。新增章节"新能源汽车数据化发展趋势"，介绍新能源汽车与交通网、能源网、信息网和服务网跨界融合等相关技术内容，以适应现阶段"车-路-云协同发展"牵引下实现汽车强国目标对于跨域协同发展的技术需求。

本书适合新能源汽车相关行业的从业人员，从事相关科研项目或相关专业的教师、学者，以及本科生、研究生阅读。

由于作者水平和条件有限，书中难免有不妥和错漏之处，恳请读者批评指正！

作 者

目 录

第1章

导　论

学习目标：

- 了解大数据的产生与发展阶段
- 了解大数据的价值与挑战
- 了解汽车行业的数字化现状
- 掌握新能源汽车大数据的应用流程

汽车自 1886 年发明以来，从单纯的替代畜力和人力到当前的安全、便捷、高效出行，汽车超百年的历史不仅仅是汽车产业的发展历程，也代表着现代工业文明的发展轨迹，人类每一次的技术进步都会在车辆制造上有相应的体现。当前，全球新一轮科技革命和产业变革蓬勃发展，汽车与能源、交通、信息通信等领域有关技术加速融合，电动化、网联化、智能化、共享化成为汽车产业的发展潮流和趋势，以大数据技术为核心的行业全面数字化变革是关键和根基。大数据技术促进了研发、生产、销售、售后等汽车产业全链条的数字化，极大地提高了效率并改善了用户体验，推动了汽车从单纯交通工具向移动智能终端、储能单元和数字空间的转变。

1.1　大数据基本概念

随着云计算、物联网等技术的兴起，数据正以前所未有的速度不断地增长和累积，大数据时代已经来到。大数据开启了一个令人激动的全新时代，海量、多样化的数据展现出无与伦比的价值，彻底颠覆了我们长久以来形成的固化的思维方式。各大产业开始争先恐后布局大数据领域，尝试用各种手段去挖掘深藏在数据背后的巨大价值。

1.1.1　大数据的概念

大数据本身是一个比较抽象的概念，单从字面来看，它表示数据规模的庞大。但是仅仅数量上的庞大显然无法看出大数据这一概念和以往的"海量数据"（massive data）、"超大规模数据"（very large data）等概念之间有何区别。对于大数据尚未有一个公认的定义，不同的定义基本是从大数据的特征出发，通过这些特征的阐述和归纳试图给出其定义。下面是几种为大众所接受的大数据定义：

1）维基百科：大数据是指利用常用软件工具捕获、管理和处理数据所耗时间超过可容忍时间的数据集。

2）麦肯锡全球研究机构（McKinsey Global Institute）：大数据是指大小超过经典数据库软件工具收集、存储、管理和分析能力的数据集。

3）甲骨文中国（Oracle）：大数据指高速涌现的大量多样化数据，其特性可简单概括为"3V"：Volume（大量）、Velocity（高速）和Variety（多样性）。

4）高德纳公司（Gartner）：大数据是高度复杂、多样化且规模庞大的数据集，无法使用传统的数据处理工具进行捕获、管理和处理。这个定义强调了数据的复杂性、多样性和规模。

5）国际数据公司（IDC）：大数据是大量、高速、多样化的数据集，需要新的处理和存储技术，以支持更好的决策、更高的效率和创新。

新能源汽车的数据具有大规模、多样性和有价值的特点，因此可以被视为一种大数据资源。这些数据对于产业政策、产品优化和经销商的销售都具有重要意义。

1.1.2　大数据特征和数据类型

（1）大数据的特征

关于大数据的特征，国际数据公司（International Data Corporation，IDC）认为大数据具有4V特征，即规模性（volume）、多样性（variety）、高速性（velocity）和价值性（value）。随着大数据技术的不断发展，数据的复杂程度越来越高，不断有人提出了大数据的新特征，弗雷斯特研究公司（Forrester Research）分析师提出了易变性（variability）特征，IBM认为大数据还具有准确性（veracity）特征。

1）规模性（volume）。大数据的规模性指的是数据的数量庞大，远超传统数据处理能力。现代社会每天产生的数据量以PB（petabyte）甚至EB（exabyte）计。例如，社交媒体、传感器、物联网设备每天生成大量的数据，这些数据包括文本、图片、视频、音频等多种类型。规模性是大数据的重要特征，体现在数据量巨大且不断增长。对新能源汽车行业来说亦是如此，截至 2023 年底，国内的新能源车辆保有量达 2041 万辆。国家新能源汽车大数据平台日均上线车辆数 15640740，日均上线里程数达 937292989.5km，日均上线报文数更是多达 202 亿条。应对大数据的挑战，需要结合先进的存储技术、分布式计算系统、高速网络以及创新的硬件设备。通过这些技术的融合，我们可以高效地存储、传输和处理海量数据，从而挖掘数据的潜在价值。具体来说，为了应对大数据的规模性，存储技术必须不断进步。传统的硬盘驱动器（HDD）正被容量更大、速度更快的固态硬盘（SSD）所替代。同时，云存储成为主流，提供几乎无限的存储能力。例如，亚马逊 AWS、微软 Azure 和谷歌云平台（GCP）都提供大规模的数据存储解决方案，支持按需扩展。

2）**多样性（variety）**。大数据的多样性（variety）指的是数据类型和来源的多种多样性。现代大数据不仅包括传统的结构化数据，如数据库中的表格信息，还涵盖大量的非结构化数据，如文本、图片、视频和音频，以及半结构化数据，如 JSON 和 XML。比如在新能源汽车领域，数据又包括静态数据和动态数据，其中实时动态数据（如整车工况和电池工况等）以文本为主，也有部分图片和视频（如车载摄像头），静态数据（如车型和零部件等）则包含文本、图片和视频。同时，数据来源极其广泛，包括社交媒体、物联网设备、网络日志、电子商务交易和公共数据等。为了处理这些多样性的数据，需要采用不同的存储和处理技术，如 NoSQL 数据库（例如 MongoDB 和 Cassandra）适合存储非结构化和半结构化数据，大数据处理框架如 Hadoop 和 Spark 能够处理各种数据类型，Elasticsearch 则用于处理和搜索大规模文本数据。数据的多样性还带来了数据融合和集成的挑战，需要通过数据清洗、数据转换和数据集成来形成统一的分析视图。分析这些多样性数据需要采用多种分析工具和方法，如自然语言处理（NLP）技术用于文本分析，计算机视觉技术用于图像处理，实时处理框架如 Kafka 和 Flink 用于处理实时生成的数据流。大数据的多样性使其在健康医疗、金融服务、智能制造等各个领域具有广泛的应用前景，能够通过整合多源数据提供更全面和深入的洞察力。

3）**高速性（velocity）**。大数据的高速性（velocity）指的是数据生成和处理的速度要求。现代社会中，数据的产生是持续且高速的，例如社交媒体上的实时更新、物联网设备的连续传感、金融交易的瞬时记录以及新能源汽车的实时运行数据等。为了应对这种高速数据流，需要先进的技术和基础设施来实现实时或近实时的处理。流处理框架如 Apache Kafka 和 Apache Flink 被广泛应用于处理连续的数据流，确保数据在生成时就能被立即捕获和分析。此外，高速网络和低延迟存储设备如 NVMe SSD 也在提升数据传输和存储速度方面起到了关键作用。云计算平台提供的弹性扩展能力，确保计算资源能够根据数据处理需求迅速调整。数据的快速性还要求实时的分析和决策支持，这依赖于内存计算技术和并行处理架构，如 Apache Spark，通过在内存中处理数据，大幅缩短了延迟时间。总之，大数据的快速性不仅挑战了传统数据处理系统，也推动了流处理框架、高速存储和云计算等技术的发展，使得在处理海量数据时能够实现实时响应和决策，从而在各个行业中创造更大的价值。

4) 价值性 (value)。大数据的价值性源于其价值密度低但整体潜在价值高的特点。尽管大数据中的有用信息往往是稀疏分散的,但通过先进的数据分析技术,如数据挖掘、机器学习和人工智能,以及强大的大数据处理平台,我们能够从海量数据中提取出关键的洞察和见解。这些洞察可以在商业、科学、医疗等领域产生深远的影响。在商业领域,通过分析客户行为和偏好的数据,企业可以精确地了解市场需求,优化产品设计和营销策略,提高销售额和客户忠诚度。例如,电商公司可以根据用户的购买历史和浏览行为推荐个性化的产品,提升购物体验和转化率。

在科学研究中,大数据的分析可以揭示出科学规律和趋势,加速科学发现的进程。例如,天文学家通过分析宇宙中的大量数据,发现了新的星系和行星,推动了我们对宇宙起源和演化的理解。在医疗领域,大数据的分析可以改善医疗服务和治疗效果。通过分析患者的基因组数据和临床记录,医生可以制定个性化的治疗方案,提高治疗的准确性和效率,降低医疗成本,拯救更多的生命。在新能源汽车领域,通过分析电池健康状态,我们可以提前发现潜在问题并采取措施,延长电池寿命;通过分析用户行为数据,我们可以改进用户体验,提高客户满意度。虽然从海量数据中提取有价值的信息需要大量的计算资源和时间,但一旦找到这些关键的洞察,所带来的效益将是巨大的。因此,大数据的价值性体现在通过深度分析和挖掘海量数据,为企业、科学研究和社会发展带来前所未有的机遇和价值。

5) 易变性 (variability)。大数据的易变性指的是数据的变化性和不确定性。与传统的结构化数据不同,大数据往往具有更高的变化性,包括数据格式、数据质量、数据来源和数据规模等方面的变化。①大数据的数据格式可能会随着数据源的不同而不断变化。例如,从不同的传感器、设备或系统中收集的数据可能具有不同的格式和结构,甚至在同一数据源中,数据格式也可能会因更新或修改而发生变化。②大数据的数据质量可能受到多种因素的影响而变化。数据可能受到噪声、错误或缺失的影响,甚至可能包含欺诈性或误导性信息。此外,因为数据源、收集方法或环境条件的改变,数据质量也可能会随着时间的推移而变化。③大数据的数据来源也可能具有高度的不确定性和变化性。随着技术的进步和新的数据源的出现,数据来源可能会不断增加或改变,导致数据的多样性和复杂性进一步增加。④大数据的规模和量级也可能随着时间的推移而变化。由于数据持续不断地生成和积累,数据的规模可能会急剧增长,导致数据处理和分析的挑战不断加大。

因此,要有效地处理和利用大数据的易变性,需要采用灵活和适应性强的数据处理和分析技术。这包括数据清洗和预处理方法,以确保数据质量和一致性;数据集成和整合技术,以整合不同来源和格式的数据;以及实时数据处理和流处理技术,以应对数据源的实时变化和不确定性。通过应用这些技术,可以更好地理解和利用大数据的变化性,从而为企业、科学研究和决策提供更准确、可靠和及时的信息和洞察。

6) 准确性 (veracity)。大数据的准确性是指数据的精确性和可靠性,是指数据所反映的情况与实际情况之间的一致性程度。虽然大数据以其规模庞大和多样性而著称,但在处理和分析大数据时，确保数据的准确性至关重要。大数据的准确性取决于数据的收集过程。如果数据收集过程存在错误、漏洞或不完整性，那么所得到的数据就可能不准确。因此，应确保在数据收集阶段采取适当的措施和技术，如数据验证和数据清洗，以降低错误数据的影响，提高数据的准确性。

大数据的准确性也取决于数据的来源和质量。不同来源的数据可能具有不同的质量水平，一些数据可能受到噪声、干扰或不确定性的影响。因此，在使用大数据进行分析时，必须对数据的来源进行评估和验证，选择高质量和可靠的数据源，以确保所得到的分析结果准确可信。

同时，大数据的准确性也需要不断的监控和验证。数据的不断变化和更新，可能会影响数据的准确性。因此，必须定期对数据进行监控和验证，及时发现和纠正数据错误或异常，确保数据的准确性和可靠性。

（2）大数据的数据类型

大数据的数据类型可以分为三种：结构化数据、半结构化数据和非结构化数据，如图 1-1 所示。

非结构化数据
车载摄像头等采集的图像视频

半结构化数据
故障报告
操作日志等

结构化数据
T-Box采集的二进制数据

图 1-1　车辆中的结构化、半结构化和非结构化数据

1）结构化数据。结构化数据是指按照事先定义好的数据模型或者规则组织、存储和管理的数据，其具有明确的数据结构和固定的格式。通常情况下，结构化数据可以轻松地以表格形式呈现，并且可以使用数据库管理系统（DBMS）进行存储和处理。结构化数据的特点包括数据字段明确、数据类型一致、易于查询和分析等。以新能源汽车数据为例，结构化数据可以包括以下信息：

① 车辆基本信息：包括车辆型号、制造商、车辆识别码（VIN）、颜色、车牌号等。这些信息通常以固定的格式存储，如字符串或数字。

② 电池状态数据：包括电池容量、电量百分比、充电次数、充电时间、充电桩号等。这些信息通常以数字形式存储，可以直接用于计算和分析。

③ 行驶数据：包括里程、速度、加速度、转向角度等。这些信息通常以数字形式存储，并且与特定的时间戳相关联，以便进行时间序列分析。

④ 充电桩数据：包括充电站名称、位置坐标、充电桩类型、充电功率等。这些信息通常以字符串或者数字形式存储，便于地理位置分析和充电设施规划。

⑤ 车辆故障码：包括故障码编号、故障描述、故障发生时间等。这些信息通常以字符串形式存储，便于故障诊断和维护。

2）**半结构化数据**。半结构化数据介于结构化数据和非结构化数据之间，具有一定的结构，但不符合传统数据库表格的严格格式要求，也没有明确的数据模式或模式化定义。通常，半结构化数据具有一定的标记或标签，但不一定遵循统一的数据模式或架构。这种类型的数据通常以 XML（可扩展标记语言）、JSON（JavaScript 对象表示）或 HTML（超文本标记语言）等格式存在，常见于网络数据、日志文件、传感器数据等。举例来说，在新能源汽车领域，半结构化数据主要包括以下内容：

① 传感器数据格式：汽车传感器收集到的数据，如车速、发动机温度、电池电量等，通常以 XML 或 JSON 格式进行存储和传输。

② 车辆故障日志：包括车辆系统和部件的运行状态、故障信息、警告日志等，通常以文本文件或 XML 格式记录，具有一定的结构，但没有固定的表格模式。

③ API 响应：与车辆相关的第三方服务提供的数据，如天气信息、交通状况、充电站位置等，通常以 JSON 格式返回，具有一定的结构，但字段可能会根据请求参数的不同而变化。

④ 车辆日志数据：包括车辆的行驶记录、充电记录、维护记录等，通常以文本文件或 XML 格式记录，具有一定的结构，但字段可能会根据不同的事件类型而变化。

3）**非结构化数据**。非结构化数据是指没有固定格式或预定义结构的数据，通常以自由文本、图像、音频、视频等形式存在，不容易直接以表格或数据库形式存储和处理。这种类型的数据难以通过传统的数据库管理系统进行有效管理和分析，但随着技术的发展，我们能够利用各种工具和算法来从非结构化数据中提取有用的信息和洞察。以新能源汽车数据为例，非结构化数据主要包括以下内容：

① 社交媒体评论：用户对特定品牌或型号的新能源汽车进行的评论、评价和反馈，通常以文本形式存在于社交媒体平台上，如 Twitter、Facebook 等。

② 车辆拍摄的图片：包括车辆外观、内饰、行驶场景等照片，这些图片可能存储在各种格式中，如 JPEG、PNG 等。

③ 车辆驾驶记录仪视频：包括车辆行驶时的视频记录，如车辆行驶路线、车内驾驶情况等，通常以视频文件形式存在。

④ 车辆配送的音频记录：包括车辆配送员与中心通讯的音频记录，如配送指令、异常情况处理等，通常以音频文件形式存在。

⑤ 在线论坛讨论帖子：用户在汽车论坛或社区中发布的关于新能源汽车的问题、讨论和建议，通常以自由文本形式存在。

1.1.3 大数据与云计算、人工智能的关系

人工智能和机器学习领域权威学者吴恩达曾经说过，"深度学习这台火箭，燃料为大数据，而云计算则是引擎"。"云计算 + 大数据 + 人工智能"三位一体就是除了云计算能力之外，还有大规模的数据处理能力和人工智能技术。"云计算 + 大数据 + 人工智能"三位一体发展战略是基于三者之间的相辅相成、相互促进的关系而进行的一次战略整合，如图 1-2 所示。

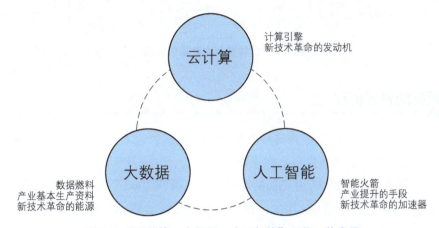

图 1-2 "云计算 + 大数据 + 人工智能"三位一体发展

云计算是新技术革命的发动机，在大数据、物联网与人工智能中扮演着计算引擎的角色。云计算模式是互联网目前常用的处理大数据的计算模式。大数据催生了云计算，而云计算又使得技术革命进入了大数据时代。图 1-3 给出了云计算与大数据之间的关系。云计算是一种基于互联网的计算方式，通过这种方式，共享的软硬件资源和信息可以按需提供给计算机和其他设备。云计算是硬件资源的虚拟化，而大数据是海量数据的高效处理。从结果来分析，云计算注重计算资源分配，大数据注重的是业务数据流处理。一定程度上讲，大数据需要云计算支撑，云计算则为大数据处理提供了平台。

一方面，大数据的发展与应用，离不开云计算强有力的支持，云计算的发展和大数据的积累，是人工智能快速发展的基础和实现实质性突破的关键；另一方面，大数据和人工智能的进步也将拓展云计算应用的深度和广度。对于大数据的运用预示着新一波生产率的提高和消费盈余浪潮的到来。随着用户需求的多样性，新技术的更新迭代，大数据进入一个全新的阶段，即人工智能阶段。

人工智能的新兴关键技术是深度学习，而深度学习可以说是在云计算和大数据日趋成熟的背景下取得了实质性进展，云计算为深度学习提供了平台，而大数据为深度学习提供了基石。云计算与大数据技术的快速迭代，大大加快了人工智能应用的落地，人工智能的可视化展现反向驱动了大数据应用的智能化。

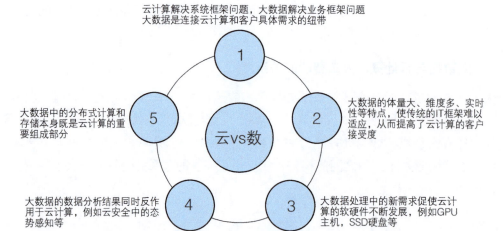

图1-3　云计算与大数据的关系

1.2　大数据的发展历程

　　大数据，这个词如今已经成为科技领域的热门话题。它不仅是一种技术，更是一场革命。随着计算机和网络的飞速发展，信息爆炸式增长，数据量呈几何级数增长。从20世纪70年代的超大规模数据库到21世纪初的海量数据，再到2008年的"Big Data"，大数据的发展历程跨越了几十年的时间。如今，实际数据量已经达到了ZB级别，而新单位"YB"更是成为现实。大数据不仅改变了我们的生活方式，也对经济、科技、社会等各个领域产生了深远影响。大数据的发展历程可以从数据认知和发展的里程两个角度来进行分析。从数据认知的角度，我们可以看到随着技术的进步，人类对数据的理解和利用不断深化；从发展的里程角度，我们可以追踪大数据技术的发展和应用。

1.2.1　大数据的产生与发展

　　人类历史上从未有哪个时代和今天一样产生如此海量的数据，数据的产生已经完全不受时间、地点的限制。从开始采用数据库作为数据管理的主要方式开始，人类社会的数据产生方式大致经历了3个阶段，如图1-4所示。而正是数据产生方式的巨大变化，才最终导致大数据的产生。大数据的发展历程既反映了人类对数据认知的不断深化，也体现了技术进步带来的巨大变革。

　　20世纪中叶以前，人们对数据的认知主要集中在统计学的应用上。统计学成为一种重要工具，用于整理和分析数据，帮助人们做出更好的决策。随着早期计算机的发明，如ENIAC和UNIVAC，人们开始认识到计算设备在处理大量数据方面的潜力。到20世纪下半叶，计算机和互联网的普及使得数据量迅速增加，数据库技术（如关系数据库）和数据仓库技术开始普及，使数据存储和检索变得更加高效。这一时期，商业智能工具被广泛采用，企业利用这些工具进行数据分析和决策支持。

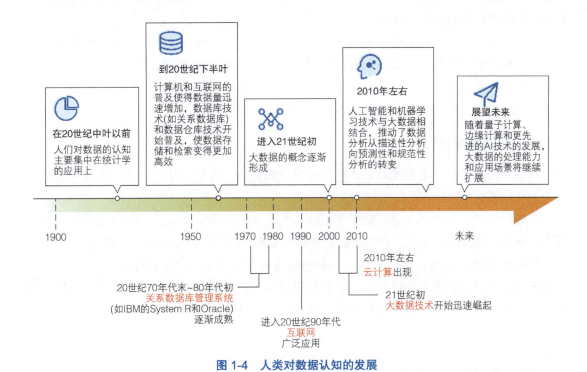

图 1-4　人类对数据认知的发展

进入 21 世纪初，大数据的概念逐渐形成。2001 年，Gartner 首次提出了大数据的 3V 特征（volume，velocity，variety），强调了数据规模、速度和多样性的重要性。人们逐渐认识到非结构化数据（如文本、图片、视频）在数据分析中的价值，这促使了新技术的发展以处理这些数据。到 2010 年代，人工智能和机器学习技术与大数据相结合，推动了数据分析从描述性分析向预测性和规范性分析的转变。数据不仅仅是回顾过去的工具，更成为预测未来的重要资源。各行各业开始全面采用数据驱动的决策模式，从而提升效率、优化资源配置并创新业务模式。

从技术发展的角度看，大数据的发展历程可以追溯到 20 世纪 50 年代～80 年代。这一时期，计算机硬件技术的进步（如磁带、磁盘存储）为大数据存储提供了基础，关系数据库管理系统（如 IBM 的 System R 和 Oracle）在 20 世纪 70 年代末～80 年代初逐渐成熟，成为企业数据管理的标准工具。进入 20 世纪 90 年代，互联网的广泛应用带来了数据量的爆炸性增长，用户生成内容（UGC）成为重要的数据来源。Google 等搜索引擎的发展使得海量数据的索引和检索技术得到了极大的提升。

21 世纪初，大数据技术开始迅速崛起。2004 年，Google 发布了 MapReduce 论文，随后 Apache Hadoop 项目诞生，为大数据处理提供了一个分布式计算框架。为应对大规模非结构化数据的需求，NoSQL 数据库（如 MongoDB、Cassandra）开始流行，提供了灵活的数据存储和检索方案。2010 年后，云计算的出现使得大规模数据存储和计算变得更加经济高效。实时数据处理技术的发展，使得实时数据流处理成为可能，满足了对即时数据分析的需求。数据湖和数据网格等新概念和技术架构进一步推动了大数据的存储和管理，使得跨数据源的整合和分析更加容易。

展望未来，随着量子计算、边缘计算和更先进的 AI 技术的发展，大数据的处理能力和应用场景将继续扩展。数据隐私和伦理问题也会成为未来大数据发展的重要课题，人们需要在数据利用与个人隐私保护之间找到平衡点。大数据的未来充满了挑战和机遇，技术进步将持续推动人类对数据的认知和应用水平不断提升。

1.2.2　大数据的价值

在当前的新质生产力背景下，大数据的价值在政治、经济、社会和生态等多个维度上得到了充分展现。

在政治领域，大数据为政府提供了前所未有的洞察力和决策支持，帮助政府更好地了解社会动态、预测潜在风险，并据此制定和调整政策，确保国家安全和社会稳定。

在经济领域，大数据的价值在于其能够为企业带来精准的市场分析和预测，助力企业优化决策、提高效率。通过挖掘和分析海量数据，企业能够更准确地把握市场趋势，预测产品销售情况，从而制定出更加科学、合理的生产计划和市场策略。同时，大数据也为企业创新提供了强大的支撑，帮助企业发现新的商业模式和产品机会，推动经济持续健康发展。

在社会领域，大数据的应用极大地提升了公共服务的水平和效率。通过收集和分析社会各方面的数据，政府和社会组织能够更好地了解人民的需求和期望，提供更加精准、个性化的服务。例如，在智慧城市建设中，大数据可以帮助政府实现交通管理、公共安全、环保监测等方面的智能化管理，提高城市治理的效率和水平。

在生态领域，大数据的价值在于其能够支持环境保护和可持续发展。通过收集和分析环境数据，政府和社会组织能够及时了解环境污染的状况和趋势，并采取相应的措施进行治理。同时，大数据还可以帮助人们更好地了解自然规律和生态系统的运行机制，为制定科学合理的环保政策提供有力支持。

总之，大数据在新质生产力时代发挥着越来越重要的作用，为政治、经济、社会和生态等领域的发展提供了有力支撑。

大数据在各个领域展现出了巨大的潜在价值，其应用带来了深远的影响和经济效益。以下从不同产业的角度详细介绍大数据的价值，并通过具体数据和案例加以说明。

1）在医疗领域，大数据可以显著提升医疗服务的质量和效率。通过分析患者的电子健康记录（EHR），医生可以更准确地诊断疾病并制定个性化治疗方案。根据麦肯锡的一项研究，使用大数据分析可以每年为美国医疗行业节省 3000 亿～4500 亿美元的成本。另一个例子是基因组学研究，通过大数据分析大量基因组数据，可以加速药物研发进程，减少研发成本。

2）金融行业是大数据应用的先驱之一。通过大数据分析，金融机构能够更好地进行风险管理、欺诈检测和客户个性化服务。比如，JPMorgan Chase 利用大数据技术实现了交易模式的实时监控，有效地减少了金融欺诈事件。根据市场研究公司 IDC 的数据，到 2025 年，金融服务行业的大数据和分析市场预计将达到约 460 亿美元。

3）在零售和电商领域，大数据分析帮助企业优化供应链、提高客户满意度并推动销售增长。例如，亚马逊利用大数据分析顾客的购物行为和偏好，通过个性化推荐系统显著提升了销售额。Statista 的数据显示，2021 年全球电子商务市场规模已超过 4.9 万亿美元，大数据在其中的贡献不容忽视。

4）制造业通过大数据分析可以优化生产流程、减少停机时间并提高产品质量。例如，通用电气（GE）通过其"工业互联网"项目，利用传感器数据对设备进行预测性维护，减少了 20% 的停机时间和 25% 的维护成本。根据波士顿咨询集团（BCG）的研究，利用大数据分析可以使制造企业的生产效率提高 20%～25%。

5）在交通和物流领域，大数据分析有助于优化运输路线、降低燃料消耗并提高货物交付效率。例如，UPS 利用大数据分析其车辆的行驶路线，每年节省了超过 1000 万 gal（1gal = 3.8L）的燃料和 1 亿 mile（1mile = 1.6km）的行驶距离。麦肯锡预测，通过应用大数据分析，全球物流行业每年可以节省约 500 亿美元的成本。

6）智能城市利用大数据技术提升城市管理和居民生活质量。例如，巴塞罗那通过大数据和物联网技术优化交通管理、减少能源消耗，并提高公共服务效率。根据 Frost & Sullivan 的预测，到 2025 年，全球智能城市市场规模将达到 2.57 万亿美元，大数据在其中扮演了重要角色。

7）在能源行业，大数据分析帮助企业优化能源生产和分配，提高能源利用效率。风力发电公司利用大数据分析风速和天气数据，优化发电设备的运行参数，从而提高发电效率。根据国际能源署（IEA）的数据，应用大数据技术可以将风能和太阳能的生产效率提高 5%～10%。

8）农业领域的大数据应用则有助于提升农业生产效率和减少资源浪费。精准农业利用大数据分析土壤、天气和作物生长数据，优化灌溉、施肥和病虫害防治策略。据美国农业部（USDA）的数据显示，精准农业技术可以将农作物产量提高 10%～15%，同时减少 20% 的化肥和农药使用。

9）在教育领域，大数据分析帮助教育机构提高教学质量和学生的学习效果。通过分析学生的学习行为和成绩数据，教师可以制定个性化的教学方案，提高教学效果。根据 MarketsandMarkets 的预测，到 2026 年，教育领域的大数据市场规模将达到 40 亿美元。

国内的新能源车企也在大数据技术的应用上取得了不少成就。例如，中国的小鹏汽车（XPeng）通过大数据分析驾驶员的行驶数据和车辆传感器数据，提供了智能驾驶辅助系统。这一系统可以根据驾驶员的行为习惯和路况实时调整车辆的驾驶模式，提高驾驶安全性和舒适性。同时，小鹏汽车利用大数据分析用户的充电习惯和行驶需求，优化了充电网络的布局和服务，提高了用户的充电便利性和体验。通过大数据技术的应用，小鹏汽车不仅提升了车辆性能和用户体验，还推动了中国新能源汽车产业的发展。

大数据在各个产业中的应用展示了其巨大的经济和社会价值。通过优化资源配置、提升效率和推动创新，大数据正成为现代经济发展的重要驱动力。各行业通过大数据技术的深入应用，不仅实现了成本节约和效率提升，还开创了新的商业模式和发展机会。

1.3 新能源汽车大数据及应用

新能源汽车产业从造车端到用车端的整个价值链条的各环节，都将持续产生数据并利用数据不断自我优化，车辆大数据的应用可以覆盖整个汽车产业链，必将推动汽车产业全产业链的变革。在汽车大数据产业时代，以数据驱动的互联、互动为核心的智能制造体系即工业4.0，将覆盖汽车生产制造全领域，厂商将从集中式生产转变为分散式生产，从只有产品转变为"产品 + 数据"，从生产驱动价值转变为数据驱动价值，产业结构发生重大转移。大数据在提升汽车产业的生产制造水平、改变汽车经营业务模式、改善消费者体验、推动智慧社会发展、建设汽车强国中将发挥巨大且重要的作用。现阶段大数据正在多个业务环节推动着汽车产业进一步升级。

1.3.1 汽车行业数字化现状

（1）汽车设计

计算机辅助设计（CAD）和虚拟现实（VR）技术：在汽车设计阶段，CAD软件是关键工具之一。它允许设计师创建和修改汽车的三维模型，进行复杂的设计和工程分析。例如，丰田汽车采用CATIA等CAD软件来设计其车辆，这些软件可以帮助工程师在设计和工程上进行深度交互，并实现对汽车的精确控制。虚拟现实（VR）技术则允许设计师在虚拟环境中进行沉浸式体验，评估汽车设计的外观、内部布局和人机交互。比亚迪汽车在设计新车型时也使用VR技术，帮助设计团队更好地理解和调整车辆设计。

（2）汽车生产

数字化制造技术已经成为现代汽车制造的核心。其中，数控机床和3D打印技术是常用的数字化制造工具。例如，小鹏汽车采用了大规模的3D打印技术，用于生产汽车零部件，如车身结构、内饰件等。这些零部件可以通过数字化设计直接转换为数字化生产文件，然后由3D打印机进行制造，极大地提高了生产效率和产品质量。同时，柔性生产线和自动化生产系统使得汽车制造商能够更灵活地调整生产线，以满足不同的需求。例如，吉利汽车公司采用了柔性生产线技术，可以根据市场需求快速调整生产线，实现多款车型的生产。

（3）汽车销售

随着互联网的普及，汽车销售也逐渐数字化。汽车制造商和经销商利用数字化营销手段吸引客户，并通过电子商务平台实现在线购车。例如，奔驰公司采用了全球化的数字化营销策略，通过社交媒体平台、官方网站和在线广告，向全球消费者展示其汽车产品和品牌形象。同时，虚拟现实技术也被用于汽车展示和试驾，为客户提供更真实的购车体验。

例如，宝马公司推出了"BMW Virtual Experience"应用程序，允许用户通过虚拟现实技术在家中体验驾驶不同车型的感觉，并了解车辆的特点和性能。易鑫体验店是易鑫集团顺应数字化趋势推出的汽车营销新模式，它整合了线上线下资源，利用大数据和人工智能技术为消费者提供个性化的购车体验。通过线上平台的便捷性和线下门店的实体体验，易鑫体验店打破了传统 4S 店模式的局限，为消费者提供一站式汽车交易、金融、保险等服务，展现了数字化赋能在汽车营销领域的巨大潜力和价值。

（4）汽车售后服务

数字化技术正在改变汽车售后服务的方式。汽车制造商和经销商利用远程诊断技术监测汽车的运行状态，及时发现和解决问题。例如，通用汽车公司采用了 OnStar 系统，通过车载设备实时监测车辆的状态和故障信息，一旦发现问题，即可向车主发送警报并提供远程诊断服务。智能维修系统利用大数据分析车辆的运行数据和维修历史，提供个性化的维修方案。例如，宝马公司的"ConnectedDrive"系统可以根据车辆的维修历史和当前故障信息，为车主提供最优化的维修方案，并提供实时的维修进度跟踪和提醒服务。国内的比亚迪、蔚来、理想等公司也都开发了手机 App，为车主建立了一套完整的大数据服务后端体系。

数字化技术已经深刻改变了汽车行业的各个环节，从汽车设计到售后服务，都呈现出了高度的智能化和自动化水平。这些技术的应用不仅提高了生产效率和产品质量，也为消费者提供了更便捷、个性化的汽车体验。当然，尽管前景广阔，数字化转型的道路也并不平坦。实施过程中的技术和管理挑战，比如旧有 IT 系统的整合、员工技能的提升、数据安全和隐私保护等，都是企业不得不面对的课题。与此同时，快速发展的技术和变化的行业格局要求企业持续创新，保持其竞争力。随着技术的不断成熟和应用的深化，汽车行业的数字化转型预计将进一步提升。在自动驾驶、电动化和网联化等领域的突破将不断推动汽车行业的发展，使其在满足消费者需要的同时，实现更高水准的环境友好性和经济可持续性。

1.3.2　新能源汽车数据概述

新能源汽车作为机械、电子、能源、计算机、信息技术等多种高新技术的集成，是典型的高新技术产品，其目标是实现智能化、网联化和轻量化。目前，研制和开发的关键技术主要有动力电池、驱动电机、电机控制、车身和底盘设计及能量管理技术等。新能源汽车的数据对提高这些关键技术的研发速度、降低研发成本及验证技术可靠性等方面的作用是十分显著的，因此获取和统计新能源汽车的数据便显得尤为重要。车辆的数据采集也是实现车联网的第一步，它包括了信息采集与识别、数据传输和信息处理。

电动汽车整车数据采集项一共有 11 项，包括：车辆状态、充电状态、运行模式、车速、累计里程、总电压、总电流、SOC、DC/DC 状态、档位及绝缘电阻，实物图如图 1-5 所示。

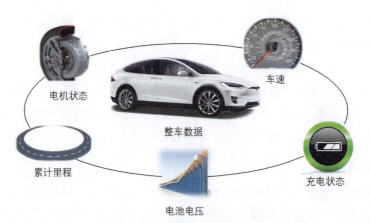

图 1-5　整车数据采集实物图

对于新能源汽车来说，动力电池的使用寿命及安全性问题是整车成本控制及安全监控的关键所在。为了保证在车辆行驶过程中，动力电池能够稳定高效地提供动力；在电池即将发生内部故障时，能及时地检测到并实时预警；在车辆的全生命周期内，分析电池工作状态，为动力电池生产企业、动力电池管理系统提供足够丰富的数据反馈，就要求对动力电池的数据进行全面的数据采集。需要采集的动力电池数据主要为与电池相关的极值数据，如图 1-6 所示。

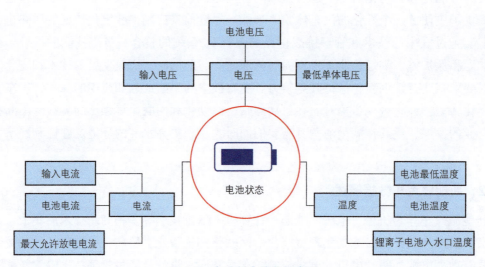

图 1-6　电池状态信息示意图

电池状态信息数据包括：电池电压、电池电流、电池温度探针数、探针温度值、高压DC/DC 状态、电池最低单体电压、电压最低单体箱号、当前最大允许放电电流、锂离子电池系统故障等级等。

车辆的道路行驶信息对于安全事故追踪、交通路网优化及智慧城市交通设计都有着重要的作用，因此对于车辆位置数据信息采集的需求便应运而生。车辆的位置信息可以由定位芯片采集，精度应达到5m，以此处理得到的经纬度的精度可以确定为 5～20m 的数量级，同时可以根据全球定位系统（Global Positioning System，GPS）的数据计算得到车辆行驶方向及行驶速度，以此作为对于车辆位置、行驶轨迹及行驶速度的监控。

为了更加准确地对车辆行驶状态进行监控，整车数据应被详细完备地记录并传输，如图 1-7 所示。这些整车数据信息将为车辆数据分析提供准确可靠的数据依据，如通过纵向加速度的记录可以分析路面坡度、电动机驱动特性及车辆质量对于车辆轴向加速度的影响。通过方向盘转角的记录可以计算出方向角速度，结合速度、方向盘转角及横向加速度可以对车辆的转弯状态进行判断，同时也可以反映驾驶员在转弯过程中的驾驶习惯。

图 1-7　整车数据信息

混合动力电动汽车与纯电动汽车相比，主要多出了发动机和一套变速机构，所以在采集车辆数据时需要注意发动机的相关参数信息，例如发动机状态、曲轴转速、燃油消耗率、机油温度、水温、机油压力及进气压力等，如图 1-8 所示。

图 1-8　混合动力电动汽车数据信息

燃料电池电动汽车相比于纯电动汽车，其电能来源于燃料电池发生化学反应产生的电能，主要多出了燃料电池和储氢瓶。因此，需要采集与之相关的参数信息如燃料电池电压、燃料电池电流、燃料消耗率、燃料电池温度探针总数、探针温度值、氢系统中最高温度、氢系统中最高温度探针代号、氢气最高浓度、氢气最高浓度传感器代号、氢气最高压力、氢气最高压力传感器代号、高压DC/DC状态等，如图1-9所示。

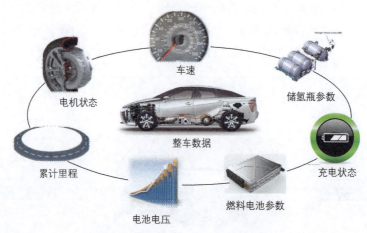

图1-9　燃料电池电动汽车数据信息

1.3.3　新能源汽车大数据应用

在新能源汽车行业，从汽车的设计、生产、销售到售后服务，大数据的应用价值贯穿了整个产业链。

在新能源汽车的设计阶段，大数据技术发挥着至关重要的作用。企业通过收集和分析消费者的偏好、驾驶习惯、安全需求等关键信息，能够更深入地了解市场动态和消费者期望。这些数据不仅包括了消费者的基本信息，还涵盖了他们对车辆性能、舒适度、安全性等方面的具体需求。设计师利用这些宝贵的数据资源，可以更准确地预测市场趋势，从而设计出更符合消费者期望的车型。他们可以根据数据分析结果，对车辆的外观、内饰、动力系统等方面进行优化调整，使其更符合市场需求。

以吉利领克汽车为例，这家国内领先的汽车制造商也充分利用了大数据技术，对车辆收集的大量数据进行了深入分析。通过对用户驾驶行为、车辆性能、维修记录等数据的挖掘和分析，吉利领克发现消费者对智能化、个性化服务的需求日益增长。这一发现为吉利领克提供了宝贵的市场洞察，使其能够更好地满足消费者的需求。具体来说，吉利领克通过大数据客户洞察的实践，结合营销大数据，对客户信息进行了精准化分析。这一分析不仅为品牌推广和广告宣传提供了支撑，还帮助吉利领克提前预警售后可能存在的问题，并及时做出应对与调整。通过直接联系客户，吉利领克能够提供主动精准服务，并为客户提供自助服务平台，增强了用户体验。基于大数据的分析结果，吉利领克在其新一代车型中加强了智能化功能的设计和集成。例如，在自动驾驶系统方面，吉利领克不断优化算法，提高系统的稳定性和安全性，使自动驾驶功能更加完善和实用。同时，吉利领克还注重提升自动驾驶系统的用户体验，通过智能化的交互设计，使驾驶更加便捷和舒适。此外，吉利领克还利用大数据分析的结果，对车辆性能进行持续优化。通过对车辆传感器和驾驶数据的分析，吉利领克能够实时监测车辆的状态和驾驶行为，及时发现潜在问题并进行修复，从而提高了车辆的可靠性和安全性。总之，吉利领克通过大数据技术的运用，成功地将智能化、个性化服务融入了其新一代车型中，满足了消费者对智能化、个性化服务的需求。这不仅提升了吉利领克的市场竞争力，也为消费者带来了更加舒适、安全的驾驶体验。这一成功案例表明，大数据技术在新能源汽车的设计阶段发挥着重要作用，为企业带来了巨大的商业价值。

在新能源汽车的生产阶段，大数据技术发挥着至关重要的作用。通过收集和分析生产线上的海量数据，企业能够实现对生产流程的深度优化。这种优化不仅体现在提高生产效率上，还表现在成本控制方面。实时数据监控为企业提供了一个动态的生产状况图景，使得生产过程中的任何小问题都无法隐藏，从而确保了产品质量的一致性和可靠性。数据分析的深入应用使得企业能够在问题发生之前就预测到潜在的风险点。通过对生产设备的运行数据进行持续跟踪，大数据帮助企业构建了一个故障预测模型。这个模型能够准确预测设备何时可能出现故障，从而允许企业提前安排维护工作，避免了突发故障导致的生产中断。预防性维护的实施显著减少了设备的停机时间，保障了生产流程的顺畅，同时也大大降低了设备故障带来的维修成本。

以比亚迪为例，这家领先的新能源汽车制造商通过对生产线数据的深入挖掘和应用，实现了电池组装流程的重大突破。数据分析帮助比亚迪识别出了组装过程中的瓶颈环节，并通过精细化管理，调整了工作流程和资源配置。这些改进措施不仅加快了电池组装的速度，还提升了整体生产的效率。更重要的是，这些优化措施还带来了成本的大幅降低，使比亚迪在激烈的市场竞争中占据了有利地位。通过这种方式，大数据技术成为新能源汽车生产企业提升竞争力的重要工具。

在新能源汽车的销售阶段，大数据的应用变得尤为重要。企业通过收集和分析大量数据，能够深入了解潜在客户的购买行为、偏好和需求。这些信息帮助企业制定出更加精准的营销策略，从而有效提高销售业绩。具体来说，通过对潜在客户的购买行为进行分析，企业可以识别出哪些产品特性或服务最受欢迎，哪些促销活动能产生最大的吸引力。

例如，通过数据分析，一家新能源汽车企业可能发现，尽管其车辆的续航能力在市场上已经非常出色，但消费者更加关注车辆的智能驾驶功能。因此，该企业可以在其营销活动中更加突出这一特点，以吸引那些对高科技感兴趣的消费者。

此外，大数据还可以帮助企业进行市场定位。通过分析不同客户群体的购买习惯和偏好，企业可以确定哪些细分市场最有潜力，从而针对性地开展营销活动。这种精准的市场定位不仅可以帮助节省营销成本，还可以提高营销活动的效果。在产品推广方面，大数据同样发挥着关键作用。企业可以通过分析社交媒体上的讨论、在线评论和反馈，了解消费者对品牌和产品的看法。这些信息有助于企业及时调整其推广策略，以更好地满足市场需求。同时，大数据还能帮助企业评估销售渠道的效果。通过追踪不同渠道的销售数据，企业可以发现哪些渠道的表现最佳，哪些需要改进。这样，企业就可以优化其销售网络布局，将资源集中在最有效的渠道上，从而提高整体的销售效率。

以蔚来汽车为例，该公司通过分析其客户数据，发现了年轻消费者对环保和科技感的高度关注。基于这一发现，蔚来在其营销活动中特别强调了这些特点，如突出其车辆的环保性能和先进的科技配置。这种针对性的营销策略成功吸引了大量年轻消费者，提高了蔚来汽车的销售业绩。在新能源汽车的售后服务阶段，大数据的应用已成为提升服务质量和客户满意度的关键工具。通过对海量的客户反馈、维修记录以及车辆运行数据进行深入分析，企业能够洞察到潜在的问题并迅速做出响应。这种主动式的服务策略不仅能够提前通知客户进行必要的维修或保养，从而避免故障的发生，还能显著提升客户的驾驶体验和安全感。

此外，大数据分析在优化服务流程方面也发挥着至关重要的作用。通过对服务流程中的每一个环节进行细致的梳理和分析，企业能够识别出流程中的瓶颈和低效环节，进而制定出更加高效、顺畅的服务流程。这种对服务流程的持续优化，不仅能够缩短客户的等待时间，还能提高服务团队的工作效率，从而实现双赢的局面。

以小鹏汽车为例，该公司通过对其车辆的远程诊断数据进行深度挖掘和分析，成功识别出了一些常见的故障模式。这些故障模式的发现，使得小鹏汽车能够更加精准地定位问题的根源，并提前向客户发送维修建议。这种基于大数据分析的预防性维护策略，不仅避免了潜在的安全隐患，还极大地提高了客户的满意度和忠诚度。通过这种方式，大数据不仅帮助企业在售后服务阶段实现了服务质量的飞跃，还为企业带来了更加宝贵的客户信任和口碑。在未来的竞争中，那些能够充分利用大数据优化售后服务的企业，将更有可能赢得市场的青睐和客户的支持。

总之，大数据在新能源汽车行业的应用价值巨大，它可以帮助企业在设计、生产、销售和售后服务等各个环节实现优化和创新，从而提高竞争力和市场份额。

1.4　新能源汽车大数据应用流程

智能网联汽车运行时会产生大量数据，相应数据的挖掘与分析对车辆安全、节能等发挥重要作用。本节从数据采集与治理、数据存储与管理和数据分析三部分对智能网联汽车数据挖掘与分析进行介绍，如图1-10所示。

(1) 数据采集与治理

相比传统车辆，智能网联汽车数据维度高、规模大、来源广，数据采集的方法也更加多样，下文从数据来源和数据结构两方面介绍数据采集过程。

智能网联汽车数据来源主要包括车辆本身、智能设备和路边设施三部分。车辆本身产生的数据包括车载数据和车际数据，车载数据指汽车内部反映汽车自身运行状态的数据，由车载传感器采集，如车速、发动机参数和制动状态等；车际数据指汽车周边的环境数据，部分也来自车载传感器，比如车距、盲点目标和车载摄像头视频等。智能设备（如车载智能终端或乘客智能手机）也产生大量数据，如车辆轨迹数据、用户交互数据等。路边设施采集的数据属于车际数据，通过汽车与路边设施之间信息交互采集数据，如车载单元与路侧单元通信，获取道路材质、交通灯状态、相邻车辆制动通知以及对车辆身份识别等。

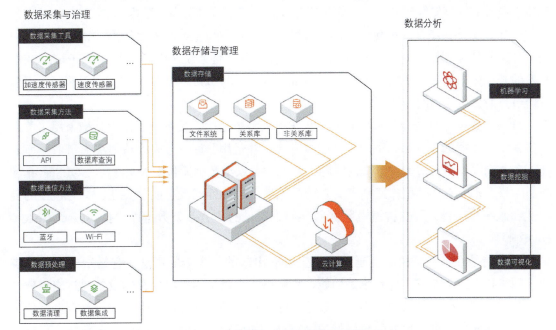

图 1-10　新能源汽车大数据应用流程

（2）数据存储与管理

大数据存储是指将大量、多样、快速变化的数据以高效、可扩展、安全的方式存储起来，以便进行分析和处理。随着互联网、物联网等技术的快速发展，数据量呈现爆炸式增长，对数据存储提出了更高的要求。大数据存储的发展历程可以分为以下几个阶段：

1）**传统关系型数据库（RDBMS）时代**。在大数据概念出现之前，关系型数据库是主流的数据存储方式。然而，随着数据量的不断增长，关系型数据库在性能、扩展性等方面的局限性逐渐暴露出来。

2）**NoSQL 数据库时代**。为了解决关系型数据库的不足，NoSQL（not only SQL）数据库应运而生。NoSQL 数据库采用非结构化或半结构化的数据模型，具有更好的扩展性和性能。常见的 NoSQL 数据库有 MongoDB、Cassandra、Redis 等。

3）**分布式文件系统时代**。随着数据量的进一步增长，单一的数据库已经无法满足需求。分布式文件系统可以将数据分散存储在多台服务器上，提高数据的可用性和访问速度。典型的分布式文件系统有 Hadoop HDFS、Google GFS 等。

4）**云存储时代**。云计算技术的发展为大数据存储提供了新的可能性。云存储将数据存储在云端，用户可以根据需要动态调整存储资源。云存储具有低成本、高可用性等优点，逐渐成为大数据存储的主流方式。典型的云存储服务有 Amazon S3、Google Cloud Storage 等。

智能网联汽车数据规模大、处理速度要求高，对传统的数据存储架构和管理算法等方面带来了新的挑战，与此同时需要满足低延迟、大吞吐量等数据处理要求。因此，智能网联汽车的蓬勃发展依赖于良好的数据存储和管理方法。

目前分布式存储是主流的数据存储管理方式。分布式存储是一种将数据分散存储在多台独立设备上的存储管理方式，具体包括分布式文件系统和分布式数据库。

分布式文件系统是一种允许文件通过网络在多台主机上共享的系统形式，可让多用户同时分享文件和存储空间，如 Hadoop 项目参照谷歌文件系统（Google File System，GFS）开发的开源分布式文件系统（Hadoop Distributed File System，HDFS），实现了跨越多个服务器节点的分布式透明存储。

分布式数据库可分为关系型数据库和非关系型数据库，关系型数据库是指采用了关系模型来组织数据的数据库，采用表格储存方式，并运用分库、分表方法解决大量数据库表插入和查询操作时反应速度下降的问题，常见的关系型数据库包括 MySQL、SQLServer 和 Oracle 等。非关系型数据库区别于关系型数据库，各属性间没有明确关联，具有很强的灵活性和水平扩展性，可支持海量数据的存储，常见的非关系型数据库包括 Hbase 和 MongoDB 等。

云存储是在云计算概念上延伸和衍生发展出来的一个新的概念，它是指通过集群应用、网格技术或分布式文件系统等功能，将网络中大量不同类型的存储设备通过应用软件集合起来协同工作，并共同对外提供数据存储和业务访问功能的一个系统，具有良好的可扩展性、存储成本低及更好的数据保护等特点。如面对丰富的智能网联汽车数据，可以利用一个池化的大数据云端存储平台，支撑多模、异构的数据的存储、查询和解析。

（3）数据分析

数据分析是指用适当的统计分析方法对收集来的大量数据进行分析，提取有用信息并形成结论，从而最大化地开发数据功能、发挥数据作用的过程。数据分析流程包括目标确定、数据预处理、建模分析、模型评估，具体如图 1-11 所示。

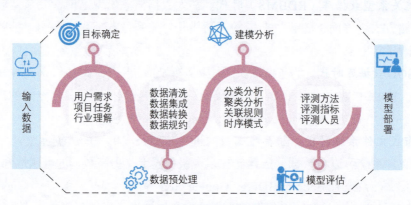

图 1-11　数据分析流程图

1）**目标确定**。针对具体数据挖掘应用需求，首先要明确数据挖掘的目标。包括了解相关领域的情况、熟悉背景知识、厘清用户需求。在智能网联汽车数据分析与挖掘中，可以针对用户的用车习惯进行相应的场景推荐服务，如根据车辆行驶状况推荐合适的加油站、充电桩，方便用户出行，提高出行效率；可以根据车辆上传的相关数据分析并预测车辆故障，提高出行安全性。

2）**数据预处理**。在数据挖掘中，原始数据中存在大量不完整（有缺失值）、不一致和异常（数据错误）数据，严重影响数据分析建模的效率，甚至导致分析结果的偏差，因此开展数据预处理显得尤为重要。数据预处理包括数据清洗、数据集成、数据转换和数据规约四部分。

3）**建模分析**。数据经预处理后要进行数据建模分析，数据建模是数据挖掘分析中最重要的环节。挖掘建模常用的算法有分类分析、聚类分析、关联规则和时序模式。分类分析指根据数据特点，通过事物特征的定量分析，形成能够进行分类预测的分类模型，挖掘事物的本质。例如，智能网联汽车可通过图像信息对汽车、摩托车和自行车进行分类，识别不同类别（直行、左拐、右拐等）交通标线，保障车辆行车安全。聚类分析指按照特征相似性将研究对象分为几个组，如根据智能网联汽车行驶路线，由数据聚类推断驾驶员兴趣点；通过聚类分析了解同一批次不同零件之间的一致性，提高产品生产质量等。关联分析指从大规模数据中，发现数据集中各项之间的关联关系，从而根据一个属性的信息推断另一个关联属性的信息，如开越野车、经常参加户外运动的人更可能购买户外装备。时间序列分析用来描述某一对象随着时间发展而变化的规律，并根据有限长度的观察数据，建立反映序列中所包含的动态依存关系的数学模型，并借以对系统的未来进行预报，如智能网联车辆应用时间序列分析方法分析车辆健康状态演化规律等。

4）**模型评估**。模型评估处于整个数据分析中的最后阶段，是对最终模型效果进行评测的过程。在挖掘算法初期需要制定好最终模型的评测方法、相关指标等，在这个过程中对这些评测指标进行量化，判断最终模型是否可以达到预期目标。通常模型的评估人员和模型的构建人员不是同一批人，以保证模型评估的客观、公正性。

本章习题

1. 判断：福特创立全世界第一条汽车流水装配线的时间是 1913 年。（　　）

2. 判断：世界上的第一辆电动汽车诞生于 19 世纪。（　　）

3. 判断：汽车的"新四化"包括电动化、智能化、互联网化和私有化。（　　）

4. 判断：车联网能够实时发现并预警潜在的危险情况，提高驾驶安全性。（　　）

5. 判断：单车智能可以获取其他车辆和交通基础设施的信息。（　　）

6. 判断：车联网可以通过优化车辆的路线选择和交通信号的控制，降低交通堵塞、减少能源消耗和排放。（　　）

7. （单项选择题）汽车的"新四化"是指电动化、智能化、网联化和（　　）。

A. 私有化　　　　　B. 共享化　　　　　C. 轻量化　　　　　D. 小型化

8. （单项选择题）高速 CAN 总线和低速 CAN 总线在应用方面的主要区别是（　　）。

A. 高速 CAN 总线传输速率更快　　　　　B. 低速 CAN 总线传输速率更快

C. 高速 CAN 总线适用于长距离通信   D. 低速 CAN 总线适用于长距离通信

9.（多项选择题）大数据的特点包括（   ）。

A. 数据量大   B. 产生速度快   C. 真实性高   D. 数据历史性

10. 简述一下大数据的发展过程，从认知发展和技术发展两个角度展开叙述。

11. 请简述新能源汽车大数据的应用流程。

当前，全球新一轮科技革命和产业变革蓬勃发展，汽车与能源、交通、信息通信等领域有关技术加速融合，电动化、网联化、智能化成为汽车产业的发展潮流和趋势。新能源汽车融汇新能源、新材料和互联网、大数据、人工智能等多种变革性技术，推动汽车从单纯交通工具向移动智能终端、储能单元和数字空间转变，带动能源、交通、信息通信基础设施改造升级，促进能源消费结构优化、交通体系和城市运行智能化水平提升，对建设清洁美丽世界、构建人类命运共同体具有重要意义。近年来，世界主要汽车大国纷纷加强战略谋划、强化政策支持，跨国汽车企业加大研发投入、完善产业布局，新能源汽车已成为全球汽车产业转型发展的主要方向和促进世界经济持续增长的重要引擎。

……

推进以数据为纽带的"人 - 车 - 路 - 云"高效协同。基于汽车感知、交通管控、城市管理等信息，构建"人 - 车 - 路 - 云"多层数据融合与计算处理平台，开展特定场景、区域及道路的示范应用，促进新能源汽车与信息通信融合应用服务创新。

打造网络安全保障体系。健全新能源汽车网络安全管理制度，构建统一的汽车身份认证和安全信任体系，推动密码技术深入应用，加强车载信息系统、服务平台及关键电子零部件安全检测，强化新能源汽车数据分级分类和合规应用管理，完善风险评估、预警监测、应急响应机制，保障"车端 - 传输管网 - 云端"各环节信息安全。

……

建立新能源汽车与相关产业融合发展的综合标准体系，明确车用操作系统、车用基础地图、车桩信息共享、云控基础平台等技术接口标准。建立跨行业、跨领域的综合大数据平台，促进各类数据共建共享与互联互通。

——国务院办公厅《新能源汽车产业发展规划（2021—2035 年）》

想一想1：大数据技术在新能源汽车中的应用

新能源汽车的发展离不开大数据技术的支持。你知道大数据技术在新能源汽车领域有哪些具体的应用吗？例如，在电池管理、驾驶行为分析、车联网等方面，大数据技术是如何帮助提升新能源汽车性能和用户体验的？

想一想2：新能源汽车与智能交通系统的结合

新能源汽车不仅仅是一种交通工具，它还在智能交通系统中扮演着重要角色。你知道新能源汽车在智能交通系统中具体是如何发挥作用的吗？例如，如何通过数据分析和智能调度实现交通流量的优化和道路安全的提升？

想一想 3：新能源汽车网络安全保障

随着新能源汽车的普及，网络安全问题也日益重要。你认为在保障新能源汽车网络安全方面，应该采取哪些具体措施？如何通过密码技术、信息系统安全检测等手段保障"车端 - 传输管网 - 云端"各环节的信息安全？

想一想 4：多层数据融合平台的构建

基于"人 - 车 - 路 - 云"多层数据融合与计算处理平台，新能源汽车可以实现高效协同。你认为在构建这样的平台时，需要克服哪些技术挑战？如何保证数据的实时性、准确性和安全性？

想一想 5：跨行业大数据平台的建立

建立跨行业、跨领域的综合大数据平台，可以促进数据的共建共享与互联互通。你能举例说明这些平台如何促进新能源汽车与能源、交通、信息通信等相关产业的融合发展吗？例如，在新能源汽车充电设施与城市电网管理的协调优化方面，这些数据平台发挥了什么作用？

第2章
新能源汽车数据采集与治理

学习目标:

- 了解车载终端主要模块的功能
- 了解大数据的采集工具和采集方法
- 掌握数据预处理的流程和方法

　　数据采集又称数据获取,是大数据生命周期中的第一个环节,通过 RFID 数据、传感器数据、社交网络数据、移动互联网数据等方式获得各种类型的结构化、半结构化及非结构化的海量数据。大数据采集与传统数据采集的主要区别在于处理的数据量、数据来源的多样性、采集速度和使用的技术支持。传统数据采集通常依赖于结构化的、有限的数据源,如问卷调查或数据库,而大数据采集则涉及从各种非结构化和半结构化的数据源中提取信息,包括社交媒体、网页、传感器数据等。大数据环境下,数据的生成速度非常快,要求实时或近实时的处理,因此需要更高效的技术和算法来存储、管理和分析海量数据。此外,大数据采集往往借助于先进的计算框架和分布式系统,以支持对大规模数据集的并行处理和分析。

2.1　数据采集终端

新能源汽车车载终端是安装在车辆上，采集及保存整车及系统部件的关键状态参数，并与车联网后台及其他对象进行通信的装置或系统。在车联网发展的初期，系统主要是为车主提供远程信息服务（Telematics Service），所以车联网车载终端也被称为 Telematics Box，简称 T-Box。该简称被行业广泛使用至今。现在的智能车载终端，可深度读取汽车 CAN 总线数据和私有协议，通过无线网络将数据传到云服务器，实现远程通信、远程控制、安防服务、OTA、V2X、行驶安全、节能管理、信息娱乐等服务功能，有效提升汽车智能化、网联化程度。T-Box 运用了多种技术，包括无线广域网、无线局域网、车身通信网、多网路由、车载数据安全、空中写卡、GPS 和北斗定位、三维加速度传感器、多轴传感器、实时惯导等。

2.1.1　车载终端设备

车载终端是车辆上用于实现特定功能的电子设备，通常包括以下几种：

（1）车载导航终端

车载导航终端（图 2-1）结合了全球定位系统（GPS）和详尽的地图数据，为驾驶员提供了一系列实用的导航功能。如路线规划，它能够根据目的地和当前位置，智能计算出最佳行驶路径。此外，导航终端还能够提供实时路况信息，包括交通拥堵、事故报告以及道路施工等，确保驾驶员能够及时调整行驶路线，避免不必要的延误。在操作上，导航终端设计得既直观又用户友好，通常被安装在车辆的仪表盘或中控台上，这样驾驶员就能够在行驶过程中轻松查看屏幕，获

图 2-1　车载导航终端

取必要的导航信息。通过触摸屏幕或物理按钮，驾驶员可以轻松输入目的地，而导航终端则会迅速响应，提供清晰的转向指示和预计到达时间。随着技术的不断进步，现代的导航终端还集成了更多高级功能，如语音控制、车道指引、兴趣点搜索等，使得驾驶体验更加便捷和安全。一些终端甚至可以通过互联网连接，接收实时更新的地图和交通信息，确保数据的准确性和时效性。总之，导航终端已经成为现代驾车不可或缺的助手，它不仅提升了行车的安全性，也极大地方便了驾驶员的日常出行。

（2）车载通信终端

车载通信终端（图 2-2）作为现代汽车中不可或缺的智能组件，扮演着车辆信息化的核心角色。它通过先进的通信技术，如蓝牙、Wi-Fi 等无线连接方式，无缝地实现了车辆与广泛外部设备之间的数据同步和信息共享。无论是智能手机中的音乐、联系人信息，还

是笔记本计算机中的导航路线，都能通过车载通信终端快速导入，为驾驶员提供便利的同时，也极大提升了行车的安全性和舒适性。在设计上，车载通信终端通常被巧妙地融入车辆的仪表盘或中控台之中，不占用额外空间，也不影响车内的整体美观。它的界面设计人性化，操作直观简便，即便是在行驶过程中，驾驶员也能轻松操控，实现诸如接打电话、切换音乐、接收实时路况信息等功能。此外，随着科技的不断进步，车载通信终端的功能也在不断扩展。除了基本的通信和娱乐功能，它还可以通过连接互联网，提供在线服务，如远程车辆监控、紧急救援、车况检测，甚至远程控制车辆某些功能，让车辆管理变得更加智能化和便捷化。

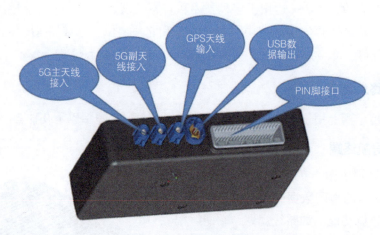

图 2-2　车载通信终端

（3）车载娱乐终端

车载娱乐终端（图 2-3）作为现代汽车中不可或缺的组成部分，为驾驶员和乘客提供了丰富多样的娱乐选择。这款设备的核心功能在于能够播放多种音频和视频内容，满足不同用户在旅途中的娱乐需求。该终端具备强大的多媒体播放能力，无论是流行的 MP3 音乐文件，还是高清的视频录像，都能通过其高清晰度的显示屏呈现，带来视觉与听觉的双重享受。此外，它还支持各种主流的音频格式，确保每位用户都能找到自己喜爱的曲目。除了多媒体播放，车载娱乐终端还集成了收音机功能，让驾驶员能够随时收听到最新的新闻、

图 2-3　车载娱乐终端

天气预报以及各类音乐电台，保持与世界的联系。同时，它还能播放 CD 和 DVD，为那些喜欢传统媒体的用户提供了便利。更令人兴奋的是，一些高端车载娱乐终端甚至配备了数字电视功能，这意味着在长途旅行中，后座的乘客可以观看电视节目，享受轻松愉快的时光，让每一段旅程都变得更加有趣。在安装位置上，车载娱乐终端通常被巧妙地设计在车辆的中控台或后排座椅上，既节省空间，又方便操作。中控台上的终端便于驾驶员在行驶过程中进行简单操作，而后排座椅上的终端则让后排乘客也能享受到娱乐的乐趣。

（4）车载监控终端

车载监控终端（图 2-4），作为现代车辆安全技术的重要组成部分，通过搭载先进的摄像头和其他感应设备，能够不间断地监测和记录车辆的内外环境。这种监控不仅涵盖了车舱内部，包括驾驶员和乘客的行为，还延伸到了车辆外部，如道路状况、周边车辆以及行人动态等，确保在行驶过程中，所有可能影响安全的因素都能得到及时的捕捉和反馈。在安装位置上，车载监控终端通常被精心布置于车辆的关键视角点，比如前后风窗玻璃，这样不仅能够最大限度地减少视线盲区，还能在不干扰驾驶员正常视野的前提下，提供全面的监控。同时，一些车辆也会选择在车顶或其他合适的位置安装监控设备，以获取更广阔的视野范围，从而无死角地覆盖车辆周围环境。此外，车载监控终端不仅仅是一个被动的录像装置，它还集成了多种智能分析功能。例如，当监控到异常行为或潜在危险时，系统可以立即发出警告，甚至与车辆的其他安全系统协同工作，如自动紧急制动系统，以主动预防可能发生的事故。随着技术的不断进步，车载监控终端的功能也在不断扩展。除了基础的实时监控和录像回放之外，它还可能包括夜视增强、天气适应调整、数据加密保护等高级特性，进一步提升车辆的安全性能和驾驶体验。

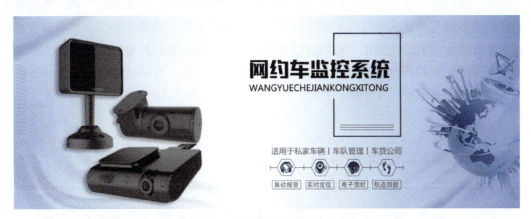

图 2-4　车载监控终端

（5）车载诊断终端

车载诊断终端（图 2-5）是一种先进的车辆辅助设备，它通过与车辆的 OBD（on-board diagnostics，即车载自动诊断系统）接口连接，能够实时地读取并解析车辆在运行过程中产生的各类故障信息，如发动机状态、排放控制系统状况、传动系统异常等，为维修人员提供极为重要的参考数据，使他们能够快速准确地定位问题所在，从而进行有效的维护和修复工作。通常，车载诊断终端会被巧妙地安置在车辆的仪表盘下方，这样做既方便了驾驶员在需要时查看相关信息，又不会过多占用空间或影响驾驶舱的整体美观。另外，有些车载诊断终端也会被安装在发动机舱内，尤其是那些设计用于更专业或者更深入检测的设备。无论安装在哪里，它们都通过一系列精密的内部传感器和复杂的算法，持续监控着车辆的各项性能指标。当车辆出现故障时，车载诊断终端会立即捕捉到相关的异常信号，并将这些信息转化为易于理解的代码或

图2-5　车载诊断终端

者文字描述，有时甚至还能提供可能的解决方案或者维修建议。这不仅大大节省了维修人员的时间，也提高了车辆维修的准确性和效率。随着汽车工业的发展和科技的进步，车载诊断终端的功能也在不断扩展。现代的车载诊断终端除了基本的故障诊断功能外，还能够提供如油耗分析、行车习惯评估、保养提醒等多样化的服务，成为驾驶员和维修人员不可或缺的得力助手。

这些车载终端的核心工作原理是利用一系列精密的传感器、执行器和控制器等电子元件，实现对车辆各种信息的实时采集、高效处理和精确控制。例如，导航终端通过内置的GPS模块接收来自卫星的信号，经过复杂的算法计算，准确地确定车辆的位置信息，为驾驶员提供实时的导航指引；车载通信终端则通过先进的无线通信模块与外部设备进行高速数据传输，使车辆能够实时接收和发送信息，提高行车安全性；车载娱乐终端则通过高性能的音视频解码芯片播放丰富的多媒体内容，为乘客提供舒适的乘车环境；车载监控终端通过高清摄像头采集图像信息，然后通过专业的图像处理芯片进行处理和显示，为驾驶员提供全方位的行车视野；车载诊断终端通过OBD接口读取车辆的故障码，然后通过强大的数据处理芯片进行分析和显示，帮助驾驶员及时发现和解决车辆问题。

2.1.2　终端功能

车载终端设备可以实现的基本功能如下：

（1）联网

联网是T-Box最重要的功能之一，可以支持移动、联通、电信三大运营商的网络，但是在汽车上所有的上网体验都来自于车机（就是驾驶室里的控制屏），其实车机并没有联网功能，T-Box相当于SIM卡。T-Box与车机之间采用车用以太网通信，组成局域网，分享T-Box的4G和Wi-Fi热点上网通道。

（2）车辆信息实时上传

T-Box不仅可以上网，而且还是车辆信息化的核心控制器，通过CAN以及以太网与整

车进行通信，实时获取车辆信息，包括实时油耗、发动机温度、发动机转速、车辆行驶里程、当前车速、电池电压、进气压力、冷却液温度、氧传感器电压、发动机负载、节气门开度、空气流量、GPS 车辆位置信息等。实现了对车辆行驶数据的实时监控。

（3）远程控制

当车辆静止的时候，可以对车辆进行远程控制等功能。通过手机 App 和 TSP 后台网页，输入车辆唯一的身份证号（VIN），就可以获取到车辆现在的实时状态，比如车窗是否关好、车门是否上锁、剩余油量电量、总里程、驾驶室温度等车辆信息，我们可以根据这些信息进行相应的远程控制，比如远程开车门、远程开车窗、远程打开行李舱、远程打开空调等操作，极大地方便了驾驶员的使用体验。远程控制是车联网的重要应用，很多新能源汽车现在都可以实现远程控制的功能。

（4）远程诊断、本地诊断

汽车远程故障诊断系统是指汽车在启动时，T-Box 获知汽车的故障信息，并把故障码上传至数据处理中心。系统在不打扰车主的情况下复检故障信息。在确定故障后，实施远程自动消除故障，无法消除的故障以短信方式发送给车主，使车主提前知道汽车存在的故障信息，防患于未然。其基本原理是 T-Box 通过 CAN 收发器直接连接网关与整车网络进行通信，能够获取娱乐 CAN、诊断 CAN 的数据，并可以对 BCM、VCU 等进行控制，或下发诊断命令。

（5）车辆异常警告上传

当车辆上的一些部件出现一些异常或者是严重故障的时候，比如发动机温度过高、车门入侵、冷却液温度过高、油量较少等，T-Box 会第一时间获取到出现故障或者异常的信息，并把这些信息传输给用户，提醒用户要及时处理这些问题，极大地提高了用户的驾驶安全。

（6）eCall/bCall 服务

eCall（汽车紧急呼叫系统）是保障驾乘人员生命安全的重要环节，当车辆发生碰撞、安全气囊弹出的情况下触发 eCall，T-Box 迅速传递车辆的位置信息等基本信息给客服，客服中心则会根据车辆的位置信息，立刻与当地的 4S 汽车维修店、医疗救护中心、警察局等相关机构进行联系，确保第一时间到达事故现场进行救援。bCall（一键电话救援）主要是道路救援，按下后可以获得道路拖车等服务。

（7）空中下载技术（over-the-air technology, OTA）

汽车的 OTA 功能主要是指通过移动通信实现对汽车软件版本的远程升级。相比之前到 4S 店通过整车 OBD 对相应的汽车部件进行软件升级，OTA 技术极大地提高了便利性，让车主可以随时随地对爱车的电子部件进行软件升级，使其有更好的驾驶体验。

（8）合作式智能运输车用通信系统（vehicle to everything, V2X）

V2X 是通过人、车、路信息交互，实现三者之间的智能协同与配合的一种智能运输系统体系，能够实现道路交通安全、通行效率的提升，以及信息服务等不同应用。V2X 是车联网未来发展的一种趋势，这个技术的实现也离不开 T-Box。

2.1.3 车辆定位

全球卫星导航系统（global navigation satellite system，GNSS）定位模块用来获取车辆定位数据，包括时间、车速、经度、纬度、航向、海拔等数据。

在高精度定位应用中，通信模块通过网络接收来自基准站或地基设备采集到的差分包（网络差分），然后传输给 GNSS 定位模块，由 GNSS 定位模块进行数据解算，得到高精度的定位数据。目前全球卫星导航系统市场基本形成"1+3"格局，即美国的全球定位系统（GPS）、俄罗斯的格洛纳斯卫星导航系统（GLONASS）、欧洲的伽利略（GALILEO）系统和我国的北斗卫星导航系统（BDS）。国内常见的为 GPS、北斗双模定位模块。在某些低成本、集成度高的车载终端设计方案中，蜂窝通信模组集成了基本的 GNSS 功能。

GALILEO 系统是欧洲自主的、独立的全球多模式卫星定位导航系统，可以提供高精度、高可靠性的定位服务，同时可以实现完全非军方控制、管理。GALILEO 系统可与美国的 GPS 和俄罗斯的 GLONASS 兼容，但比后两者更安全、更准确。

车载北斗卫星导航系统是现代汽车科技中不可或缺的组成部分，它基于中国自主研发的北斗卫星导航定位系统，为车辆提供精准的定位服务。该系统通过接收来自北斗卫星的信号，结合复杂的算法和数据处理技术，能够实时确定车辆的地理位置、速度和行驶方向。用户只需输入目的地，车载北斗卫星导航系统便能智能规划出最佳路线，同时提供语音导航指引，确保驾驶员即使在复杂路况或陌生环境中也能轻松到达目的地。此外，系统还能实时更新交通状况，如拥堵、事故或道路施工等信息，帮助驾驶员避开可能的延误。高级的车载北斗卫星导航系统还具备多种增值服务，例如与本地兴趣点（POI）数据库相连，提供附近加油站、餐馆、商店等搜索功能；集成电子地图自动更新功能，确保地图数据时效性；以及一些紧急救援功能，在遇到紧急情况时能够快速联系救援服务。随着车联网技术的发展，部分车载北斗卫星导航系统还支持互联网连接，可以实现更多在线服务，如天气预报、在线音乐、实时新闻等，极大地丰富了驾驶体验。

在安全性方面，车载北斗卫星导航系统也发挥着重要作用。它可以与车辆的其他安全系统集成，比如防撞系统、车道偏离预警系统等，进一步提高行车安全。

车载北斗卫星导航系统不仅提供了基础的导航功能，还通过不断的技术创新和服务整合，为驾驶员提供了一个全方位、多功能的驾驶辅助工具，使得每一次出行都更加安全、便捷和愉快。它能够为用户提供多种实用功能和服务，包括实时路况信息、语音导航指引、智能路线规划、紧急救援功能等，如图 2-6 所示。这些功能能够帮助驾驶员更好地了解道路情况和车辆状态，提高行车安全性和便利性。

随着技术的不断进步和应用范围的不断扩大，未来车载北斗卫星导航系统将会成为汽车工业中不可或缺的一部分。除了上述提到的四大全球系统外，还有区域系统和增强系统，其中区域系统有日本的 Q2S 和印度的 IRNSS，增强系统有美国的 WAS、日本的 MSAS、欧盟的 EGNOS、印度的 GAGAN 和尼日利亚的 NIG-GOMSAT-1 等。

图 2-6　北斗卫星导航系统

2.1.4　车辆升级

汽车内的 OTA 主要分为 FOTA 和 SOTA 两类，前者是一个完整的系统性更新，后者是迭代更新的升级。

固件在线升级（firmware-over-the-air，FOTA），指的是给一个车辆下载完整的固件镜像，或者修补现有固件，这是一个完整的软件安装文件（镜像）下载的过程。

软件在线升级（software-over-the-air，SOTA），通过无线网络或移动网络将文件从云端服务器下载到车辆上。SOTA 一般作为一个"增量"，整车企业仅发送需要更改的部分，减少了下载的数量和时间，并降低了成本和失败的可能性。软件增量文件和对应于车辆的安全凭据被称为"更新包"，更新包中可能包含多个增量文件和多个 ECU 的补丁。

汽车 OTA 的架构主要包含整车企业云端服务器和车辆两部分，如图 2-7 所示，其中，OTA 服务平台为车载终端提供 OTA 服务，这里主要管理各个软件提供商的原始固件升级软件。出于安全考虑，需要构建一个独立的子模块，负责为 OTA 服务平台提供安全服务，包括密钥证书管理服务、数据加密服务、数字签名服务等；车辆终端 OTA 组件对升级包进行合法性验证，适配安全升级流程。

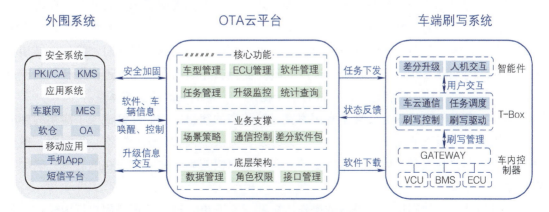

图 2-7　典型的 OTA 系统架构图

OTA 的基本构成在流程上分为生成文件、传输和验证文件和安装更新。不同的企业实施 OTA 操作的对象也不相同，特别是在不同的通信总线有差异的时候。具体的进行过程如下所示：

1）管理和生成相关的文件：云端服务器是负责监测整个 OTA 过程的主要单元，它要确定需要更新哪些车辆，是否与车辆建立可靠的连接（生成一个可靠的可信通道）并实施握手消息，然后把固件包或者更新包从软件库里面提取出来，确定分发包的更新顺序、确定作业管理器管理整个进程，并在完成后确定检查校验。

2）分发和检查：这里服务器会做加密渠道分发，而在车端则有个计算能力强大并有足够存储空间的控制器进行下载、验证和解密，与服务器相对应的也有作业管理器负责报告当前状态和错误信息，每个更新作业都有一个用于跟踪使用情况的作业 ID。

3）更新和刷新安装：通常整车企业决定要使用 FOTA 需要做完备的考虑，以特斯拉为例，采取了一种叫 A/B 更新的方式，通过使用车辆里面强运算力的联网模块（如仪表板、中控台等）实现对整个进程的监控。

FOTA 流程主要存在传输风险和升级包篡改风险。终端下载升级包的传输流程中，攻击者可利用网络攻击手段，如中间人攻击，将篡改伪造的升级包发送给车载终端，如果终端在升级流程中同时缺少验证机制，那么被篡改的升级包即可顺利完成升级流程，达到篡改系统、植入后门等恶意程序的目的。攻击者还可能对升级包进行解包分析，获取一些可利用的信息，如漏洞补丁等，升级包中关键信息的暴露会增加被攻击的风险。这一直是制约整车企业推动 OTA 技术在车辆领域发展的最大障碍。随着信息安全技术的导入，OTA 也变成了整车企业与网络技术结合的发展机遇。

2.2　数据采集方法

大数据采集方法主要包括系统日志采集、网络数据采集、感知设备采集等。

（1）系统日志采集

系统日志采集作为信息技术管理的关键组成部分，承担着记录和反映软件、硬件以及操作系统运行状况的重要职责。这些日志文件，如同信息的宝库，为大数据采集提供了宝贵的资源，是数据驱动决策的基石之一。在深入挖掘服务器的运行日志时，我们能够捕捉到系统性能的细微波动，无论是处理速度的瞬间变化，还是内存使用的逐步增长，抑或是网络流量的异常波动，所有这些信息都有助于构建一个全面的健康监控体系。

同样，应用程序的日志文件也是洞察其运行状态的窗口。它们详细记录了应用程序的启动、执行、错误以及关闭等关键事件，为开发者提供了调试和优化的第一手资料。通过分析这些日志，开发者可以追踪到问题的源头，从而快速响应并解决潜在的故障，确保应用程序的稳定运行。

设备的日志文件则记录了设备的操作历史和状态变更，这对于理解用户行为模式至关重要。例如，通过分析智能手机的使用日志，可以了解用户的活动习惯，进而为他们提供更加个性化的服务或产品推荐。在物联网（IoT）设备日益普及的今天，设备日志的分析更是成为连接用户与技术之间桥梁的关键一环。

系统日志采集不仅仅是一项技术操作，它涉及从系统稳定性到用户体验，再到业务决策的各个层面。通过对日志数据的持续收集和深入分析，我们能够更好地理解系统的运行状态，预测潜在的问题，优化系统性能，最终实现技术与业务的同步提升。

（2）网络数据采集

网络数据采集通常被人们称作网络爬虫或网页抓取，它涉及使用特定的软件工具或编程脚本来自动化地从互联网的广阔天地中提取信息。这些互联网资源包括但不限于各类网站、社交媒体平台、在线论坛、博客以及其他任何能够公开访问的数据源。通过这种技术手段，可以高效地搜集大量的非结构化数据，这些数据在原始状态下并不易于分析或理解。

网络数据采集的应用范围极为广泛，它是市场研究的一个强大工具。企业可以通过网络爬虫收集的数据来洞察消费者行为，追踪竞争对手的动态，从而制定更加精准的市场策略。例如，通过分析社交媒体上的用户评论和讨论，公司可以捕捉到关于品牌或产品的公众情绪，及时调整营销方案以应对可能的市场变化。此外，网络数据采集对于公共关系和舆情监控也至关重要。组织可以通过监控网络上的新闻报道、论坛讨论和其他公开信息，来了解公众对其活动和政策的看法。这种实时的信息反馈机制可以帮助组织迅速响应公众关切，管理危机情况，甚至在事态恶化之前采取预防措施。

在实施网络数据采集时，数据的质量和准确性是关键。因此，选择合适的数据采集工具和方法，以及有效地清洗、处理和分析这些数据，成为提升信息价值的重要步骤。随着人工智能和机器学习技术的发展，网络数据采集的精确度和应用深度都在不断提升，为各行各业带来了前所未有的数据洞察和业务机会。

（3）感知设备采集

物联网技术的迅猛发展，催生了感知设备采集技术的巨大进步。如今，智能传感器、GPS 设备等先进工具的普及，使得从城市交通监控到农田作物生长状况的观测，都变得异常精准和高效。智能传感器能够灵敏地捕捉温度、湿度、光照强度等环境因素的细微变化，并将这些数据实时传输至中心处理系统。同时，GPS 设备通过全球定位系统，为车辆导航、资产追踪等提供精确的地理位置信息。

这些设备的数据采集功能，对于实现环境的实时监控起到了至关重要的作用。在工业生产领域，通过感知设备对生产线上的机器状态进行监测，可以预防故障发生，确保生产流程的顺畅。在智能家居领域，智能传感器可以调节室内温度和湿度，为用户创造舒适的居住环境。在农业管理中，通过分析土壤湿度和气候变化的数据，农民可以更合理地规划灌溉和施肥，提高作物产量。

远程管理也因感知设备的广泛应用而变得更加高效。例如，在物流行业，GPS 设备不仅能够实时追踪货物位置，还能优化运输路线，减少不必要的延误和成本。在公共安全领域，通过安装的摄像头和传感器收集数据，可以帮助安全人员迅速响应紧急情况，有效维护社会秩序。

随着数据分析技术和人工智能算法的不断进步，感知设备采集的数据正变得越来越有价值。它们不仅能够提供实时反馈，还能够通过历史数据分析，预测未来趋势，为决策提供科学依据。因此，感知设备在智慧城市建设、环境保护、灾害预警等多个领域发挥着越来越重要的作用，成为现代社会不可或缺的一部分。

（4）开放 API 接口采集

开放 API 接口作为大数据平台提供的一项关键服务，允许用户和合作伙伴通过标准化的方式接入平台，并基于现有的分析模型进行深度开发。这种接口通常设计得既灵活又强大，旨在满足不同企业和开发者的特定需求。

具备开发能力的企业能够利用这些 API 接口，构建出多样化的数据应用。无论是需要实时处理数据以快速响应市场变化，还是进行非实时的数据分析以深入挖掘信息价值，开放 API 接口都能提供必要的支持。企业可以通过这些接口访问到大量的数据集，运用机器学习、人工智能等先进技术，开发出符合自身业务流程的应用程序。

合作伙伴通过这些 API 接口，可以与大数据平台紧密集成，共同创造出更加个性化的解决方案。例如，一个专注于金融分析的团队可以利用 API 接口，结合自己的专业模型，为用户提供更精准的投资建议。同时，这些接口也支持自定义分析模型的构建，使得企业和开发者能够根据特定的业务需求，打造出独一无二的数据处理流程。在安全性方面，大数据平台通常会确保 API 接口遵循严格的安全标准，以保护数据的安全性和隐私性。这包括使用加密传输、身份验证和权限控制等多种措施，确保只有授权的用户才能访问和处理数据。

总之，开放 API 接口为有开发能力的企业提供了一个强大的平台，使其能够在大数据分析和应用开发方面发挥创造力，从而推动数据驱动的创新和发展。

以上每种方法都有其特点和适用场景，而且在实际的大数据处理过程中，往往会结合使用多种方法来满足不同的业务需求。例如，电商网站可能会结合使用数据库采集和网络数据采集，以获取商品信息和用户评论；而智能交通系统则可能需要结合系统日志采集和感知设备采集，以实现对车辆行驶状态和路况的实时监控。

2.3 数据通信方式

数据通信方式是现代信息传输的核心方法，其中包括无线传输技术和有线连接协议。无线传输技术如 Wi-Fi 和蓝牙，提供了灵活便捷的数据传输方式，适用于移动设备和无线网络环境。有线连接协议如以太网和 USB，则以稳定性和高速传输著称，常见于局域网和设备连接场景。此外，数据加密与安全技术在数据传输过程中起着关键作用，如 SSL/TLS 协议和 VPN 技术，保障了数据的机密性和完整性，确保信息传输的安全可靠。综合利用这些通信方式，可以实现各种场景下的数据传输需求，推动数字化时代的发展与进步。

2.3.1　无线传输技术

（1）专用短程通信技术

专用短程通信（dedicated short range communication，DSRC）是一种创新的通信技术标准，专为满足智能交通系统（ITS）的复杂需求而设计。这种技术不局限于单一的解决方案或体制，而是涵盖了一系列通信技术，旨在为特定的专业领域提供定制化的通信服务。在智能交通系统中，DSRC 技术发挥着至关重要的作用。它能够实现车辆与车辆（V2V）、车辆与基础设施（V2I）、以及车辆与行人（V2P）之间的高效通信。通过这些交互，DSRC 有助于提高道路安全性，优化交通流量，减少拥堵，并为驾驶员提供实时信息，从而增强整体的驾驶体验。在美国，DSRC 技术与 WAVE（wireless access in vehicular environment）紧密相关。WAVE 是一种基于 IEEE 802.11 标准的无线通信技术，专门用于车辆环境中的无线接入。它支持车辆间的高速数据传输，使得车辆能够快速交换关键信息，如位置、速度和行驶方向，从而在必要时发出警告或采取避险措施。此外，DSRC 技术还包括一套完整的协议栈，确保信息的可靠传输和高效的数据管理。这套协议栈通常包括物理层、数据链路层、网络层和应用层，每一层都针对智能交通系统的独特需求进行了优化。随着智能交通系统的不断发展，DSRC 技术也在不断进步。研究人员和工程师正在努力提升其性能，增加新的功能，并确保其能够与其他新兴技术如车联网（V2X）和自动驾驶汽车无缝集成。总之，专用短程通信技术是智能交通领域的一个关键组成部分，它通过提供高效、可靠的通信手段，为现代交通系统的安全和效率做出了重要贡献。随着技术的不断演进，DSRC 有望在未来的交通管理和车辆通信中扮演更加核心的角色。

（2）WAVE 协议体系

WAVE 协议体系是由 IEEE 主持制定的，其作为车载环境无线通信的系统架构，旨在为车辆提供智能、高效的通信解决方案。该体系的前身 DSRC（专用短程通信）技术，已经在车与路、车与车之间的通信领域展现出巨大的潜力。WAVE 系统的协议栈结构精心设计，分为管理平面和数据平面两大部分，确保了通信的高效性和可靠性。

1）管理平面主要负责协议栈的参与与行为控制，它监控并调整通信过程中的各种参数，以适应不断变化的通信环境和需求。通过实时的监控和管理，管理平面确保了通信的稳定性和安全性，为车辆间的信息交换提供了坚实的基础。

2）数据平面则专注于传输数据信息，它负责处理和转发车辆间的数据包，确保信息的准确、快速传递。无论是车辆的位置信息、速度信息，还是紧急警报等关键信息，数据平面都能够迅速处理并传递给其他车辆，大大提高了车辆间的通信效率。

（3）蜂窝移动通信技术

C-V2X（Cellular V2X）是基于 4G/5G 等蜂窝网络通信技术演进形成的 V2X 无线通信

技术总称，包括 LTE-V2X 和 5G 新空口（New Radio，NR）V2X。其包含了两种通信接口（图 2-8）：一种是车 - 人 - 路之间的短距离直连通信接口（PC5），以及可实现长距离和更大范围通信的车和网络之间的通信接口（Uu）。二者可有效结合、互为补充，更好地满足 V2X 的通信需求。目前，国内针对 C-V2X 的发展计划也做出了时间安排，大致分为三个阶段。

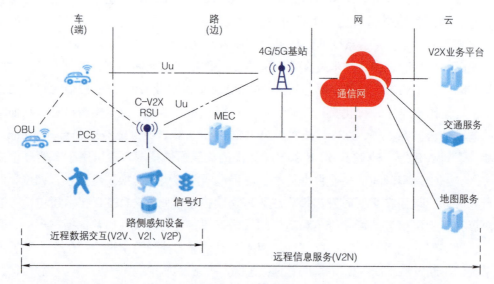

图 2-8　基于 PC5 接口的终端直通 V2V 通信及 Uu 接口的 V2I 和 V2I2V 通信

第一阶段，2020—2023 年，主要落地依赖 4G 的 LTE-V2X 技术的基本安全功能，比如紧急电子制动灯、左转辅助等，并且通过网络共享当地道路危险信息和交通信息，提高交通的效率和基本安全性。

第二阶段，2024 年起，5G-V2X 技术开始大规模使用，车辆与交通基础设施之间的通信，将可以为自动驾驶技术带来更多的增强功能，比如停车场自动泊车、远程遥控驾驶，以及在公共道路上实现更高级别的自动驾驶等。

第三阶段，从 2026 年起，所有自动驾驶汽车都将配备 5G-V2X 技术，车辆之间能够共享高精度传感器数据，从而协同工作。自动驾驶将进入更高阶段，车辆能够相互以及与交通管理中心分享意图，结合人工智能对交通信息进行高度协同处理，对高速公路出入口及城市交通流量进行动态管理等。

依据中国信通院《车联网白皮书（2021 年）》，现阶段，LTE-V2X 已形成完善的技术标准体系和产业链；NR-V2X 技术标准有待验证，未分配频谱资源，相关产品尚未成熟。在技术和标准方面，国内 LTE-V2X 技术主要聚焦于进一步深化和优化 LTE-V2X 应用，3GPP NR-V2X 标准仍在不断演进过程中。

2.3.2　有线通信协议

车内通信网络是用于实现车内信息共享的数据交流系统集合，在协议控制下，由若干个电子控制单元组成来完成特定的数据交流。控制局域网（Controller Area Network，CAN）是目前国际上应用最广泛的汽车总线之一，可实现车载控制单元之间的信息交换。目前各个国家和公司存在多种汽车网络标准。美国汽车工程师学会（SAE）按照汽车上网络系统的性能由高到低，将汽车传输网络划分为不同的等级标准，见表 2-1。

表 2-1　汽车传输网络等级标准

网络分类	位传输速率	应用范围	主流协议
A 类	< 20kbit/s	刮水器、后视镜及其他智能传感器	LIN、TTP/A
B 类	20 ~ 12kbit/s	车灯、车窗等信号多、实时性要求低的控制单元	低速 CAN
C 类	0.125 ~ 25Mbit/s	发动机、ABS 等实时性要求高的控制单元	FlexRay、TTP/C、高速 CAN
D 类	25 ~ 150Mbit/s	导航、多媒体系统	IDB-1394、MOST
E 类	10Mbit/s	气囊等面向乘员的被动安全系统	Byteflight

（1）CAN（控制局域网）

CAN 总线是功能丰富且在汽车行业广泛使用的一种串行数据通信协议，是一种多主总线，即不需要通过主机就允许网络上各个节点相互通信具有高度的可靠性和实时性，其布线图如图 2-9 所示。CAN 总线广泛应用于汽车行业，其能够有效地减少车内复杂的布线，简化电子系统的架构。在实际应用中，CAN 总线被广泛应用于车身控制模块（BCM）。车身控制模块负责管理和控制诸如车灯、刮水器、电动窗和车门锁等车身功能。这些模块通过 CAN 总线进行数据通信，快速响应驾驶员的指令和环境变化，确保车辆的各种功能协调工作。由于 CAN 总线的鲁棒性和高效性，它已成为现代汽车电子控制系统中的核心技术之一。

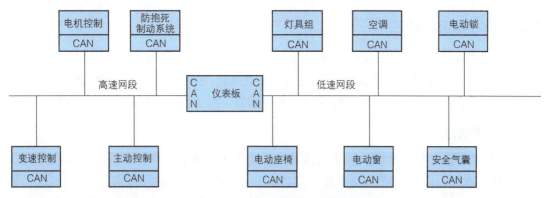

图 2-9　CAN 总线布线网络图

（2）局部连接网络

局部连接网络（Local Interconnect Network，LIN）是一种低成本的串行通信网络，专为实现汽车中的分布式电子控制系统而设计。LIN 总线通常作为 CAN 总线的辅助网络，用于那些对带宽要求不高且成本敏感的应用场景。在汽车中，LIN总线广泛用于车门模块，例如控制车窗升降、电动后视镜调节以及车门锁等功能。由于这些功能对数据传输速率和带宽要求较低，LIN总线的低成本和简易性使其成为理想选择。通过LIN总线，车门模块能够高效地相互通信，响应驾驶员的操作指令，同时降低了系统的整体成本，提高了经济性。

（3）FlexRay

FlexRay是一种为满足未来汽车通信需求而开发的高性能通信总线，具备确定性、容错性和高速性。FlexRay主要应用于那些对误差容限和时间确定性能要求极高的电子线控领域，如线控制动（brake-by-wire）和线控转向（steer-by-wire）。在线控制动系统中，制动信号通过电子方式传输而非传统的液压方式，这对通信的实时性和可靠性提出了极高的要求。FlexRay通过其高带宽和确定性传输能力，确保制动系统在各种工况下都能快速、准确地响应，提供更高的驾驶安全性和操控稳定性。虽然FlexRay具备许多优势，但由于其成本较高、系统复杂度高，目前还未能完全取代其他车载通信标准。

（4）车载以太网（Automotive Ethernet）

车载以太网是一种物理网络，用于连接汽车内的电子部件，满足现代汽车对高速、灵活和可扩展通信系统的需求。车载以太网在高级驾驶辅助系统（ADAS）中的应用非常典型。ADAS包括车道保持辅助、自动紧急制动、自适应巡航控制等功能，这些功能需要处理来自摄像头、雷达和激光雷达的大量数据，并进行实时分析和决策。车载以太网提供了必要的带宽和低延迟性能，支持这些复杂的数据传输和处理需求，确保ADAS能够实时响应并提供准确的辅助驾驶功能。随着汽车智能化和网联化的发展，车载以太网因其高速传输和灵活拓展能力，预计将在未来车辆平台中得到广泛应用。

2.3.3 数据加密与安全

新能源汽车不仅是交通工具的一种，还是一个高度复杂、充满各种传感器和网络连接的移动数据中心。随着汽车行业数字化程度的日益增长，数据安全和传输的加密变得极其重要，以下是新能源汽车在数据传输方面的主要威胁（图2-10）和加密与安全措施。

（1）主要威胁

1）通信协议破解和中间人攻击成为车-云通信主要威胁。车-云通信在车联网安全中占据重要地位，成为车联网攻击的主要方式，面临的主要威胁是中间人攻击。攻击者通过伪基站、DNS劫持等手段劫持T-Box会话，监听通信数据，一方面可以用于通信协议破解，另一方面可窃取汽车敏感数据，如车辆识别代号（VIN）、用户账户信息等。此外，在破解协议基础上，结合会话劫持，攻击者可以基于中间人伪造协议而实施对汽车动力系统的非法控制。

2）恶意节点成为车-车通信威胁，可信通信面临挑战。在未来车联网应用场景中，直

连模式的车 - 车通信将成为路况信息传递、路障警告的重要途径。车联网中网联汽车面临节点频繁接入与退出，现阶段 LTE-V2X 网络接入与退出管理中，不能有效实施对车辆节点的安全接入控制，对不可信或失控节点的隔离与惩罚机制还未建立完善，LTE-V2X 可信网络环境的安全隐患突出。一旦存在恶意节点入侵，就可通过阻断、伪造、篡改车 - 车通信或者通过重放攻击影响车 - 车通信信息的真实性，影响路况信息的传递。

图 2-10　新能源汽车数据主要威胁

3）协议破解及认证是车联网短距离通信主要威胁。伴随多种无线通信技术和接口的广泛应用，车辆节点需要部署多个无线接口，实现 Wi-Fi、蓝牙、802.11p、LTE-V2X 等多种网络的连接。短距离通信中的协议破解及认证机制的破解已成为当前的主要威胁。通过实现 Wi-Fi、蓝牙等认证口令破解，攻击者可以通过 Wi-Fi 或蓝牙接入汽车内部网络，获取汽车内部数据信息或者进行渗透攻击。

（2）加密与安全措施

1）**数据加密**。数据加密是确保新能源汽车数据传输安全的基础前提。汽车制造商采用强大的加密算法，如高级加密标准（AES）之类的对称密钥加密技术，来保护车辆与外界交换的信息。加密不仅用于保障车辆控制系统安全，还涵盖了车辆之间的通信和车辆与基础设施间的通信，确保数据传输不被未授权访问、拦截或篡改。

2）**安全密钥管理**。保证数据安全的另一个至关重要的环节是密钥管理。每个新能源汽车内部的网络体系都涉及多个密钥，用于进行不同级别的加密和身份验证。密钥管理系统必须能够安全地处理这些密钥的生成、分配、存储、更新和废止。密钥在安全生命周期内的管理，对于避免潜在的安全漏洞至关重要。

3）**可信平台模块**（Trusted Platform Module，TPM）。许多新能源汽车内置了可信平台模块（TPM）硬件，该硬件用于生成和存储密钥，以及执行密钥操作。与软件解决方案相比，TPM 提供了一个更为安全的环境，因为它是一个物理隔离的模块，具有更能抵抗篡改和外部攻击的能力。

4）安全通信协议。在更高的层面，制造商利用专门的安全通信协议，例如安全车载通信（SecOC）和车辆与车辆安全应用（V2VSA），为数据传输增添额外的保护层。这些协议通过验证机制和消息认证码，确保传输的数据真实可靠。

5）实时监测和入侵检测系统。新能源汽车内的网络安全不仅停留在预防措施。实时监控和入侵检测系统对于及时发现和响应潜在威胁至关重要。它们能够监测网络流量和车辆行为，以检测异常模式，从而对可能的安全威胁做出快速反应。

6）软件更新与补丁管理。由于新能源汽车与互联网的连通性，制造商可以通过 OTA（over-the-air）技术远程推送软件更新和安全补丁。这确保了车辆系统能够及时更新，以对抗新出现的安全威胁。

新能源汽车的数据传输安全依存于多层次、多技术的综合方案，从加密算法、密钥管理，到硬件设施和通信协议，再加上实时监测系统和软件更新机制，共同构建起一个全面的安全防护体系，如图 2-11 所示。随着新能源汽车技术的不断进步和安全要求的日益提高，车辆制造商和行业组织将继续加强标准和技术，以确保数据的安全和私密性，给用户带来既高效又安心的驾驶体验。

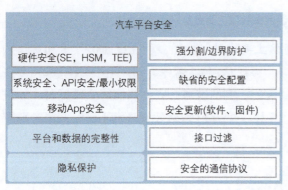
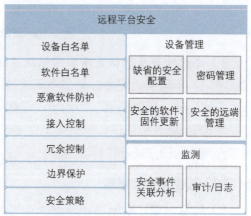

图 2-11　新能源汽车数据平台安全措施

2.4　数据预处理

在数据管理和分析的过程中，经常会遇到一些零散且不完整的数据。这些数据往往因为记录不全、格式混乱或者信息缺失而变得难以利用。例如，一个理想的数据集可能包含一系列整齐排列的数值和明确的分类标签，但实际情况下，我们可能会发现某些字段为空，或者某些数据以错误的格式输入，如日期的错误书写或数字的错误录入。除了不完整之外，"脏"数据也是数据处理中的一大难题。所谓"脏"数据，指的是那些含有错误、不一致或不准确的信息的数据。它们可能是手动输入时的失误、系统故障、数据传输错误或其他原因造成的。比如，一个应该只包含数字的字段可能意外地包含了文字，或者两个本应相同的数据源之间出现了冲突的信息。处理这些不完整和"脏"数据的过程是复杂且耗时的，它通常涉及数据的清洗、验证和修复。数据清洗可能包括从数据集中移除重复的记录、纠正格式问题、填补缺失的值等。数据验证则是一个确保数据准确性和一致性的过程，它可能需要对比不同数据源，或者回溯到原始的记录来核实信息。而数据修复则是当发现错误时，采取措施修正这些错误，这可能涉及手动更正或者使用软件工具来自动化这一过程。不完整和"脏"数据的存在不仅影响数据分析的准确性，也可能对决策制定造成负面影响。因此，对这些数据的有效管理和处理是确保数据质量、提高分析结果可靠性的关键步骤。通过细致的数据预处理，可以将这些零散和不完美的数据转化为有价值的信息，从而支持更加精准的洞察和决策。

为了提高对数据使用的质量，需要对数据进行挖掘处理，在这个过程中就产生了数据预处理技术。数据预处理的方法有很多，如数据清理、数据集成、数据变换、数据归约等。这些技术用在数据挖掘之前，能够提高数据挖掘的质量，降低实际挖掘所需要的时间。数据的预处理是指对所收集数据进行分类或分组前所做的审核、筛选、排序等必要的处理，主要采用数据清理、数据集成、数据转换、数据规约的方法来完成数据的预处理任务。

2.4.1 数据清洗

数据清洗（data cleaning）是发现并纠正数据文件中可识别的错误的最后一道程序，包括检查数据一致性、处理无效的值和缺失的值等。因为数据仓库中的数据是面向某一主题的数据的集合，这些数据从多个业务系统中抽取，而且包含历史数据，所以避免不了有的数据是错误数据，有的数据相互之间有冲突。这些错误的或有冲突的数据显然是我们不想要的，故被称为"脏数据"。我们要按照一定的规则把"脏数据"洗掉，这就是数据清洗。而数据清洗的任务是过滤那些不符合要求的数据，将过滤的结果交给业务主管部门，确认是否过滤掉或者是由业务单位修正之后再进行抽取。

（1）不符合要求的数据

不符合要求的数据主要有残缺数据、错误数据、重复数据三大类。

1）*残缺数据*。这一类数据主要是因为部分信息缺失，如新能源汽车的 VIN、车型信息、车速以及 SOC 等数据。将这一类数据过滤出来，按照缺失的内容分别填入对应的文档信息，在规定时间内补全，才可写入数据仓库。

2）*错误数据*。这一类错误产生的原因往往是业务系统不够健全，在接收输入信息后没有进行判断直接将数据写入后台数据库，比如新能源汽车有些字符串数据后面有一个回车操作、日期格式不正确等。这类数据也需要分类，对于类似于全角字符、数据前后有不可见字符问题，只能用写结构性查询语言（Structured Query Language，SQL）语句的方式查找出来，然后要求客户在业务系统修正之后抽取。日期格式不正确的错误会导致 ETL（extract，transform，load）运行失败，这样的错误需要去业务系统数据库用 SQL 的方式挑出来，交给业务主管部门并要求在一定时间范围内予以修正，修正之后再抽取。

3）**重复数据**。这一类数据多出现在维护表中，应将重复数据记录的所有字段导出来，让客户确认并整理。对于新能源汽车大数据来说，经常出现同一辆车几帧数据的采集时间是完全一样的，对于这种数据，我们一般要进行判断，删除多余的或者错误的重复数据，最后只保留一帧正确合理的数据。

（2）数据清理方法

数据清理标准模型是将数据输入数据清理处理器，通过一系列步骤清理"数据"，然后以期望的格式输出清理过的数据。数据清理从数据的准确性、完整性、一致性、唯一性、适时性、有效性几个方面来处理数据的丢失值、越界值、不一致代码、重复数据等问题。数据清理一般针对具体应用，因而难以归纳统一的方法和步骤，但是根据数据不同可以给出相应的数据清理方法。

1）**解决不完整数据（即值缺失）的方法**。大多数情况下，缺失的值必须手工填入（即手工清理）。当然，某些缺失值可以从本数据源或其他数据源推导出来，这就可以用平均值、最大值、最小值或更为复杂的概率估计代替缺失的值，从而达到清理的目的。

2）**错误值的检测及解决方法**。用统计分析的方法识别可能的错误值或异常值，如偏差分析、识别不遵守分布或回归方程的值，也可以用简单规则库（常识性规则、业务特定规则等）检查数据值，或使用不同属性间的约束、外部的数据来检测和清理数据。

3）**重复记录的检测及消除方法**。数据库中属性值相同的记录被认为是重复记录，通过判断记录间的属性值是否相等来检测记录是否相等，相等的记录合并为一条记录（即合并/清除）。合并/清除是消重的基本方法。

4）**不一致性（数据源内部及数据源之间）的检测及解决方法**。从多数据源集成的数据可能有语义冲突，可定义完整性约束用于检测不一致性，也可通过分析数据发现联系，从而使得数据保持一致。

举例来说，在对新能源汽车的数据进行数据清洗时，我们首先会处理缺失值。比如，如果在某个时间点，温度数据缺失，我们可以使用前后时间点的温度数据进行插值。例如，如果 2024-05-25 08∶00∶04 缺少温度数据，而前后时间点的温度分别是 24℃和 25℃，我们可以将该时间点的温度填补为 24.5℃。接着，我们检测并处理异常值，确保各项数据在合理范围内。比如，如果某个时间点记录的速度突然显示为 300km/h，这是一个异常值，因为合理的速度范围应在 0～200km/h 之间。我们可以通过插值法或其他方法将该异常值调整为合理范围内的值。然后，我们删除重复记录，确保数据的唯一性。例如，如果同一时间戳有两条记录，我们只保留一条。最后，我们统一数据格式，比如将所有时间戳格式统一为"YYYY-MM-DD HH∶MM"，并确保地理坐标系的一致性。

2.4.2　数据集成

假定数据分析中使用来自多个数据源的数据，这涉及集成多个数据库、数据立方体或文件，即数据集成（data integration）。代表同一概念的属性在不同的数据库中可能具有不同的名字，导致不一致性和冗余。例如，关于车辆的属性在一个数据库中可能是 vehicle_id，而在另一个中为 car_id。命名的不一致还可能出现在属性值中。例如，同一辆车的编号可能在第一个数据库中登记为 "32122"，在第二个数据库中登记为 "32121"，而在第三个数据库中登记为 "25456"。此外，你可能会觉察到，有些属性可能是由其他属性导出的（例如，平均加速度），包含大量冗余数据可能降低知识发现过程的性能或使之陷入混乱。显然，除了数据清理之外，必须采取措施避免数据集成时的冗余。通常，在为数据仓库准备数据时，数据清理和集成将作为预处理步骤进行，还可以再次进行数据清理，检测和删去可能由集成导致的冗余。

数据集成是将不同应用系统、不同数据形式，在原应用系统不做任何改变的条件下，进行数据采集、转换和储存的数据整合过程。其主要目的是解决多重数据储存或合并时所产生的数据不一致、数据重复或冗余的问题，以提高后续数据分析的精确度和速度。目前通常采用联邦式、基于中间件模型和数据仓库等方法来构造集成的系统，这些技术在不同的着重点和应用上解决数据共享和为企业提供决策支持。简单说，数据集成就是将多个数据源中的数据结合起来并统一存储，建立数据仓库。

目前来说，异构性、分布性、自治性是解决数据集成的主要难点。异构性指我们需要集成的数据往往都是独立开发的，数据模型异构，给集成也带来了困难，其主要表现在数据语义及数据源的使用环境等。分布性指的是数据源是异地分布的，依赖网络进行数据的传输，数据传输过程对网络质量和安全性是个挑战。自治性描述的是各数据源都有很强的自治性，可以在不通知集成系统的前提下改变自身的结构和数据，给数据集成系统的鲁棒性提出新挑战。

对数据集成体系结构来说，关键是拥有一个包含目标计划、源目标映射、数据获得、分级抽取、错误恢复和安全性转换的数据高速缓存器。数据高速缓存器包含有预先定制的数据抽取工作，这些工作自动地位于一个企业的后端及数据仓库之中。高速缓存器作为企业和电子商务数据的一个唯一集成点，最大限度地减少了对直接访问后端系统和进行复杂实时集成的需求。这个高速缓存器从后端系统中卸载众多不必要的数据请求，使电子商务公司可以增加更多的用户，同时让后端系统从事其指定的工作。通常采用联邦式、基于中间件模型和数据仓库等方法来构造集成的系统，这些技术在不同方面解决了数据的共享和为企业提供了决策支持。

联邦数据库（FDB）是早期人们采用的一种模式集成方法，是最早采用的数据集成方法之一。它通过构建集成系统时将各数据源的数据视图集成为全局模式，使用户能够按照全局模式访问各数据源的数据。用户可以直接在全局模式的基础上提交请求，由数据集成系统将这些请求处理后，转换成各个数据源在本地数据视图基础上能够执行的请求。模式集成方法的特点是直接为用户提供透明的数据访问方法。构建全局模式与数据源数据视图间的映射关系和处理用户在全局模式基础上的查询请求是模式集成要解决的两个基本问题。

在联邦数据库中，数据源之间共享自己的一部分数据模式，形成一个联邦模式。联邦数据库系统按集成度可分为两种：一种是采用紧密耦合联邦数据库系统；另一种是采用松散耦合联邦数据库系统。紧密耦合联邦数据库系统使用统一的全局模式，将各数据源的数据模式映射到全局数据模式上，解决了数据源间的异构性。这种方法集成度较高，需要用户参与少；缺点是构建一个全局数据模式的算法较为复杂，扩展性差。松散耦合联邦数据库系统比较特殊，没有全局模式，采用联邦模式。这种方法提供统一的查询语言，将很多异构性问题交给用户自己去解决。松散耦合方法对数据的集成度不高，但其数据源的自治性强、动态性能好，集成系统不需要维护一个全局模式。

所以说联邦数据库系统（FDBS）是由半自治数据库系统构成，相互之间分享数据，联盟其他数据源之间相互提供访问接口，同时联盟数据库系统可以是集中数据库系统或分布式数据库系统及其他联邦式系统。无论采用什么样的模式，其核心都是必须解决所有数据源语义上的问题。

基于中间件模型通过统一的全局数据模型来访问异构的数据库、遗留系统、Web资源等。中间件位于异构数据源系统和应用程序之间，向下协调各数据源系统，向上为访问集成数据的应用提供统一数据模式和数据访问的接口。各数据源的应用仍然独自完成它们的任务，中间件系统则主要集中为异构数据源提供一个高层次检索服务。

中间件模式是目前比较流行的数据集成方法，它通过在中间层提供一个统一的数据逻辑视图来隐藏底层的数据细节，使用户可以把集成数据源看成一个统一的整体。

与联邦数据库不同，中间件系统不仅能够集成结构化的数据源信息，还可以集成半结构化或非结构化数据源中的信息。中间件注重于全局查询的处理和优化，与联邦数据库系统相比，其优点是能够集成非数据库形式的数据源，有很好的查询性能，自治性强；其缺点在于它通常是只读，而联邦数据库对读写都支持。

数据仓库是一种典型的数据复制方法。各个数据源的数据被复制到同一处，用来存放这些数据的地方即数据仓库。用户则像访问普通数据库一样直接访问数据仓库。数据仓库是在数据库已大量存在的情况下，为进一步挖掘数据资源和决策需要而产生的。数据仓库方案建设的目的是将前端查询和分析作为基础，由于在查询和分析中会产生大量数据冗余，所以需要的存储容量也较大，因此形成一个专门存放数据的仓库。数据仓库其实就是一个环境，而不是一件产品。

简而言之，传统的操作型数据库是面向事务设计的，数据库中通常存储在线交易数据，设计时尽量合理规避冗余，一般采用符合范式的规则设计。而数据仓库是面向主题设计，存储的一般是历史数据，在设计时有意引入冗余，采用反范式的方式设计。

从设计的目的来讲，数据库是为捕获数据而设计，而数据仓库是为存储分析数据而设计，它两个基本的元素是维表和事实表。维表是看问题的角度，事实表里放着要查询的数据，同时有维的ID。数据仓库是在企业管理和决策中面向主题的、集成的、与时间相关的和不可修改的数据集合。其中，数据被归类为功能上独立的、没有重叠的主题。

这几种方法在一定程度上解决了应用之间的数据共享和互通的问题，但也存在异同。数据仓库技术在另外一个层面上表达数据信息之间的共享，它主要是针对企业某个应用领域提出的一种数据集成方法。可以说，它是面向主题并为企业提供数据挖掘和决策支持的系统。

2.4.3 数据转换

数据转换（data transfer）指采用线性或非线性的数学变换方法将多维数据压缩成较少维的数据，消除它们在时间、空间、属性及精度等特征表现方面的差异。实际上就是将数据从一种表示形式变为另一种表现形式的过程。

由于软件的全面升级，数据库也要随之升级，因为每一个软件对与之对应的数据库的架构与数据的存储形式是不一样的，因此就需要数据转换。由于数据量在不断地增加，原来数据构架的不合理，不能满足各方面的要求，因此问题日渐暴露，也会产生数据转换。这是产生数据转换的原因。常见的数据转换方法有 4 种。

在介绍这 4 种数据转换方法之前，首先需要了解均值、标准差和极差的概念，这三者的具体定义如下：

假设有 n 个样本，得到观测数据 x_i，$i = 1,2,\cdots,n$，则

1）均值：

$$\bar{x} = \frac{1}{n}\sum_{t=1}^{n} x_t$$

2）标准差：

$$s = \sqrt{\frac{1}{n-1}\sum_{t=1}^{n}(x_t - \bar{x})^2}$$

3）极差：

$$R = \max_{t=1,2,\cdots,n} x_t - \min_{t=1,2,\cdots,n} x_t$$

在均值、标准差和极差的概念基础上，对 4 种数据转换方法进行介绍：

（1）标准化变换

变换之后每个变量均值为 0，标准差为 1，变换后的数据与变量的量纲无关。

$$x_i^* = \frac{x_i - \bar{x}}{s}(i=1,2,\cdots,n) \tag{2-1}$$

在机器学习模型中使用标准化变换对特征数据进行处理。假设有一个新能源汽车电池寿命预测模型，特征包括电池容量、电压和充放电次数。由于这些特征的量纲不同（电池容量以千瓦·时计，电压以伏特计，充放电次数以次计），直接使用原始数据可能导致模型训练效果不佳。通过标准化变换，每个特征数据都被调整为均值为 0、标准差为 1，使得各特征在同一量纲上，有助于模型更快收敛，提高预测精度。

（2）极差标准化变换

变换后每个变量样本均值为 0，极差为 1，变换后数据绝对值在（-1，1）中，能减小

分析计算中的误差，无量纲。

$$x_i^* = \frac{x_i - \overline{x}}{R}(i = 1, 2, \cdots, n) \qquad （2-2）$$

在图像处理的亮度调整过程中使用极差标准化变换。假设有一组图像数据，像素值范围在 0 ~ 255 之间，通过极差标准化变换将每个像素值调整为均值为 0、极差为 1，即变换后的像素值绝对值在（-1，1）之间。这种变换不仅消除了量纲的影响，还减小了计算误差，提高了图像处理算法的鲁棒性。

（3）极差正规化变换

变换后数据在 [0，1] 之间；极差为 1，无量纲。

$$x_i^* = \frac{x_i - \min_{1 \leqslant t \leqslant n} x_t}{R}(i = 1, 2, \cdots, n) \qquad （2-3）$$

在数据可视化中对数值数据进行极差正规化变换。假设我们要绘制一个展示不同城市温度变化的折线图，各城市的温度数据范围差异较大（如从 -10℃到 40℃）。通过极差正规化变换，将每个城市的温度数据调整到 [0，1] 范围内，可以使得不同城市的温度变化趋势在同一图表中得到直观展示，便于比较分析。

（4）对数变换

将具有指数特征的数据结构变换为线性数据结构。

$$x_i^* = \ln(x_i), x_i > 0(i = 1, 2, \cdots, n) \qquad （2-4）$$

在金融数据分析中对股票价格进行对数变换。假设我们在分析一只股票的价格走势，原始价格数据存在较大波动且具有指数增长特征。通过对数变换，将股票价格数据从指数特征变换为线性特征，有助于揭示价格增长的实际趋势，便于进行进一步的统计分析和模型预测。

2.4.4 数据规约

在数据清洗与集成后，我们能够得到整合了多数据源同时数据质量完好的数据集。但是，集成与清洗无法改变数据集的规模。需通过技术手段降低数据规模，这就是数据规约（data reduction）。数据归约是指在尽可能保持数据原貌的前提下，最大限度地精简数据量（完成该任务的必要前提是理解挖掘任务和熟悉数据本身内容）。它得到数据集的简化表示，它小得多但能够产生同样的（或几乎同样的）分析结果。在对新能源汽车大数据进行分析时，针对特定的应用场景，我们并不需要采集到的全部数据项，往往只需要一部分。比如在对电池内阻进行参数辨识时，我们所需的数据项主要为电流和电压，并不需要加速踏板开度、车速、加速度等数据项，因此对于用于电池内阻参数辨识的数据集，可以很大程度地精简数据量。

数据归约主要有两个途径：属性选择和数据采样，分别针对原始数据集中的属性和记录。

数据归约可以分为3类，分别是特征归约、样本归约、特征值归约。

（1）特征规约

特征归约是将不重要的或不相关的特征从原有特征中删除，或者通过对特征进行重组和比较来减少个数。其原则是在保留甚至提高原有判断能力的同时减少特征向量的维度。特征归约算法的输入是一组特征，输出是它的一个子集。包括3个步骤：

1）搜索过程：在特征空间中搜索特征子集，每个子集称为一个状态，由选中的特征构成。

2）评估过程：输入一个状态，通过评估函数或预先设定的阈值输出一个评估值，搜索算法的目的是使评估值达到最优。

3）分类过程：使用最后的特征集完成最后的算法。

（2）样本规约

样本规约是一种数据预处理技术，其核心思想是从原始数据集中精心挑选出一个具有代表性的样本子集。样本规约，不仅能够显著减小数据集的规模，降低数据处理的复杂性和计算成本，同时还能确保这些数据子集能够保留原始数据集的关键特征和分布。这在处理海量数据或不平衡数据集时尤为重要，因为在这些情况下，直接使用完整的数据集可能既不经济也不高效。

假设我们有一个包含数百万条销售记录的数据集，这些记录涵盖了各种商品在不同时间、地点和条件下的销售情况。然而，我们只对某类特定商品在特定地区的销售趋势感兴趣。在这种情况下，我们可以采用样本规约技术，首先筛选出与特定商品和地区相关的销售记录，然后从这些筛选后的记录中随机或基于特定策略（如聚类算法）选取一个样本子集。这个样本子集将包含足够的信息来代表原始数据集中特定商品在特定地区的销售趋势，同时其规模远小于原始数据集，从而更便于我们进行后续的数据分析和建模工作。

（3）特征值归约

特征值归约是特征值离散化技术，它将连续型特征的值离散化，使之成为少量的区间，每个区间映射到一个离散符号。优点在于简化了数据描述，并易于理解数据和最终的挖掘结果。

特征值归约分为有参和无参两种。有参方法是使用一个模型来评估数据，只需存放参数，而不需要存放实际数据，包含回归和对数线性模型两种。无参方法的特征值归约有3种，包括直方图、聚类和选样。

对于小型或中型数据集来说，一般的数据预处理步骤已经可以满足需求。但对大型数据集来讲，在应用数据挖掘技术以前，更可能采取一个中间的、额外的步骤就是数据归约。步骤中简化数据的主题是维归约，主要问题是是否可在没有牺牲成果质量的前提下，丢弃这些已准备好的和预处理的数据，能否在适量的时间和空间中检查已准备的数据和已建立的子集。

对数据的描述、特征的挑选、归约或转换决定了数据挖掘方案的质量。在实践中，特征的数量可达到数百万计，如果在对数据进行分析时只需要上百条样本，那么就需要进行维归约，以挖掘出可靠的模型；另外，高维度引起的数据超负，会使一些数据挖掘算法不实用，唯一的方法也就是进行维归约。在进行数据挖掘准备时进行标准数据归约操作，计算时间、预测／描述精度和数据挖掘模型的描述将让我们清楚地知道这些操作中将得到和失去的信息。在对新能源汽车的数据进行数据规约时，我们可以通过特征归约和样本归约来简化数据集的规模。例如，对于电池内阻参数辨识，我们只需要电流和电压数据，而不需要车速、位置、加速踏板开度等数据。我们可以删除不相关的特征，保留电流和电压，并从中随机抽取一部分数据作为样本。这样，我们在保持数据分析准确性的同时，显著减少了数据量，提高了处理效率。

本章习题

1. 判断：数据清洗、数据集成、数据变换、数据归约这些步骤在数据预处理活动中必须顺序使用。　　　　　　　　　　　　　　　　　　　　　　　（　　）

2. 判断：分布式大数据平台架构相较于 C/S 架构和集中式 B/S 架构适用范围、数据接收和处理能力均有增强。　　　　　　　　　　　　　　　　　　　（　　）

3. 判断：新能源车企在设计 T-Box 和 TSP 时，就要根据 GB/T 32960 标准实现监控数据的上传。　　　　　　　　　　　　　　　　　　　　　　　　　（　　）

4. 判断：在处理空缺值时我们通常采取人工填写的方法。　　　　　　（　　）

5. 判断：基于新能源汽车行驶路线的可视化，结合城市交通信息数据可以为道路管理策略提供数据支撑。　　　　　　　　　　　　　　　　　　　　　（　　）

6. 判断：数据可视化能够帮助我们对数据有更加全面的认识。　　　　（　　）

7. 在处理噪声数据时，常用的方法是（　　　　）。

A. 分箱　　　　　　B. 回归　　　　　　C. 聚类　　　　　　D. 以上都是

8. 数据变换的方法不包括（　　　　）。

A. 平滑　　　　　　B. 抽样　　　　　　C. 规范化　　　　　D. 数据概化

9. 请简述当前新能源汽车上使用的传感器类型，并简述它们分别可以采集到哪些数据。

10. 请详细描述数据预处理的流程，说明每一个流程解决的是什么问题及其使用的方法。

第 3 章
新能源汽车大数据存储与计算

学习目标：

- 掌握关系数据库、时序数据库的概念与使用
- 了解 Hadoop 架构关键技术
- 了解大数据计算关键技术

随着新能源汽车的普及和发展，大量的车辆数据涌现，掌握车辆运行状态、驾驶行为、充电情况等丰富信息，对于提升汽车性能、安全性和用户体验具有重要意义。然而，如何高效地存储、管理和分析这些海量数据成为一个亟待解决的问题。

数据库技术在新能源汽车数据存储中发挥着重要作用。传统的关系数据库适用于存储结构化数据，如车辆基本信息，而时序数据库则更适合存储时间序列数据，如传感器数据。此外，新型数据库如 NoSQL 和 NewSQL 数据库，提供了分布式存储、高可扩展性和实时处理等功能，能够应对新能源汽车产生的大规模和多样化的数据，为构建高效的新能源汽车大数据存储和计算平台提供了技术支持。

同时，为了应对新能源汽车数据规模的不断增长和复杂性的增加，分布式存储系统也成为必不可少的技术组成部分。分布式存储系统能够将数据分散存储在多个节点上，并提供高可用性、容错性和可扩展性。这样的系统可以有效地应对大规模数据的存储和管理需求，同时能够提供良好的性能和响应时间。

通过综合利用数据库技术和分布式存储系统，可以构建强大的新能源汽车大数据存储和计算平台。在这个平台上，大数据计算扮演着至关重要的角色。大数据计算技术能够有效地处理海量数据，提取其中有价值的信息，并进行深度分析和挖掘。通过使用大数据计算技术，可以实现对新能源汽车数据的实时监测、智能分析和预测建模，为智能交通管理、车辆运维优化等提供数据支持和决策依据。因此，大数据计算技术的应用将进一步加速新能源汽车产业的发展，推动其向智能化、数字化方向迈进。

新能源汽车大数据平台不仅能够实现对新能源汽车数据的高效存储、管理和分析，还能够提供丰富的数据处理和应用服务。新能源汽车大数据平台能够为各方利益相关者，包括汽车制造商、智能交通管理部门、能源供应商以及用户等，提供全方位的数据支持和解决方案。通过平台上的数据共享和交互，各方可以共同探索新能源汽车产业的未来发展路径，推动其向着更加智能、绿色、可持续的方向不断发展。因此，建立和完善新能源汽车大数据平台将成为推动整个行业发展的重要举措，为新能源汽车行业的快速发展和智能化升级提供有力支持。

本章将从数据库基础、分布式存储系统、大数据计算以及新能源汽车大数据平台等方面对新能源汽车数据的存储和计算进行概述，为相关及后续技术学习提供引导。

3.1 数据库基础

数据库是计算机科学和信息技术领域中的一个重要概念，它承载着组织、存储和管理数据的功能。

数据库的概念可以追溯到20世纪50年代末和60年代初，当时计算机科学家开始意识到，随着计算机技术的发展和应用场景的不断扩展，数据管理的需求日益增长，传统的文件系统已经无法满足数据处理的要求。在这种背景下，人们开始探索一种更高效、更可靠的数据管理方法，于是数据库的概念应运而生。

如今，数据库系统已进入了云计算和大数据时代。云数据库服务如Amazon RDS、Microsoft Azure SQL Database等不断涌现，为用户提供了更灵活、更便捷的数据库解决方案。同时，NoSQL数据库和NewSQL数据库如MongoDB、Cassandra、VoltDB等也开始崭露头角，能够处理海量的非结构化数据和实时数据分析。

数据库系统根据其数据模型和应用场景可以分为不同的类型，主要包括关系数据库、时序数据库和以NoSQL等为代表的新型数据库。

1）关系数据库（RDB）：采用关系型数据模型，数据以表格的形式组织，具有严格的数据结构和数据完整性约束。典型代表包括MySQL、Oracle Database、SQL Server等。

2）时序数据库：专门用于存储和管理时间序列数据，具有高效的时间序列数据处理和查询功能，适用于物联网、日志分析、金融等领域。典型代表包括InfluxDB、TimescaleDB等。

3）新型数据库（如NoSQL）：不采用传统的关系型数据模型，而是采用其他数据模型，如文档型、键值型、列型、图型等，适用于存储大规模的非结构化数据和实时数据分析。典型代表包括MongoDB、Cassandra、Redis等。

数据库系统作为信息化时代的重要基础设施，经过几十年的发展，已经成为数据管理和处理的核心技术之一。在下面的章节中，我们将对几类数据库进行详细介绍。

3.1.1 关系数据库

关系数据库建立在关系数据模型之上，主要用来存储结构化数据并支持数据的插入、查询、更新、删除等操作。关系模型将数据组织成一系列由行和列构成的二维表格，通过关系代数、关系演算等方法来处理表格中的数据，并且可以利用多种约束来保证数据的完整准确。关系数据库管理系统（RDBMS）是管理关系数据库的系统软件，它以具有国际标准的SQL语言作为关系数据库的基本操作接口。通过标准化的结构化查询语言（Structured Query Language，SQL），关系数据库中的数据能被灵活地组合、拆分、转换，这使得RDBMS的用户和应用能够非常方便地处理其中的数据。

关系数据模型是以集合论中的关系（Relation）概念为基础发展起来的。关系数据模型中无论是实体还是实体间的联系均由单一的数据结构——关系来表示。关系数据模型中对数据的操作通常由关系代数和关系演算两种抽象操作语言来完成，此外，关系数据模型中还通过实体完整性、参照完整性和自定义完整性来确保数据的完整一致。

关系数据模型的基本数据结构就是关系，一个关系对应着一个二维表，二维表的名字就是关系名。我们以关系数据库在车辆领域中的典型应用为例进行展示，例如表 3-1 所示的车辆信息表就属于二维表。在使用基于关系数据模型的数据库来管理数据时，只需要根据现实中关系的结构创建一些数据库表，然后将数据录入数据库表中即可。因此，在各种场合下，人们常常不区分"表"和"关系"这两个术语。

表 3-1　车辆信息表

VIN	制造商 ID	颜色	价格	电池容量	电池类型
V01	C3001	黑	22 万元	150kW·h	三元锂
V02	X3002	蓝	15 万元	130kW·h	三元锂
V03	B3003	绿	7 万元	80kW·h	磷酸铁锂

从横向看，二维表中的一行被称为关系中的一个元组（Tuple），关系本质上就是由同类元组构成的集合。从纵向看，二维表由很多列构成，列被称为关系的属性（Attribute），同一个集合中的元组都由同样的一组属性值组成。属性的取值范围被称为域（Domain），它也可以被理解为属性中值的数据类型。关系所拥有的属性个数被称为关系的元或者度。通过一组属性以及每个属性所属的域，就可以定义出一种关系的结构，只要在这种结构中填入实际的属性值（实例化），就可以得到关系（值的集合），这种关系的结构称为关系模式。

为了能在数据库中找到（查询或检索）具体的数据（例如某辆车），需要有一种方法能够唯一地标识该数据，在关系模型中这种唯一标识被称为键（Key）或者码。如果在一个关系中存在唯一标识一个元组的属性集合（可以是单一属性构成的集合），则称该属性集合为这个关系的键。所谓的唯一标识，就是使得在该关系的任何两个元组在该属性集合上的值都不相同，例如在表 3-1 中的属性集合 {VIN} 就能唯一标识一个元组。

一个关系中的键可能会有多个，例如表 3-1 中的 {VIN}、{VIN，制造商 ID} 等都是键。可以看出，一些键中并非所有的属性都对"唯一标识"的目的有用，例如 {VIN，制造商 ID} 中实现唯一标识的其实只有"VIN"。为了确定关系中精简的键，需要用到候选键（候选码）。如果一个键中去除任何一个属性都会导致它不再能唯一标识元组，则称这个键为该关系的候选键或者候选码。显然，表 3-1 中的 {VIN} 是候选键。包含在候选键中的属性被称为主属性，不包含在任何一个候选键中的属性被称为非主属性。用户可以从候选键中人为指定一个用来唯一标识该关系的元组，这个被选中的候选键被称为主键（主码）。注意，哪个候选键会成为主键完全是人为选择，关系数据模型并未给出选定的规则，但一个关系只能有一个主键，通常人们习惯于用较小的属性集合作为主键。

3.1.2　时序数据库

由于在新能源汽车领域，数据采集核心为实时采集，因此建立时序数据库为新能源汽车大数据工作重点。接下来，我们将具体介绍时序数据库及其在车联网中的相关应用。

（1）时序数据

在新能源汽车领域，实时数据采集是至关重要的，因此，建立时序数据库成为新能源汽车大数据工作的关键之一。接下来，我们将深入介绍时序数据库及其在车联网中的相关应用。

时序数据是按照时间顺序记录的数据集合，通常由时间戳和对应的观测值组成。时间戳标识了数据点的时间点或时间段，可以是日期、时间、时间戳等形式；而观测值则是在给定时间点上或时间段内测量或记录的数值、指标或事件。时序数据通常包含时间线、键值对（Key）和数值（Value）三个属性：时间线表示一个名称和一系列 Key=Value 标签组成的唯一标识；键值对由时间戳和值组成，并按时间戳自然排序；数值则表示记录的具体数据，如气温、湿度等。

在新能源汽车领域，时序数据处理是一项至关重要的任务。随着电动车辆数量的增加和车联网技术的发展，大量实时数据源源不断地产生，如车辆状态、充电情况、行驶轨迹等。有效地处理和分析这些时序数据，不仅可以提高车辆运营效率，还可以为车辆安全、能源管理等方面提供重要支持。然而，时序数据处理也面临着诸多挑战。

首先，时序数据通常规模庞大，特别是在高频率数据的情况下，处理大量数据需要更多的计算资源和更高效的算法。其次，时序数据通常是高维度的，每个时间点可能包含多个特征或指标，增加了数据的复杂性和处理难度。此外，时序数据需要实时计算和分析，以便实时检测异常并进行告警，延迟可能导致故障和业务影响。最后，时序数据的查询一般都会带上时间范围，需要高效检索数据以提高查询效率，避免大量无效数据的扫描。

（2）时序数据库

时序数据库（time series database）是一种专门用于存储、管理和处理时序数据的数据库管理系统，与传统的关系型数据库和非关系型数据库相比，时序数据库具有更高的性能和效率。时序数据库的主要特点包括：高速的数据写入和查询能力、支持高吞吐量和低延迟的数据访问、能够处理大规模的时序数据、支持多维数据分析和数据可视化，以及具备高可靠性和可扩展性等优点，如图 3-1 所示。

- 写多读少，95%~99%是插入
- 平稳、持续、高吞吐
- 实时写入

- 量大，效率敏感
- 压缩比
- 冷热分级存储

- 低延迟查询
- 多维分析
- 数据挖掘

图 3-1　时序数据库特点

1）**数据写入特点**。时序数据的数据写入具有高速、重复性、数据质量保障、时间戳保留和数据压缩等特点，时序数据库通过采用批量写入、异步写入、数据校验、去重、压缩等技术来保证数据写入的高效和数据质量的高可靠性。

高速写入： 时序数据通常是连续不断地生成，因此数据写入需要快速进行，以避免数据积压和丢失。时序数据库通常采用批量写入、异步写入和压缩技术等方式来提高写入效率，保证数据写入速度的同时不影响系统的性能。

数据重复性： 由于时序数据的连续生成特性，可能会出现重复的数据，这需要在数据写入时进行去重处理。为了避免影响写入效率，时序数据库通常采用基于哈希表的去重技术，能够快速有效地去重。

数据质量保障： 时序数据的数据质量对数据分析和决策具有重要影响。在数据写入过程中，时序数据库通常采用数据校验技术和数据采样等方式来保障数据的质量，防止出现数据错误和异常数据。

时间戳保留： 时序数据的一个重要特征是时间戳，即每个数据点对应一个时间戳，用来表示数据点的时间信息。在数据写入过程中，时序数据库需要保证时间戳的准确性和唯一性，以保证时序数据的完整性和时序性。

数据压缩： 由于时序数据通常具有高维度和大量冗余数据的特点，因此在数据写入过程中需要进行压缩处理。时序数据库通常采用基于算法的数据压缩技术，能够有效减少数据存储空间和加快数据读取速度。

2）数据查询和分析特点。

按时间范围读取： 查询通常以时间段为单位进行，而不是针对特定时间点的单一查询。这种方式有助于了解数据在时间维度上的趋势和变化。

数据维度高： 时序数据往往包含多个维度，如时间戳、测量值、传感器类型等。这增加了数据的复杂性，需要考虑多个维度之间的关系。

数据量大： 由于时序数据通常包含大量数据点，查询和分析过程需要处理大规模的数据，包括实时数据和历史数据。

实时性要求高： 时序数据的生成速度通常很快，因此对查询和分析的实时响应要求很高。及时展现最新数据对于监控和预测具有重要意义。

时间序列相关性强： 时序数据的数据点之间存在着时间上的相关性，当前数据点往往与前一时刻或前几个时刻的数据点相关联。因此，在进行查询和分析时需要考虑到数据点之间的相关性。

数据聚合和计算： 查询和分析过程通常需要进行数据聚合和计算操作，如求和、平均值、标准差等，以便更好地展示数据的趋势和变化，支持决策和预测。

3）数据存储的特点。

数据量大： 拿车辆监控数据来举例，如果采集的监控数据的时间间隔是 10s，那一个监控项每天会产生 8640 个数据点，若有 10000 个监控项，则一天就会产生 86400000 个数据点。尤其在物联网等场景下，数据量可能达到 TB 或 PB 级别。这要求数据库能够高效地存储和管理大规模数据。

冷热分明： 时序数据具有明显的冷热特征，即随着时间的推移，对历史数据的查询和分析频率逐渐降低。因此，需要能够有效地管理和优化历史数据的存储。

具有时效性：时序数据具有一定的时效性，超过一定时间范围的数据可能会失去实用性。因此，需要设定合理的数据保留周期，并及时清理和归档过期数据，以节省存储空间和维护成本。

多精度数据存储：为了平衡存储成本和查询效率，时序数据库通常需要支持多精度数据存储。即根据数据的重要性和使用频率，将数据存储在不同的精度级别上，以便灵活地满足不同的查询需求。

4）基本概念。

时序数据库的一些基本概念见表 3-2。

表 3-2　时序数据库基本概念

序号	名称	术语解释
1	时序数据（Time-Series Data）	时序数据是基于相对稳定频率持续产生的一系列指标监测数据。例如，监测某辆车的电池状态时，每 10s 采集电压值而产生的一系列数据
2	度量（Metric）	监测数据的指标，例如时速和温度
3	标签（Tag）	度量（Metric）虽然指明了要监测的指标项，但没有指明要针对什么对象的该指标项进行监测。标签（Tag）就是用于表明指标项监测针对的具体对象，属于指定度量下的数据子类别
		一个标签（Tag）由一个标签键（TagKey）和一个对应的标签值（TagValue）组成，例如"城市（TagKey）＝杭州（TagValue）"就是一个标签（Tag）
4	测量值（Filed）	描述数据源的量测指标，通常随着时间不断变化，例如传感器设备包含温度、湿度等 Field
5	数据点（Data Point）	数据源在某个时间产生的某个量测指标值（Field Value）称为一个数据点，数据库查询、写入时按数据点数来作为统计指标
6	时间序列（Time Series）	针对某个监测对象的某项指标（由度量和标签定义）的描述。"一个度量＋N 个标签 KV 组合（$N \geq 1$）"定义为一个时间序列，某个时间序列上产生的数据值的增加，不会导致时间序列的增加

（3）典型时序数据库介绍

1）InfluxDB。InfluxDB（Influx Database）由 Golang 语言编写，是一种流行的开源时间序列数据库，专门用于处理和存储时序数据，如图 3-2 所示。它具有高性能、易于扩展和灵活的特点，适用于各种应用场景，如监控、物联网、应用性能监控等。

InfluxDB 是一款高性能的时序数据库，通过优化存储引擎设计和数据压缩算法等措施，实现了高效的数据写入和查询操作，轻松应对大规模时序数据的存储和分析需求。作为专门为处理时序数据而设计的数据库，InfluxDB 具备针对时序数据优化的存储和查询引擎，支持高并发的写入操作，并提供丰富的查询语言和函数，方便用户对时序数据进行灵活分析。同时，InfluxDB 提供了简单易用的部署方式和友好的命令行工具，帮助用户快速搭建和管理数据库实例，丰富的文档和社区支持也为用户提供了更好的学习和使用体验。另外，InfluxDB 支持水平扩展，可以通过添加节点来增加数据库的容量和性能，保持稳定的性能表现。此外，InfluxDB 还支持灵活的数据保留策略，用户可以根据数据的重要性和使用频率自定义数据的保存周期和存储策略，既节省了存储空间和管理成本，又保证了数据的有效性和可用性。

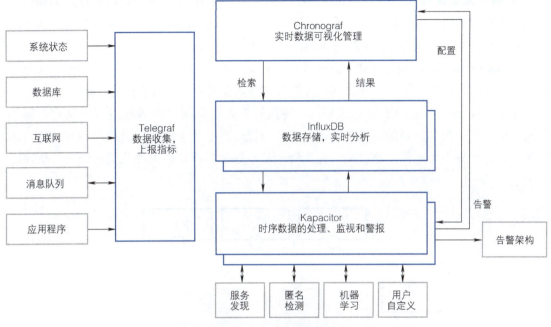

图 3-2　InfluxDB 结构图

InfluxDB 的架构由多个组件组成，包括存储引擎、查询引擎、HTTP API 等。存储引擎负责数据的存储和管理，使用了一种 TSM（Time Structured Merge Tree）存储引擎，按时间序列组织和存储数据，以提高查询效率和降低存储成本。同时，支持数据的压缩和分片存储，以适应不同的存储需求和硬件配置。查询引擎提供了强大的查询语言 InfluxQL，支持丰富的查询操作和函数，用户可以通过简单的查询语句进行时序数据的灵活分析和统计，还支持连续查询和数据转存，实现数据的实时处理和持久化存储。HTTP API 提供了基于 HTTP 的接口，用户可以通过发送 HTTP 请求实现对数据库的读写操作，使得 InfluxDB 能够与各种应用和工具集成，实现数据的无缝交互和共享。

InfluxDB 可以广泛应用于各种时序数据存储和分析场景，包括但不限于：

① **监控和告警系统**：InfluxDB 可以作为监控和告警系统的数据存储后端，用于收集、存储和分析系统性能指标和事件数据，实现实时监控和异常检测。

② **物联网数据处理**：InfluxDB 适用于处理大规模的物联网（IoT）数据，包括传感器数据、设备状态等。通过将 IoT 数据存储在 InfluxDB 中，可以实现对设备运行状态和环境参数的实时监控和分析，从而提高设备的管理效率和运行稳定性。

③ **应用性能监控（APM）**：InfluxDB 可以作为应用性能监控系统的数据存储后端，用于收集和存储应用程序的性能指标和日志数据。通过对这些数据进行分析和可视化，可以帮助开发人员发现和解决应用程序性能问题，提高应用程序的可靠性和用户体验。

④ **工业生产监控**：在工业领域，InfluxDB 可以用于监控生产过程中的各种参数和指标，如温度、压力、流量等。通过实时监控和分析这些数据，可以及时发现生产异常和故障，提高生产效率和产品质量。

⑤ **实验室数据管理**：在科研和实验室领域，InfluxDB 可以用于管理实验数据和科研指标，如实验参数、采样数据等。通过将实验数据存储在 InfluxDB 中，可以实现对数据的统一管理和分析，提高实验数据的可追溯性和重复利用价值。

2）OpenTSDB。OpenTSDB（Open Time Series Database）是由 StumbleUpon 公司开发的一款开源时间序列数据库，旨在解决大规模时序数据的存储和分析问题，如图 3-3 所示。它基于 HBase 构建，采用了分布式架构，专门针对处理时间序列数据进行了优化，提供了高性能、可扩展和灵活的特点。OpenTSDB 的设计理念源于对时序数据存储和分析需求的深入理解，旨在为监控、物联网、应用性能监控等领域提供强大的数据存储和分析解决方案。

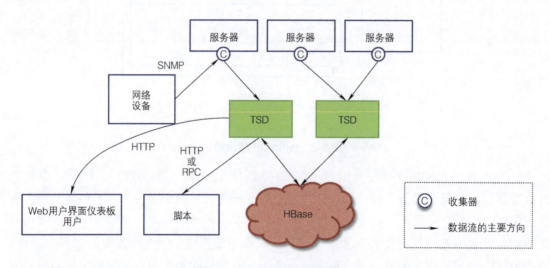

图 3-3　OpenTSDB 系统架构

OpenTSDB 的架构基于 HBase 构建，采用了分布式存储和处理的设计。它包括数据节点（Data Nodes）、Region Servers、HBase Master 和 ZooKeeper 等组件。数据节点负责存储和管理时序数据，Region Servers 负责数据的读写操作，HBase Master 负责协调和管理 Region Servers，而 ZooKeeper 则用于协调集群中各个组件的状态和配置信息。通过这种架构，OpenTSDB 能够实现高性能、高可用性和可扩展性的时序数据存储和查询服务。

除了监控和告警系统、物联网数据处理、应用性能监控等常见应用场景外，OpenTS-DB 还可以应用于工业生产监控、实验室数据管理等领域。通过 OpenTSDB 的强大功能和灵活性，用户能够实现对时序数据的高效管理和分析，提高系统的性能和可靠性，满足各种应用需求。

3）TDengine。TDengine（Taos Data Engine）是由中国互联网公司淘宝（现阿里巴巴集团）开发的开源时序数据库，旨在满足大规模时序数据的高性能存储和分析需求，如

图 3-4 所示。其设计灵感来自淘宝在海量数据处理方面的实践经验，致力于提供一个高性能、高可用性、高稳定性的时序数据存储和计算引擎。TDengine 采用了一系列创新的存储和查询技术，包括自研的时序数据存储引擎和高效的查询引擎，为用户提供了丰富的数据管理和分析功能，是时序数据处理领域的重要开源解决方案。

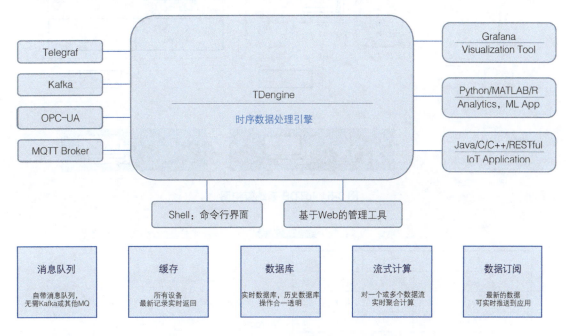

图 3-4　TDengine 系统框图及全栈解决方案

TDengine 的架构采用了分布式存储和计算的设计，包括 Data Nodes、Meta 节点、Coordinator 节点等组件。数据节点负责存储和管理时序数据，Meta 节点负责存储元数据信息和集群配置，Coordinator 节点负责协调和管理数据节点的工作。TDengine 还采用了自研的分布式存储引擎和查询引擎，以及基于 SQL 语言的查询接口，能够实现高性能的时序数据存储、查询和分析服务。

TDengine 广泛应用于物联网、工业互联网、智能城市、金融、电力等领域，主要用于实时数据监控、设备运行状态监测、工业生产过程监控、能源消耗分析、金融交易数据处理等场景。它能够高效存储和处理大规模时序数据，提供实时查询和分析功能，为各行业提供数据智能化解决方案，助力企业实现数据驱动的业务决策和运营优化。

4）IoTDB。Apache IoTDB 是一体化收集、存储、管理与分析物联网时序数据的软件系统，如图 3-5 所示。Apache IoTDB 采用轻量式架构，具有高性能和丰富的功能，并与 Apache Hadoop、Spark 和 Flink 等进行了深度集成，可以满足工业物联网领域的海量数据存储、高速数据读取和复杂数据分析需求。

IoTDB 独创采用了 tree schema 来对时序数据建模。该数据模型更符合工业物联网场景中的层级结构，但牺牲了一些标签灵活性，如图 3-6 所示。

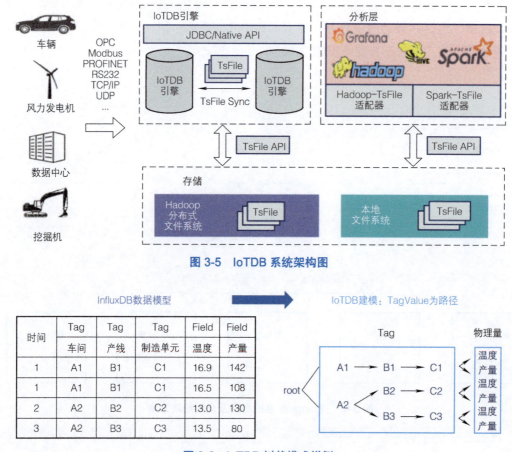

图 3-5　IoTDB 系统架构图

图 3-6　IoTDB 树状模式样例

（4）时序数据库——车联网应用

下面引入具体案例说明时序数据库在车联网领域的应用。车联网场景中需要基于各种型号的传感器采集车身状态、事件信息等数据，如图 3-7 所示，通过对数据的处理和分析来实现业务需求。那么首先就需要构建能够支持大规模车辆接入的消息队列集群，用于满足时序数据的正常上报过程。数据采集完毕后，需要将时序数据持久化存储用于满足后续的查询分析的业务需求，为了降低存储成本，运营商通常只会选择保留近一段时间内的数据，比如三个月或者一年，更早的数据访问频率非常低，常见的处理方式是冷归档或者删除。时序数据从消息队列集群转发到存储的过程中，每秒事务数（TPS）会达到十万甚至百万级别，并且基本不会出现 update 操作。数据写入存储后，业务方可以查询或分析时序数据来满足需求，大致可以分为单时间线查询和多时间线查询两类。单时间线查询的数据量通常较小，对于延迟较为敏感，例如查询某台车辆一段时间内的行驶轨迹、计算某台车辆一段时间内的平均速度。多时间线查询命中的数据规模大，例如分析某种型号所有车辆的平均里程、分析某个城市所有车辆的平均排放值等。

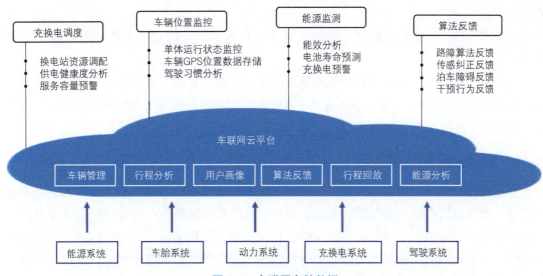

图 3-7　车联网存储数据

因此，对存储侧产生几个关键需求：

1）低成本存储。由于时序数据的规模太大，所以要求存储侧能够支持较低的存储单价。常见的时序存储产品降低用户存储成本的策略是冷热分层存储、压缩存储、数据保留策略（RP），其中冷热分层存储的做法是将旧数据迁移到低成本的存储介质中，以降低整体的数据存储单价；压缩存储是提供更高的数据压缩比，降低存储空间大小，从而达到降低存储成本的目的；数据保留策略是能够支持用户设置数据保留的时长，定时清理掉旧数据，降低存储空间。

2）高并发低延迟写入。时序数据的写入并发取决于设备数和上报周期，在车联网业务中可轻易达到十万甚至百万 TPS，这就要求存储侧最好是可以弹性伸缩的集群架构。而如果是单机存储，当业务规模增大时，就必须对机器资源进行扩容，这将进一步带来额外的运维成本。并且时序数据对写入延迟非常敏感，比如在车辆轨迹实时大屏场景中，如果写入延迟太高，将导致车辆实际位置与大屏显示位置存在误差，这显然是难以接受的。

3）大规模数据分析。车联网业务中需要对单条时间线或多时间线进行复杂的查询和分析，例如上文提到的轨迹查询、排放值分析等等。参与聚合分析的数据量可能达到上百万行，这就要求存储系统对分析性能进行优化，例如支持易于分析的数据格式等。在查询方式上，存储侧需要兼容 SQL 语法，降低用户的使用门槛。

依据上述需求，提出解决方案如下：

车联网数据解析后直接存储在 TDengine 集群，不再存储原始报文在 HDFS，解决了使用数据时重复。这一方案具有多方面优势：

1）数据插入性能高，解决了以前 HBase 入库不及时的问题，确保数据能够及时存储和更新。

2）查询方便，不需要再解析报文，时延降低，提高了数据处理效率和实时性。

3）对时序数据压缩率极高，比原来 HDFS 存储原始报文，压缩比提高了 10～20 倍，节省了存储空间。

4）集群支持在线水平扩展，轻松应对未来扩容需求，保证了系统的可扩展性和稳定性。

这些优点使得整个车联网数据处理更加可靠、高效，实现了高性能、低硬件成本、历史数据压缩能力提升近20倍，从而提升了系统的可维护性和数据处理的整体效率，为汽车行业的数字化转型注入了新的活力。

3.1.3　新型数据库

在数据存储领域，随着应用场景的不断演变和数据规模的不断增大，传统的关系数据库已经难以满足日益增长的需求。因此，出现了时序数据库作为一种专门针对时序数据存储和查询的解决方案，它具有高效的存储和查询性能，适用于监控、物联网、应用性能监控等场景。与此同时，随着大数据、云计算和分布式系统等技术的发展，新型数据库也应运而生，包括NoSQL和NewSQL两种类型。

（1）NoSQL数据库

NoSQL数据库是一类非关系型数据库，它们旨在应对传统关系型数据库无法有效处理的大规模数据和高并发访问的需求。NoSQL数据库的出现源于Web 2.0时代，随着互联网应用的迅速发展，传统的关系型数据库在某些场景下已经显得力不从心，NoSQL数据库填补了这一空白。NoSQL数据库的核心特点包括分布式架构、高可扩展性、灵活的数据模型以及对大规模数据处理和高并发访问的支持。

NoSQL数据库的分布式架构使得它们能够轻松处理大规模数据。与传统的关系型数据库不同，NoSQL数据库采用分布式架构，将数据存储在多个节点上，通过分布式算法实现数据的分片和复制，从而实现数据的水平扩展。这种分布式架构使得NoSQL数据库能够处理PB级甚至EB级的数据规模，适用于大数据存储和分析场景。

NoSQL数据库具有高可扩展性。由于NoSQL数据库采用了分布式架构，因此它们能够通过添加新的节点来实现系统的横向扩展，而无需修改现有系统架构或数据模型。这种高可扩展性使得NoSQL数据库能够应对数据量和访问量的快速增长，保持系统的稳定性和可靠性。

NoSQL数据库提供了灵活的数据模型，适用于各种类型的数据存储和处理需求。与传统的关系型数据库采用固定的表结构不同，NoSQL数据库支持多种数据模型，包括键值对、列存储、文档型和图形数据库等。这种灵活的数据模型使得NoSQL数据库能够存储和处理各种类型的数据，包括结构化数据、半结构化数据和非结构化数据，满足不同应用场景的需求。

此外，NoSQL数据库还具有良好的性能和可用性。由于采用了分布式架构和灵活的数据模型，因此NoSQL数据库能够实现数据的并行处理和高并发访问，从而提高了系统的性能和吞吐量。同时，NoSQL数据库还具有良好的容错性和可用性，能够在节点故障或网络分区等情况下保持系统的稳定运行。

总的来说，NoSQL 数据库在大数据存储和分析、实时数据处理、互联网应用、物联网和云计算等领域具有广泛的应用前景。随着互联网技术的不断发展和数据需求的不断增长，NoSQL 数据库将继续发挥重要作用，为企业提供高效、可靠的数据存储和处理解决方案。

（2）NewSQL 数据库

NewSQL 数据库是指一类结合了传统关系型数据库和 NoSQL 数据库特性的新型数据库系统。它们旨在实现传统关系型数据库的数据一致性、事务支持等特性，同时兼顾 NoSQL 数据库的分布式、高可扩展性等优势。NewSQL 数据库致力于解决传统关系型数据库在大规模数据处理和高并发访问方面的性能瓶颈，为企业提供更好的数据库解决方案。

NewSQL 数据库具有以下几个显著特点：首先，它们支持数据的强一致性和 ACID 事务，确保数据的完整性和一致性，满足企业对数据一致性和事务处理的需求；其次，采用分布式架构实现数据的分片和复制，具备高可扩展性，能够通过添加新的节点来增加系统的容量和性能，应对不断增长的数据量和用户请求；再次，NewSQL 数据库通过优化查询引擎、存储引擎和并发控制机制等方面来提高系统的性能和吞吐量，采用多版本并发控制、分布式查询优化、数据压缩和索引等技术，实现高效的数据处理和查询操作；最后，它们具有良好的容错性和可用性，能够在节点故障或网络分区等情况下保持系统的稳定运行，采用数据复制、数据备份和自动故障转移等机制，确保数据的安全性和可靠性，保障系统的持续运行。

NewSQL 数据库的架构通常包括查询处理层、存储引擎层和分布式控制层等组件。查询处理层负责接收和处理用户的查询请求，执行查询操作并返回结果；存储引擎层负责数据的存储和管理，采用分布式架构实现数据的分片和复制；分布式控制层负责协调各个节点之间的数据同步和交互，保证系统的一致性和可用性。

NewSQL 数据库具有广泛的应用场景：首先，在金融领域，它们能够满足金融机构对高性能、高可用性和数据一致性的需求，支持交易处理、风险管理和数据分析等关键业务；其次，在电商领域，NewSQL 数据库可以应用于订单处理、库存管理和用户行为分析等场景，提升电商平台的性能和用户体验；另外，在物联网领域，NewSQL 数据库适用于大规模数据采集、实时数据处理和分析，为物联网应用提供可靠的数据基础；最后，在云计算领域，NewSQL 数据库可用于云数据库服务、云存储服务和云计算平台，支持大规模数据存储和计算，满足云服务提供商和企业用户对高性能、高可扩展性的需求。

3.2　分布式存储系统 ///

随着互联网的普及，数据量以几何式增长，企业和个人对数据存储的需求日益增长。分布式存储作为一种新型的数据存储技术，以其强大的性能、高可靠性、高扩展性等优点，逐渐成为大数据时代的重要技术手段。本节将介绍分布式存储原理及几种典型架构，并探讨如何构建高效数据世界。

3.2.1 分布式存储运行原理

分布式存储最早是由谷歌提出的，其目的是通过廉价的服务器来解决大规模、高并发场景下的 Web 访问问题。它采用可扩展的系统结构，利用多台存储服务器分担存储负荷，利用位置服务器定位存储信息，不但提高了系统的可靠性、可用性和存取效率，还易于扩展。

分布式存储的原理可以简单地概括为数据分散存储、数据块复制、数据读取。

1）数据分散存储。分布式存储首先将数据分散存储在不同的设备上。这些设备可以是计算机、服务器、数据中心等。数据分散存储可以提高数据的安全性和可靠性，因为即使某个设备出现故障，数据仍然可以安全地存储在另一个设备上。

2）数据块复制。数据块复制是分布式存储的核心技术。数据块复制是指将数据分成多个数据块，每个数据块存储在不同的设备上。当需要访问数据时，数据块会根据需要从不同的设备上读取。这样可以提高数据读取的速度，降低数据传输的延迟。

3）数据读取。数据读取是指用户通过应用程序访问分布式存储中的数据。当用户发起读取请求时，数据存储系统会根据数据块的位置和数据块内容，从不同的设备上读取数据，并将数据传输到用户终端。

分布式存储技术可以为大数据时代的企业和个人提供高效的数据存储解决方案。为了构建高效数据世界，我们需要关注以下几个方面：

1）数据存储设备的选择。在选择数据存储设备时需要考虑设备的性能、可靠性、扩展性等因素。例如，在分布式存储中，需要选择具有高性能、高可靠性和高扩展性的设备。

2）数据存储策略。数据存储策略是指如何将数据存储在不同的设备上。例如，我们可以采用数据块复制、数据镜像、数据备份等技术，提高数据存储的可靠性和安全性。

3）数据访问优化。在分布式存储中，数据访问优化至关重要。为了提高数据访问速度，可以采用缓存、预取等技术，降低数据访问的延迟。

4）数据安全与隐私。在分布式存储中，数据安全与隐私是一个重要问题。为了保护数据安全，可以采用加密、权限控制等技术，确保数据在传输过程中的安全性。

5）数据管理。在分布式存储中，数据管理也是一个重要问题。需要对数据进行有效的管理，包括数据的备份、恢复、更新等操作。

相比于传统集中存储结构，分布式存储系统具有以下优势：

1）高可用性。分布式存储系统通过冗余备份和负载均衡，提高了数据的可用性。即使某个节点发生故障，系统仍然可以继续提供服务。

2）弹性扩展。分布式存储系统可以根据需求增加或减少节点，实现弹性扩展。这样可以根据数据的增长情况灵活调整系统规模。

3）高性能。分布式存储系统通过并行处理和负载均衡，提高了数据的访问速度和系统的性能。这样可以满足大规模数据存储和处理的需求。

3.2.2　典型分布式存储架构

从分布式文件系统的用途来看，目前主流的分布式文件系统主要有两类：第一类分布式文件系统主要面向以大文件、块数据顺序读写为特点的数据分析业务，其典型代表是 Apache 旗下的 Hadoop 分布式文件系统（Hadoop Distributed File System，HDFS）；另一类主要服务于通用文件系统需求并支持标准的可移植操作系统接口（Portable Operating System Interface of UNIX，POSIX），其代表包括 Ceph 和 Gluster File System（GlusterFS）。当然，这种分类仅表示各种分布式文件系统的专注点有所不同，并非指一种分布式文件系统只能用于某种用途。下面介绍几种目前比较主流的分布式文件系统。

（1）HDFS

为了处理大规模的网页数据，Google 公司在 2004 年发表了题为 "MapReduce：Simplified Data Processing on Large Clusters" 的论文，提出了一种面向大规模数据处理的并行计算模型 MapReduce。

Google 公司设计 MapReduce 的初衷主要是解决其搜索引擎中大规模网页数据的并行化处理。Google 公司发明了 MapReduce 之后，首先用其重新改写了搜索引擎中的 Web 文档索引处理系统。但由于 MapReduce 可以普遍应用于很多大规模数据的计算问题，因此自发明 MapReduce 以后，Google 公司内部进一步将其广泛应用于很多大规模数据处理问题。

为 MapReduce 提供数据存储支持的是 Google 公司自行研制的 GFS（Google File System），它是一个可扩展的分布式文件系统，用于大型的、分布式的、对大量数据进行访问的应用。

HDFS 的功能为数据的存储、管理和出错处理。它是类似于 GFS 的开源版本，设计的目的是用于可靠地存储大规模的数据集，并提高用户访问数据的效率。HDFS 吸收了很多分布式文件系统的优点，具有较高的错误处理能力，即使安装在廉价设备上也能得到较好的性能，由于能够提供高吞吐量的数据访问，HDFS 非常适合大规模数据集上的应用，它具有以下几方面的特性：

① 适合大文件存储和处理，它可处理的文件规模可达到数百 MB 乃至数百 TB，就目前的应用来看，HDFS 的存储和处理能力已经达到了 PB 级。

② 集群规模可动态扩展，存储节点可在运行状态下加入集群中，集群仍然可以正常地工作。

③ 基于"一次写入，多次读取"的设计思想，HDFS 将文件访问的方式进行简化处理，当一个文件创建、写入并关闭后就不能再修改，通过这种方式有效地保证了数据的一致性。

④ HDFS 采用数据流式读写的方式，用以增加数据的吞吐量。

另外，它还具有很好的跨平台移植性，源代码的开放也给研究者们提供了便利。

1）HDFS 系统架构。HDFS 采用的是单一主服务器的主从结构，一个 HDFS 集群通常由一台主服务器和若干台数据服务器构成，如图 3-8 所示。

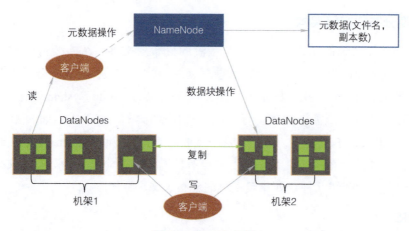

图 3-8 HDFS 架构

主服务器是整个集群的控制中心，主要用于文件元数据的管理和文件读写流程的控制。在 HDFS 中，数据文件被划分成很多文件块（block），然后将这些块分散存放在集群中的多台数据服务器上。因此，操作文件的前提是能够正确地找到文件由哪些块组成以及块存放在哪一台数据服务器上，这些信息由文件元数据提供。HDFS 中的文件元数据包括文件的命名空间、文件和块的对应关系、块和数据服务器的映射关系。命名空间是一个文件和上级目录所组成的层级结构，主要包括文件的权限、修改情况、访问次数、磁盘分配情况等。块与文件和数据服务器之间的对应关系会被持久化地保存到主服务器上。

数据服务器是 HDFS 集群的存储中心，HDFS 以主从结构形式将数据服务器组织起来，使得属于相同子网的数据服务器组成一个机架，机架与机架之间通过网络设备进行数据的交换。因此当两台数据服务器属于同一机架时，它们之间的数据传输速度明显高于属于不同机架的传输速度。数据服务器的主要工作是存放数据块并且为用户以及其他节点提供对数据块的访问，为了保证块的完整性，数据服务器还会保存数据块的校验信息，用于判断数据块是否损坏。

作为整个 HDFS 系统的核心，主服务器及其上的元数据的可靠性至关重要，HDFS 中设置了一台后备主服务器用于定期对主服务器存储的元数据进行备份，保障名称空间、元数据等系统信息的完整性。这台后备主服务器只与主服务器进行交互，对系统中的其他节点不可见。

2）HDFS 的操作。在 HDFS 的多数据服务器架构下，用户对文件操作时，首先要联系主服务器，获取该文件被分成了哪些块，以及这些块分别放在哪台数据服务器上的什么位置，然后才能定位到各个数据块进行读写操作。而用户操作具体某一个文件块时，会直接与存储该文件块的数据库服务器进行通信，此时主服务器只起到监督和协调的作用。

在多用户同时对文件进行操作时，为了防止出现类似于数据库中的数据不一致，主服务器通过租约机制对正在被修改的文件进行加锁。主服务器会给提交写请求的用户分配租约，只有获得写文件许可的用户才可进行写操作。文件写操作执行完后，用户归还租约，此时才可允许其他用户进行读写。

3）**HDFS 副本管理**。为了提高系统中文件数据的可靠性，HDFS 系统提供了一种副本机制：默认情况下，每一个文件块都会在 HDFS 中拥有三个副本，副本数可以在部署集群时手动设置。通常这三个副本会被放置在不同的数据服务器上，这样就保证了即便其中某一个副本丢失或者损坏，都可以保证该文件块继续使用，甚至还可以利用其他两个副本来恢复丢失或者损坏的那个副本。除了提高数据可靠性之外，HDFS 的副本机制还有其他用途：

一是均衡系统负载。如果每个文件只在系统中保存一份，存储在一个数据服务器上，当该文件被频繁访问时，必然会造成该服务器的负载增大，进而影响系统性能。多个副本的存在可以将文件的访问负载分摊到不同的数据服务器上，从而形成并行访问，提高性能。

二是减少文件的访问时间。当多个副本存在时，用户在定位所需文件块时，系统总是选择与用户之间距离最小的副本，减少访问延迟及数据传输时间。

虽然副本策略在一定程度上可以平衡各数据服务器之间的负载，但是随着时间的推移，系统依然会出现负载不均的情况，例如用户大量删除某台服务器上的文件、集群中增加新的节点等。为了保证系统的负载均衡，HDFS 提供了负载均衡工具，管理员通过运行该工具可以启动 HDFS 的数据均衡服务，该工具会确保使用网络内的最短路径进行数据块的迁移。

从应用场景来看，HDFS 是专门为 Hadoop 这样的计算引擎而生，更适合离线批量处理大数据，例如电商网站对于用户购物习惯的分析。由于 HDFS 本身设计的特点，因此它不适合于经常要对文件进行更新、删除的在线业务。目前，配合着 Hadoop 架构的流行，HDFS 已经被应用在很多领域，国内包括阿里巴巴、百度、腾讯等大型企业都在各自的业务中采用了 HDFS。

（2）Ceph

Ceph 项目起源于其创始人 Sage Weil 在加州大学圣克鲁兹分校攻读博士期间的研究课题，如图 3-9 所示。在 2006 年的 OSDI 学术会议上，Sage 发表了介绍 Ceph 的论文，并在该篇论文的末尾提供了 Ceph 项目的下载链接，由此，Ceph 开始广为人知。

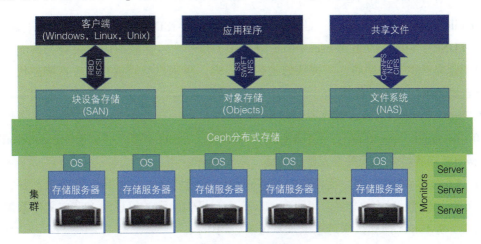

图 3-9　Ceph 架构

Ceph 是一种为优秀的性能、可靠性和可扩展性而设计的统一的、分布式的存储系统。应该说，这句话确实点出了 Ceph 的要义，可以作为理解 Ceph 设计思想和实现机制的基本出发点。在这个定义中，应当特别注意"存储系统"这个概念的两个修饰词，即"统一的"和"分布式的"。"统一的"意味着 Ceph 可以一套存储系统同时提供对象存储、块存储和文件系统存储三种功能，以便满足在不同应用需求的前提下简化部署和运维。而"分布式的"在 Ceph 中则意味着真正的无中心结构和没有理论上限的系统规模可扩展性。在实践当中，Ceph 可以被部署在上千台服务器上。

Ceph 也是一个高可用、易于管理、开源的分布式存储系统，可以同时提供对象存储、块存储以及文件存储服务。Ceph 值得一提的优势颇多，包括统一的存储能力、高可扩展性、高可靠性、高性能、自动化的维护等。本质上，Ceph 的这些优势均来源于其先进的核心设计思想，可以将其概括为八个字："无须查表，算算就好"。基于这种设计思想，Ceph 充分发挥存储设备自身的计算能力，同时消除了对系统单一中心节点的依赖，从而实现了真正的无中心结构。基于这一设计思想和结构，Ceph 一方面实现了高度的可靠性和可扩展性，另一方面保证了客户端访问的相对低延迟和高聚合带宽。

Ceph 的系统架构主要分为以下几个部分：

1）Clients：客户端，每个 Client 实例向主机或进程提供一组类似于 POSIX 的接口。

2）Metadata storage：单个元数据服务器，简称 MDS。

3）Metadata cluster：元数据服务器集群，包含多个 MDS 节点。在协调安全性、一致性与耦合性时，管理命名空间（文件名和目录名）。

4）Object storage device：单个 Ceph 节点，简称 OSD，主要功能是存储数据、复制数据、平衡数据、恢复数据等。将数据和元数据作为对象存储，在图中以主方程的形式表示。

5）Object storage cluster：Ceph 存储集群，包含大量的 OSD 节点，节点之间相互通信，实现数据的动态复制和分布。

6）Monitor：监控器，用来监控集群中所有节点的状态信息。它保存集群所有节点信息，并和所有的节点保持连接，来监控所有的节点状态。

7）File I/O：文件输入输出，是 Clients（客户端）与 OSD 集群之间的主要数据传输方式。

8）FUSE：File system in user space（FUSE）是一个可加载的内核模块，其支持非特权用户创建自己的文件系统而不需要修改内核代码。在用户空间运行文件系统的代码，通过 FUSE 代码与内核进行桥接。

9）Linux kernel：Linux 操作系统内核。

10）Metadata operations：元数据操作，指的是 Clients（客户端）与 Metadata cluster（元数据服务器集群）之间关于元数据的读、写等操作。

11）Libfuse：FUSE 库，负责和内核空间通信，接收来自 /dev/fuse 的请求，并将其转化为一系列的函数调用，将结果写回到 /dev/fuse。提供的函数可以对 FUSE 文件系统进行挂载卸载、从 Linux 内核读取请求以及发送响应到内核。

12）myproc：Linux 提供的一种内核模块向进程（process）发送信息的机制，让用户和内核内部数据结构之间进行交互，获取有关进程的有用信息。

客户端通过与 OSD 的直接通信实现文件操作。在打开一个文件时，客户端会向 MDS 发送一个请求。MDS 把请求的文件名翻译成文件节点（inode），并获得节点号、访问模式、大小以及文件的其他元数据。如果文件存在，并且客户端可以获得操作权，则 MDS 向客户端返回上述文件信息并且赋予客户端操作权。在分布式文件系统中操作文件时，最重要的一个步骤是定位文件（或者文件片段）的位置（存放路径）。Ceph 的设计思想摒弃了传统的查询元数据表的方式，而是通过计算来定位文件对象。简而言之，任何一个 Ceph 的客户端程序仅仅使用不定期更新的少量本地元数据进行简单计算，就可以根据一个数据的 ID 决定其存储位置。这种方式使得传统方式出现的问题被一扫而空，几乎 Ceph 所有的优秀特性都是基于这种数据寻址方式实现的。

相对于面向离线批处理的 HDFS 来说，Ceph 更偏向于成为一种高性能、高可靠性、高扩展性的实时分布式存储系统，其对于写入操作特别是随机写入的支持更好。据有限的资料显示，目前国内有携程、联通研究院、宝德云等企业小规模地在生产或者测试环境中部署了 Ceph。造成 Ceph 在生产中应用较少的主因还在于其稳定性和大规模部署还未经过验证，导致绝大部分潜在客户仍在对其进行测试和验证。

（3）GlusterFS

GlusterFS 是 Scale-Out 存储解决方案 Gluster 的核心，如图 3-10 所示。它是一个开源的分布式文件系统，具有强大的横向扩展能力，通过扩展能够支持数 PB 存储容量和处理数千个客户端。GlusterFS 借助 TCP/IP 或 InfiniBand RDMA 网络将物理分布的存储资源聚集在一起，使用单一全局命名空间来管理数据。GlusterFS 基于可堆叠的用户空间设计，可为各种不同的数据负载提供优异的性能。

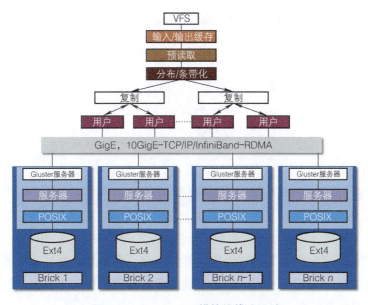

图 3-10　GlusterFS 模块堆栈式设计

GlusterFS 的系统架构主要分为以下几个部分：

1）Storage Brick：GlusterFS 中的存储单元，通常是一个受信存储池中的服务器的一个导出目录。可以通过主机名和目录名来标识，如 SERVER：EXPORT。

2）Storage Clients：挂载了 GlusterFS 卷的设备。

3）RDMA：远程直接内存访问，支持不通过双方的 OS 进行直接内存访问。

4）RRDNS：Round Robin DNS（RRDNS）是一种通过 DNS 轮转返回不同的设备以进行负载均衡的方法。

5）Self-heal：用于后台运行检测副卷中文件和目录的不一致性，并解决这些不一致问题。

存储服务器主要提供基本的数据存储功能，最终的文件数据通过统一的调度策略分布在不同的存储服务器上。它们上面运行着 GlusterFS 进程，负责处理来自其他组件的数据服务请求。如前所述，数据以原始格式直接存储在服务器的本地文件系统上，如 EXT3、EXT4、XFS、ZFS 等，运行服务时指定数据存储路径。多个存储服务器可以通过客户端或存储网关上的卷管理器组成集群，如 Stripe（RAID0）、Replicate（RAID1）和 DHT（分布式 Hash）存储集群，也可利用嵌套组合构成更加复杂的集群，如 RAID10。

由于没有了元数据服务器，客户端承担了更多的功能，包括数据卷管理、I/O 调度、文件定位、数据缓存等功能。客户端上运行 GlusterFS 进程，它实际是 GlusterFS 的符号链接，利用 FUSE（File system in user space）模块将 GlusterFS 挂载到本地文件系统之上，以与 POSIX 兼容的方式来访问系统数据。从 3.1.X 版本开始，GlusterFS 的客户端不再需要独立维护卷配置信息，改成自动从运行在网关上的 Glusterd 弹性卷管理服务来进行获取和更新，极大简化了卷管理。GlusterFS 客户端负载相对传统分布式文件系统要更高，包括 CPU 占用率和内存占用。

GlusterFS 支持运行在任何标准 IP 网络上标准应用程序的标准客户端，用户可以在全局统一的命名空间中使用 NFS/CIFS 等标准协议来访问应用数据。GlusterFS 使得用户可摆脱原有的独立、高成本的封闭存储系统，能够利用普通廉价的存储设备来部署可集中管理、横向扩展、虚拟化的存储池，存储容量可扩展至 TB/PB 级。但由于缺乏一些关键特性，可靠性也未经过长时间考验，因此还不适合应用于需要提供 24h 不间断服务的产品环境。GlusterFS 目前适合应用于大数据量的离线应用。

3.3　大数据计算

大数据计算的主要特点是处理海量数据，这些数据可以以不同的形式出现，如文字、图像、声音等。大数据计算的核心理念是"分而治之"，涉及将巨大的计算任务分解成许多小的部分，然后利用多台服务器并行处理这些小部分，再将结果合并以得到最终的分析结果。这种计算方式使得处理和分析以前无法处理的大规模数据成为可能，进而为各种领域提供更深层次的见解和洞察。

大数据计算广泛应用于多个领域，如商业分析、健康医疗、科学研究等，它可以帮助人们更好地理解复杂的数据集，从而做出更明智的决策。

3.3.1　批量大数据计算

在传统的单机计算模式下，为保证计算效率，通常通过提高单机计算能力的方式来应对数据量的增长，但是单机的性能提升总有瓶颈。为进一步提升计算效率以应对更大规模的数据，通常采用分布式计算的方式，将一个计算问题划分成若干部分，分别分配给多台机器处理，最后把这些计算结果综合起来得到最终的结果。例如，如果对一万个数进行求和，只有自己一个人来计算的话，就算提升个人计算速度，算完也要相当长的时间。一种提高效率的手段是多找一些人来帮忙，比如有 100 个人，那每人只需要计算 100 个数的和，然后再将结果汇总起来即可。这种方式的计算效率要比单人快很多，并且可扩展性也比单人好很多，如果给你更多的数来求和，比如 10 万、100 万甚至更多，只需要找更多的人来帮忙就可以轻松应对，而且总的计算逻辑并没有什么变化。在分布式计算中，用户仅需关心计算逻辑的设计和实现，问题划分、资源管理、作业调度、数据加载、容错控制等计算过程的管理由计算系统来完成。

批量计算（batch computing）主要面向离线计算场景，计算的数据是静态数据，数据在计算前已经获取并保存，在计算过程中不会发生变化。批量计算的实时性要求通常不高，比如在电商领域统计上一年的销售额，由于上一年的数据已经存在并且不会再增加和修改，因此该计算可以被允许计算一段时间而不必立即返回结果。

批量大数据计算系统通常由计算请求输入接口、计算管控节点和若干计算执行节点共同组成。用户通过计算逻辑输入接口提交计算请求并指定结果输出位置。用户的一个计算请求在批量计算中通常被称为一个作业（Job）。批量计算的一个作业在提交到计算系统之后，会被分解成一组任务（Task）及其依赖关系，由计算管控节点负责任务的分发，将任务指派到具体的计算执行节点进行运算。每个任务在计算执行节点上可以有一个或多个执行实例（Instance）。实例是批量计算执行和管控的最小单元。

MapReduce 是 Google 公司于 2004 年提出的一种典型的批量计算系统，如今 MapReduce 已经被 Hadoop、Spark 等多种计算平台所支持，成为到目前为止最为成功、最广为接受和最易于使用的大数据批量计算技术和标准。下面以 MapReduce 为例讲述批量计算系统。

（1）标准 MapReduce 批处理的原理

在 MapReduce 中，一次计算主要分为 Map（映射）和 Reduce（规约）两个阶段。待计算的大数据被预先划分成多个数据块分别存储于各个计算节点。当计算作业被提交之后，该作业会被划分成若干 Map 任务和若干 Reduce 任务并由计算控制节点负责任务的调度和分配。各节点上的数据首先经过 Map 阶段的计算，形成中间结果（通常采用键值对 Key-Value 的方式）保存于负责执行 Map 任务的本地节点。中间结果经过排序后分给各 Reduce

任务。各 Reduce 任务的计算节点从各 Map 任务计算节点处读取各自 Reduce 计算所需的中间结果，然后计算得出最终的结果并输出。其具体原理如图 3-11 所示。

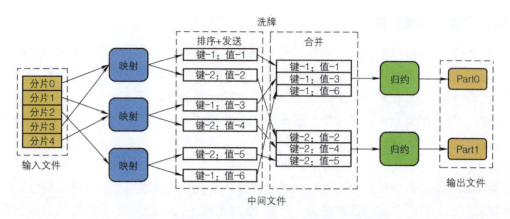

图 3-11 标准 MapReduce 批处理的原理示意图

（2）具体操作步骤

1）首先，对数据进行分片（Split N），然后根据这些分片数据执行批量 Map 操作（可理解为将数据分拆成对应的键值对），从而得到中间的键值对（Key-Value，K-V）键值对数据。

2）接着，对 K-V 键值对数据进行 Reduce 操作（可理解为对数据进行汇总计算），从而得到最终的结果数据。

3）拆分后的原始数据以大量的分片形式均衡地分发到集群中的每个计算节点，每个节点均完成相应的 Map 或 Reduce 任务，共同"批量"完成数据处理工作。

（3）MapReduce 计算的特点

1）*数据划分存储*。待计算的数据被划分成多个小的数据块，每个计算节点仅需计算若干数据块的数据。该方式使得当数据量大的时候，可以通过增加计算节点的方式减少每个节点上的计算量以提高整体的计算效率。此外，数据划分成小块也有利于计算的容错处理，当数据原因导致计算出错时，仅需重新处理出错数据块的数据而无需将所有计算重新来处理。

2）*数据 / 代码互定位*。当计算程序和数据分处不同机器时，传统的计算模式通常是"数据找程序"，即将数据读取到计算程序所在的机器然后计算执行。在大数据的情况下，从传输的角度考虑，传程序要比传数据更为有效率。为减少网络带宽压力和传输通信的时间，MapReduce 的计算主要遵循尽可能本地化数据处理的原则，即一个计算节点尽可能处理其本地磁盘上所保存的数据，计算程序可以从其他地方传输至数据存储所在节点，即"程序找数据"。当无法进行本地化数据处理时，比如 Reduce 阶段，则需要从其他数据所在节点获取数据并从网络传送至计算节点，即"数据找程序"。目前，中间结果传输是影响 MapReduce 计算效率的主要瓶颈之一，可以通过增加网络带宽或者降低传输节点间的网络距离（比如尽量在同一机架等）的方式进行优化。

3）中间结果的合并与分发。为了减少中间结果传输的通信开销，Map 运算产生的中间结果会进行一定的合并和排序处理（Combiner），比如将具有相同 Key 值的键值对的 Value 部分进行合并。此外，由于一个 Reduce 节点所处理的数据可能会来自多个 Map 节点，各 Map 节点输出的中间结果通过数据分发机制（Partition）分发到各个 Reduce 节点。常见的分发方式是按 Key 分发，即拥有相同 Key 值的键值对会被分发到同一 Reduce 节点上进行处理。当然，同一 Reduce 节点可以同时接收多个 Key 的键值对。

4）容错和系统优化。MapReduce 计算系统的一个假设前提是节点硬件出错和软件出错是常态。在 MapReduce 计算过程中，计算管控节点通常不参与实际的计算工作，但该节点需要监控作业和任务的执行情况，及时发现并隔离出错节点以及调度分配新的节点接管出错节点的计算任务。此外，系统还基于大数据存储系统的存储备份冗余机制，能及时检测出错的数据并分配节点基于备份数据进行计算。同时，系统还进行一些计算性能优化处理，如在计算作业执行的后期，对尚未完成的较慢的计算任务采用多备份执行、选择最快完成者作为结果的方式进行优化。

3.3.2　流式大数据计算

流式计算（stream computing）主要面向在线计算场景，计算的数据是动态数据，数据在计算过程中不断地到来，计算前无法预知数据的到来时刻和到来顺序，也无法预先将数据进行存储。通常流式计算是数据边到来边计算，计算的实时性要求高：比如网站在线统计访问总人数，当有一个新访客到来时，计数器需要加 1。通常无法预估未来会到来多少访客以及访客到来的时间，每当有访客到来时都需要启动计算进行处理，因此处理的实时性要求高。

流式大数据计算系统通常是一个数据处理拓扑或管道，类似自来水或煤气的管道系统。该系统包括数据源节点、数据处理节点和数据分发逻辑。数据源节点是数据流的产生节点，该节点不断产生新的数据传递到整个拓扑中。数据处理节点是计算逻辑的执行单元。数据分发逻辑定义节点间的数据流向关系。

常见的数据分发逻辑包括：

1）随机分发、发牌式分发：流经该节点的数据会分别依次发给该节点的后续节点。例如某节点有三个后续节点 A、B、C，A、B、C 同时连接在该节点后面，该节点流经的数据为 1～7，当该节点给 A、B、C 的数据分发逻辑为发牌式分发时，A 节点得到数据 1、4、7，B 节点得到数据 2、5，C 节点得到数据 3、6。

2）按特定逻辑分发：流经该节点的数据会按照特定逻辑发给该节点的后续节点。接上例，如果该节点给 A、B、C 的数据分发逻辑为按特定逻辑分发，分发逻辑是数据标号为奇数且小于 5 的发给 A，数据标号为偶数且大于或等于 4 的发给 B，其余的发给 C，则 A 节点得到数据 1、3，B 节点得到数据 4、6，C 节点得到数据 2、5、7。

3）广播分发：流经该节点的每个数据会分发给该节点的各个后续节点。接上例，如果该节点给 A、B、C 的数据分发逻辑为广播分发，则三个节点都会分别得到数据 1~7。

相比于批量计算，流式计算具有如下特点：

1）实时性。流式大数据是实时产生、实时计算，结果反馈往往也需要保证及时性。流式大数据价值的有效时间往往较短，大部分数据到来后直接在内存中进行计算并丢弃，只有少量数据才被长久保存到硬盘中。这就需要系统有足够的低延迟计算能力，可以快速地进行数据计算，在数据价值有效的时间内，体现数据的可用性。对于时效性特别短、潜在价值又很大的数据可以优先计算。

2）易失性。在流式大数据计算环境中，数据流往往是到达后立即被计算并使用，只有极少数的数据才会被持久化地保存下来，大多数数据往往会被直接丢弃。数据的使用往往是一次性的、易失的，即使重放，得到的数据流和之前的数据流往往也是不同的。这就需要系统具有一定的容错能力，要充分地利用好仅有的一次数据计算机会，尽可能全面、准确、有效地从数据流中得出有价值的信息。

3）突发性。在流式大数据计算环境中，数据的产生完全由数据源确定。由于不同的数据源在不同时空范围内的状态不统一且发生动态变化，导致数据流的速率呈现出了突发性的特征，前一时刻数据速率和后一时刻数据速率可能会有巨大的差异。这就需要系统具有很好的可伸缩性，能够动态适应不确定流量的数据流，具有很强的系统计算能力和大数据流量动态匹配能力。一方面，在突发高数据流速的情况下，保证不丢弃数据，或者识别并选择性地丢弃部分不重要的数据；另一方面，在低数据速率的情况下，保证不会太久或过多地占用系统资源。

4）无序性。在流式大数据计算环境中，各数据流之间、同一数据流内部各数据元素之间是无序的。一方面，由于各个数据源之间是相互独立的，所处的时空环境也不尽相同，因此无法保证数据流间的各个数据元素的相对顺序；另一方面，即使是同一个数据流，由于时间和环境的动态变化，因此也无法保证重放数据流和之前数据流中数据元素顺序的一致性。这就需要系统在数据计算过程中具有很好的数据分析和发现规律的能力，不能过多地依赖数据流间的内在逻辑或者数据流内部的内在逻辑。

5）无限性。在流式大数据计算中，数据是实时产生、动态增加的，只要数据源处于活动状态，数据就会一直产生和持续增加下去。可以说，潜在的数据量是无限的，无法用一个具体确定的数据实现对其进行量化。系统在数据计算过程中，无法保存全部数据。一方面，硬件中没有足够大的空间来存储这些无限增长的数据；另一方面，也没有合适的软件来有效地管理这么多数据。因此，需要系统具有很好的稳定性，保证系统长期而稳定地运行。

现有的大数据流式计算系统有 Twitter 的 Storm 系统、Yahoo 的 S4（Simple Scalable Streaming System）系统、Facebook 的 Data Freeway and Puma 系统、Microsoft 的 TimeStream 系统、Hadoop 的数据分析系统 HStreaming、IBM 的商业流式计算系统 StreamBase、UC Berkeley 的交互式实时计算系统 Spark Streaming 等。下面以 Storm 系统为例讲述流式大数据计算系统。

Storm 是 Twitter 支持开发的一款分布式的、开源的、实时的、主从式大数据流式计算系统。一个 Storm 计算系统由一个主节点 Nimbus、一群工作节点 Supervisor 和分布式协调器 ZooKeeper 组成。Nimbus 负责计算任务提交、分配、运行的监控和管理控制，不参与实际的计算过程。Supervisor 负责接收 Nimbus 分派的任务，运行工作进程和管理本机上的各个工作进程。

流是 Storm 中数据处理的核心概念，Storm 中的数据处理从最初输入到最终输出可以被看作是一个流，每个流构成了一个拓扑（Topology）。在 Storm 的 Topology 中产生源数据流的组件称为 Spout，在 Storm 的 Topology 中接收数据和处理数据的组件称为 Bolt，Spout 和 Bolt 以及 Bolt 和 Bolt 之间的一次消息传递的基本单元称为一个 Tuple。

Storm 中运行的一个应用是一个拓扑（类似 MapReduce 里的 Job），拓扑中的每一步（Spout/Bolt）是一个任务（Task）。应用通过拓扑实现对数据的逐步处理，消息通过设置多个接收的 Bolt 实现分布式处理。Storm 通过消息分组方法（Stream Grouping）进行消息分发。Storm 常用的消息分组方法包括：

1）随机分组（Shuffle Grouping）：随机分发 Tuple 到 Bolt 的任务，保证每个任务获得相等数量的 Tuple。

2）字段分组（Field Grouping）：根据指定字段分割数据流并分组，例如根据 Word 分组进行 Word Count。

3）全部分组（All Grouping）：Tuple 被复制到 Bolt 的所有任务。

4）全局分组（Global Grouping）：全部流被分配到 Bolt 的一个任务（例如分配给 ID 最小的 Bolt）。

此外还有无分组（None Grouping）和直接分组（Direct Grouping）等。以车辆数据计算为例，基于 Storm 的流式大数据计算原理如图 3-12 所示。

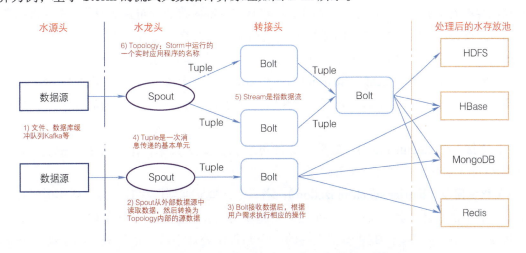

图 3-12　基于 Storm 的流式大数据计算原理示意图

1）抽取数据：T-Box 终端采集，获取车辆实时信息，并存储到水源头（Redis A/B 集群）。

2）计算过程：Storm 拓扑从水源头获取车辆数据，通过运营配置的规则对数据进行清洗，将计算好的数据存储到水存放池（Redis C 集群）。

3）入库阶段：入库服务从水存放池获取数据，将计算结果存储到数据库。

3.3.3 大规模图数据计算

图是表示物件与物件之间关系的数学对象。图数据是一种重要而且普遍的大数据，存在于人们生活的方方面面，例如表示城市与城市之间关系的交通网数据、表示人与人之间关系的社交关系网数据等。

图计算（graph computing）是研究物件与物件之间的关系，并进行整体的刻画、计算和分析的一种技术。在新能源汽车领域，图计算可以用于充电网络的优化。通过构建充电站和道路网络的图模型，可以分析和优化充电站的布局，以提高充电效率和用户体验。例如，利用图计算分析车辆的行驶路径和充电需求，找出最优的充电站位置和数量，从而减少用户等待时间和充电站的运营成本。随着信息技术和大数据技术的发展，图数据的规模越来越大。传统的集中式图计算已经无法满足日益增长的功能和性能上的需求。

由于图数据存在较强的局部依赖性，因此图计算具有局部更新和迭代计算的特性，这也使得传统的基于 MapReduce 的批量大数据计算系统在进行大规模图计算时效率很低。为解决这一问题，Google 基于 BSP（bulk synchronous parallel）模型实现了一个称为 Pregel 的并行图处理系统。

BSP 是由哈佛大学的 Viliant 和牛津大学的 Bill Coll 提出的一种并行计算模型，也称为大同步模型。创始人希望 BSP 模型能够像冯·诺依曼体系结构那样，架起计算机程序语言和体系结构间的桥梁，故又称为桥模型。从并行计算的角度看，BSP 是一种异步多指令流多数据流 - 分布式存储（MIMD-DM）模型。一个 BSP 并行计算系统由一组通过通信网络互连的处理器与内存单元组成，主要包含三个部分：一组具有局部内存的分布式处理器、全局数据通信网络以及支持所有处理单元间全局栅栏同步的机制。一次 BSP 计算过程由一系列全局超步（superstep）组成。超步就是 BSP 计算中的一次迭代，每个超步主要包括三个组件：

1）局部并发计算（local concurrent computation）：每个参与计算的处理器都有自身的计算任务，它们只负责读取和处理存储在本地内存中的数据。这些计算都是异步并且独立的。

2）通信（communication）：处理器之间可以相互交换数据，由一方发起推送（Put）或获取（Get）操作来实现数据交互。

3）栅栏同步（barrier synchronization）：当一个处理器遇到栅栏时，会等到其他所有处理器完成它们的计算步骤。每一次同步是一个超步的完成，也是下一个超步的开始。

Pregel 是 Google 基于 BSP 模型实现的一个并行图处理系统，最初只是为了解决 PageRank 计算问题。由于 MapReduce 并不适合于 PageRank 的计算，所以需要一种新的计算模型。通过逐步提炼，最后得到了一个通用的图计算框架，并可用来解决更多的图计算相关问题。

Pregel 计算系统的输入是一个有向图。图中的每一个顶点都有一个与之对应的可修改的用户自定义值。图中的每条有向边都和其源顶点关联，并且拥有一个可修改的用户自定义值，同时还记录了其目标顶点的标识符。

一个典型的 Pregel 计算过程如下：

① 读取并初始化输入的有向图。

② 当图被初始化好后，运行一系列的超步直到整个计算结束，这些超步之间通过一些全局的同步点分隔。

③ 输出结果并结束计算。

在每个超步中，顶点的计算都是并行的，每个顶点执行相同的用于表达给定算法逻辑的用户自定义函数。每个顶点可以修改其自身及其出边的状态，接收前一个超步发送给它的消息，并发送消息给其他顶点（这些消息将会在下一个超步中被接收），甚至是修改整个图的拓扑结构。

3.4　新能源汽车大数据平台

下面以北京理工大学联合相关单位共同建设的新能源汽车国家监测与管理平台为例，介绍新能源汽车大数据平台的整体平台架构。

党的十八大以来，习近平总书记反复强调生态环境保护和生态文明建设，生态环境是人类生存最为基础的条件，也是我国持续发展最为重要的基础。当前，我国要实现 2030 年前碳达峰、2060 年前碳中和的目标，即到 2030 年二氧化碳排放不再增长，到 2060 年通过植树、节能减排等方式全部抵消二氧化碳排放。实现碳达峰、碳中和并非一蹴而就，作为国家发展战略，新能源汽车产业得到了快速发展，我国新能源汽车保有量稳居全球第一。截至 2024 年 6 月中旬，接入平台的新能源汽车已达到 2157.6 万辆，运行总里程达 8618.3 亿 km，碳减排达 2.71 亿 t。

中国当前总体碳排放位居世界第一，年排放量已超过 110 亿吨，占全球约 30%。在碳排放贡献比例中，交通领域约占 11%，其中汽车约占交通碳排放的 70%。据此推算，汽车碳排放占中国总体碳排放的 8% 左右，汽车产业的碳减排工作任重道远。因此，大力发展新能源汽车是长远发展需求，也是"汽车强国"的关键一步。

根据国家对新能源汽车的监管要求，新能源汽车国家监测与管理平台（简称国家监管平台）始建于 2016 年 12 月，依托国家 - 地方 - 企业三级监控系统，构建了全球规模最大的车联网技术体系，为全国新能源汽车监管服务，如图 3-13 所示。

其中，国家监管平台对全国新能源汽车推广应用和安全工作负监管责任，通过国家监管平台监督检查企业平台、地方平台运行情况。地方平台对公共服务领域的新能源汽车安全负监管责任，通过地方平台接收企业平台转发的实时数据，掌握公共服务领域新能源汽车运行状况。生产企业对其生产的全部新能源汽车安全问题负总责，通过企业平台，对其产品实现 100% 的实时监测，并对发现的风险及时采取措施予以控制。

图 3-13 新能源汽车全国一张网

新能源汽车监管平台接收企业平台或地方平台转发的新能源汽车的实时数据，对全国公共领域的新能源汽车进行实时监测，对车辆运行情况进行统计分析，为国家和政府针对新能源汽车领域的各项政策的制定提供了数据支撑。

3.4.1 平台技术架构

新能源汽车监管平台基于 Hadoop 大数据生态和微服务设计，总体架构如图 3-14 所示。整体技术架构分为数据处理层、数据存储层、数据分析层、数据应用层 4 个核心技术层。4 层架构完全对应了海量数据从进入平台到业务完成的完整数据生命周期的 4 个关键阶段，层之间的业务支撑和数据流转介绍如下：

（1）数据处理系统

第 1 层为数据处理系统，是平台数据的收集层，负责接收企业平台或地方平台以标准传输协议（GB/T 32960.3 等）进行上报的数据。

（2）大数据基础系统

第 2 层为大数据基础系统，也称为数据存储层，是新能源汽车大数据平台的一个关键的组成部分。这一层面的设计不仅需要考虑数据的存储和管理，还需要兼顾数据的安全性、可靠性以及处理效率。平台数据存储层的优化将直接影响后续的数据分析和应用，因此其设计至关重要。

平台数据存储层可分为 7 部分子模块，分别如下：

1）**高速队列消息模块**：该模块是为了应对大规模实时数据产生而设计的，通过高吞吐量的分布式发布订阅消息系统，保障平台各个模块间消息的正常传输与备份。Kafka 消息队列是最为常用的实现之一，其稳定性和可靠性已经在众多大型平台中得到验证。

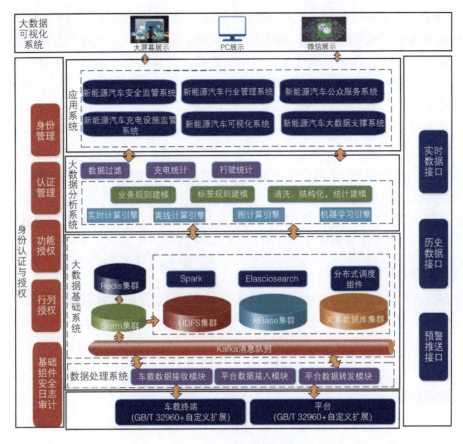

图 3-14　大数据平台架构

2）**数据实时计算模块**：通过数据接收、数据预处理（合法性检查）、故障的预判分析、数据的存储等功能完成对数据的接收、解析和存储工作。通过安全数据的存储、安全事件通知等功能完成对上报的安全数据存储与通知功能。

3）**实时缓存模块**：作为平台的热数据存储层，实时缓存模块能够快速响应各个模块的数据请求，保障实时数据的高效处理和访问。采用高吞吐量的分布式缓存模块，确保各个模块能够调用平台公用的缓存数据，从而提高整体的数据处理效率。

4）**数据总线接口模块**：负责提供大数据系统内部各个子系统间的实时数据调用及消息传递。

5）**分布式文件库存储模块**：为了应对海量数据的存储需求，采用分布式 HDFS 文件数据存储服务。主要采用 Parquet 列式格式进行存储，不仅满足了数据的灵活化扩展和挖掘需求，可以横向扩展满足百万 PB 级别的数据存储规模，还能够有效地提升数据存储和检索的效率，适用于对大量非结构化数据的存储和管理。

6）**分布式索引数据库模块**：为了支持对大规模结构化数据的存储和检索，采用高可靠性、高性能、面向列、可伸缩的分布式存储系统。通过搭建起大规模结构化存储集群，实现对数据的快速查询和高效分析。

7）分布式关系数据库模块：主要存储关系型数据，例如用户信息、充电设施、车辆信息、报表统计、故障处理等关系型的数据。提供分布式横向扩展，可满足百亿级的数据扩容。

高速队列消息模块负责实时数据的传输与备份，将实时产生的数据快速存储到队列中，以确保数据不会丢失。实时缓存模块则提供了热数据的快速访问和响应，通过缓存热数据，降低了数据读取的延迟。分布式文件库存储模块则为海量非结构化数据的存储提供了支持，采用列式格式进行存储，以满足数据的灵活化扩展和挖掘需求。分布式索引数据库模块则为结构化数据的存储和检索提供了支持，通过建立索引，实现了对数据的快速查询和高效分析。而关系数据库模块则主要用于存储关系型数据，提供了数据的持久化存储和分布式横向扩展的能力。

这些子模块共同构成了新能源汽车大数据平台的数据存储层。每个子模块在平台中扮演着不同的角色，相互衔接形成了完整的大数据存储路线。

（3）大数据分析系统

大数据分析系统在第3层，也可称为数据分析层，利用实时计算引擎、离线计算引擎、图计算引擎、机器学习引擎使用规则模型对原始数据进行数据清洗过滤、充电行为分析、续驶能力分析、驾驶行为分析、故障追溯、里程核查、数据稽查、日报表、月报表等统计及分析。

（4）应用系统

应用系统在第4层，也可称为业务应用层，各个业务子系统在此层对业务范围内的数据表进行调用和分析，并在前端进行数据结果展示。

3.4.2 平台可扩展性

充分考虑到业务不断进化和技术飞速发展，在平台设计时把系统可扩展性作为了主要考量依据，以保证随着业务量的扩展或新技术的升级，系统平台具强扩展性以适应业务和技术的需要。可扩展性主要包含三个部分：

（1）整体架构可扩展

本平台基于微服务架构设计与集群设计，支持服务的快速接入与退出。其中微服务架构基于 Spring Cloud，支持水平拓展及垂直拓展。

（2）数据采集项可扩展

数据采集层，前置接入满足 GB/T 32960 要求和企标扩展，灵活支持自定义数据项模式，支持车载终端直连和第三方平台转发接入，满足企业接入转出的要求。

（3）服务可扩展

支持单服务快速水平扩展，服务之间通过 Fegin 进行关联通信，且利用 Fegin 负载均衡特性实现请求分流，支持服务功能的快速迭代。采用当前最主流的 RESTful API 接口设计标准，能够保证与其他软件系统进行数据交换。

软件架构保证了前瞻性，支持面向未来 10 年的新能源车辆生命周期项目管理、工艺制造等业务领域拓展。平台基于 Hadoop 来存储和分发横跨多个服务器数据集群，在设计上能够满足系统未来的业务和用户规模的增长。基于 Spring Cloud 架构，将整个应用程序分解成一系列服务，每个模块都有相应的职责，提高了维护与扩展性。基于架构和服务可拓展的特性，可实现基础功能服务化，支持业务的快速组合和延展。在总体架构不进行大调整情况下，支持通过设备扩容、协议适配和二次开发保障新增车辆的接入和功能的扩展。

同时，平台通过身份认证及授权系统针对业务系统及每个子系统间的系统、用户、管理员提供认证安全及授权服务，实现平台间各个系统的单点登录认证。

3.4.3　平台应用服务系统

（1）新能源汽车安全监管系统

可支撑公共车辆的分类统一管理，对车辆运行数据、位置数据、电池数据、电机数据进行实时采集，并基于 GIS 地图进行相关信息的综合展示，且以此为基础全面展开新能源汽车安全监管的数字化与智能化。该系统主要功能包括权限基础数据管理、车辆信息管理、零配件信息管理、故障警告、监控分析、单车监控、车辆在线、历史轨迹、报文分析、明细数据查询、补贴管理。

（2）新能源汽车行业管理系统

旨在创建健全的行业管理机制，践行成熟的管理模式，以数字化、虚拟化的技术保障为基础，打破行业管理的空间、时间的限制。按照国标要求，该系统通过收集车辆实时报文数据进行解析存储，为新能源整车企业提供数据上报及相关数据管理，进而达到远程管理、精细管理、精准管理的行业管理目标。该系统主要功能包括车辆数据接入管理、车辆数据转发管理、车辆协议管理。

（3）新能源汽车公众服务系统

主要面向政府、企业和市民提供新能源汽车相关新闻、政策指南、最新动态、新能源建设统计数据、车企平台接入指南等资讯信息。公众服务系统通过后台管理系统、门户网站、微信公众号等方式实现新能源汽车信息编辑、管理、发布等功能，充分加强监管、服务公众等职责，打造一个良好的监管、服务、产业链支持的运行环境，同时服务大众、为大众提供需要的信息。该功能主要实现了"数据共享"的政务目标。

（4）新能源汽车充电设施监管系统

主要目标是将来自各个充电桩业务系统的充电桩故障信息、充电桩充电信息、车辆充电量／充电时长等历史数据以及充电桩状态信息、充电桩位置信息等数据存储于统一分布式数据库，实现数据互通；通过数据分析功能和任务调度模块对多种大量的业务数据进行统计分析和挖掘分析，为车辆监管、行业管理、公众服务、可视化应用系统提供数据支撑，并向政府制定政策和建设发展规划提供数据支撑。

（5）新能源汽车可视化系统

主要通过统一规划、分步实施、按需扩展、集中监控以避免重复投资；全面整合所需信息系统，实现实时业务过程的运行状况监管；深度融合现有数据资源，使得数据资源可以自由流通，解决信息孤岛问题，发挥数据更大价值，提升工作效率与管理水平；实时感知系统运行状态，使新能源汽车监控中心的数字化管理向智能化管理迈进；实时动态可视化展示业务过程的数据信息，便于管理人员全面了解业务状况，为其提供决策依据。

（6）新能源汽车大数据支撑系统

新能源汽车大数据支撑系统的主要目标是将来自各个车企业务系统的车辆历史故障信息、车辆行驶历史信息、车辆充电量及充电时长、车辆实时电池状态、车辆实时位置信息等实时状态数据存储于统一分布式数据库，实现数据互通。并通过数据分析功能和任务调度模块对多种大量的业务数据进行统计分析和挖掘分析，向车辆监管、行业管理、公众服务、可视化应用系统提供数据支撑，为政府制定政策和建设发展规划提供数据支撑。

本章习题

1.（多项选择题）平台数据集成与存储一般使用（　　　）。

A. 数据库技术　　　　B. 大数据技术　　　C. 云计算技术　　　D. 人工智能技术

2.（多项选择题）大数据存储的挑战有（　　　）。

A. 数据量大　　　　　B. 数据增速快　　　C. 数据形式单一　　D. 实时性要求高

3. 判断：数据存储和处理是大数据发展面临的挑战之一。（　　　）

4. 判断：分布式存储系统可以承载海量的数据，并提供可管理性。（　　　）

5. 判断：大数据存储的挑战主要包括数据量大、数据增速快、数据形式复杂以及实时性要求高。（　　　）

6. 判断：分布式存储系统可承载海量的数据，但不需保证数据的安全性和一致性。（　　　）

7. 关系数据库和时序数据库在大数据存储中的主要区别是什么？

8. 在分布式存储系统中，如何确保数据的一致性和可用性？

9. 在大数据计算中，MapReduce 的基本工作原理是什么？

新能源汽车行业利用大数据预处理技术可以有效提升新能源汽车软硬件水平与各项数据的监管质量；同时，借助这项技术也可以进一步保证新能源汽车各方面数据的准确性，为开展数据分析和管理工作奠定基础。从具体流程来看，新能源汽车数据预处理工作可以分为以下两个方面：一是对新能源汽车原始数据采集开展预处理工作，工作人员将会利用大数据预处理技术对新能源汽车车载终端开展预处理工作，包括终端程序中数据正负、精度、异常数据过滤等环节；二是利用大数据预处理技术对数据平台和计算模块开展预判处理，尤其是利用大数据预处理技术解决掉帧、错帧等问题。

完成数据预处理工作后，工作人员需要借助缺失数据值填充或数据清洗等方式深度分析新能源汽车的各方面数据。完成数据处理工作后，工作人员需要从数据存储的角度入手开展工作，目前新能源汽车行业主要是利用自建或是租用云平台的方式储存信息，比较常用的是国家新能源大数据平台。该平台的数据存储主要是使用 HDFS 分散式数据文件以及 Parquet 格式存储的方式。随着时代的发展，新能源汽车行业得到更大的发展空间，为此，国家新能源大数据平台也会继续拓展存储规模，以此满足新能源汽车行业发展的需求。

——李俊华《基于大数据分析的新能源汽车行业发展研究》

想一想 1：大数据预处理技术的应用

大数据预处理技术在提升新能源汽车软硬件水平与数据监管质量方面发挥着关键作用。你认为在具体应用中，这些预处理技术是如何帮助提高数据准确性的？例如，在数据采集环节，正负数据、精度校正和异常数据过滤是如何实现的？

想一想 2：掉帧和错帧问题的解决

新能源汽车在数据传输过程中可能会遇到掉帧和错帧问题。你知道大数据预处理技术是如何解决这些问题的吗？例如，通过哪些技术手段和方法可以有效避免或修正数据传输中的掉帧和错帧现象？

想一想 3：数据缺失值填充与数据清洗

在数据预处理完成后，下一步是对数据进行深度分析和处理。你能举例说明数据缺失值填充和数据清洗在新能源汽车数据分析中的具体应用吗？例如，如何处理缺失的数据值，以确保数据分析的准确性和完整性？

想一想 4：大数据存储技术的选择

新能源汽车行业的数据存储通常依赖自建或租用云平台。你知道目前常用的国家新能源大数据平台采用哪些数据存储技术吗？例如，HDFS 分散式数据文件和 Parquet 格式存储的优势是什么？这些技术是如何满足新能源汽车行业发展需求的？

想一想 5：新能源汽车数据平台的发展

随着新能源汽车行业的发展，对数据平台的需求也在不断增加。你认为未来国家新能源大数据平台应该如何拓展其存储规模？例如，在应对数据量激增的同时，如何保证数据存储的安全性、可靠性和高效性？

第4章
数据分析方法

学习目标：

- 理解抽样的方式与原理及几种样本分布形式
- 掌握三种数据关联分析方法的应用场景、计算原理，并能对数据相关性强弱进行分析
- 掌握数据分类分析方法的应用场景、计算原理
- 掌握数据聚类分析方法的应用场景、计算原理
- 掌握数据线性回归及非线性回归的计算原理，编程实现线性回归

　　随着互联网的迅速发展，越来越多的数据不断地被挖掘出来，数据的规模也越来越庞大。数据分析的目的就是把隐藏在一大批看起来杂乱无章的数据中的信息集中和提炼出来，从而找出所研究对象的内在规律。在实际应用中，数据分析可帮助人们做出判断，以便采取适当行动。数据分析是有组织有目的地收集数据、分析数据，使之成为信息的过程。车辆运行过程中会产生庞大的数据，对这些数据信息进行多维度、多层级的分析与应用，将构建庞大的汽车数据生态，助力产业健康快速发展。

CHAPTER 04

4.1　数据分析基础理论

数据分析是构建在数学和统计学的基础之上的，如果脱离数学和统计学的知识，那么数据分析往往难以深入。本节将介绍数据分析的基础理论，作为理解后续章节的必要知识储备。

4.1.1　描述性统计分析

描述性统计分析是通过图表或数学方法，对数据资料进行整理、分析，并对数据的分布状态、数字特征和随机变量之间的关系进行估计和描述的方法。在做数据分析的时候，我们首先要对数据进行描述性统计分析，以便于描述测量样本的各种特征及其所代表的总体的特征以及发现其数据的内在规律，再选择进一步分析的方法。

常见的描述性统计分析包括以下 3 类：集中趋势统计分析、离散程度统计分析和分布形态统计分析。通常，综合这 3 类统计量就能较为准确地把握数据的分布特点。

（1）集中趋势统计分析

在统计研究中，需要搜集大量数据并对其进行加工整理，大多数情况下数据会呈现出一种橄榄球形分布：各个变量值与中间位置的距离越近，出现的次数越多；与中间位置距离越远，出现的次数越少，从而形成了一种以中间值为中心的集中趋势。这个集中趋势是现象共性的特征，也是现象规律性的数量表现。

数据的集中趋势反映了一组数据向某一中心值靠拢的程度，它反映了一组数据中心点的位置所在。了解数据的中心位置能够很好地帮助我们了解数据的水平。一般来说，我们可以使用算术平均值、加权算术平均值、中位数和众数来进行度量。

算术平均值（简称均值）描述数据取值的平均位置，记作$\bar{x}$，数学表达式为

$$\bar{x} = \frac{1}{n}\sum_{i=1}^{n} x_i \tag{4-1}$$

算术平均值具有反应灵敏、计算简单和受抽样数据变化影响较小等优点。但是易受极端数据的影响，极端大值数据和极端小值数据都会影响计算结果。

另有一种加权算术平均值，为原始数据经过分组，已编成次数分布数列情况下的数据计算，设数据 x_i 的权值为 f_i，其数学表达式为

$$\bar{x} = \frac{1}{n}\sum_{i=1}^{n} x_i f_i \tag{4-2}$$

加权平均值的大小不仅取决于总体中各单位的数值的大小，而且取决于各数值出现的次数（频数），由于各数值出现的次数对其在平均值中的影响起着权衡轻重的作用，因此叫作权数。加权平均值一般用于分组数据，比如根据学生在各种不同的作业和测验中的表现来计算他们的最终成绩。算术平均值是加权平均值的一种特殊情况，即各项的权相等时，加权平均值就是算术平均值。

平均数是针对数值型数据计算的，而且利用了全部数据信息，它是实际中应用最广泛的集中趋势度量值。当数据呈对称分布或接近对称分布时，这时则应选择平均数作为集中趋势的代表值。例如，在评估不同品牌和型号的新能源汽车时，续驶里程是消费者关注的一个重要指标。通过计算不同新能源汽车续驶里程的平均值，可以为消费者提供一个综合参考，帮助他们在购买决策时有更清晰的预期。

平均数的主要缺点是易受数据极端值的影响，对于偏态分布的数据，平均数的代表性较差。因此，当数据为偏态分布，特别是偏斜程度较大时，可以考虑选择中位数或众数，这时它们的代表性要比平均数好。

中位数是一组数据按大小顺序排序后处于中间位置的变量，它主要用于对顺序数据的概括性度量。具体而言，对于 n 个数据，按照从小到大的顺序重新排列为 $x_1, x_2, \cdots, x_n$，则中位数的取值为

$$M = \begin{cases} x_{\frac{n+1}{2}}, & 当n为奇数时 \\ \dfrac{1}{2}\left(x_{\frac{n}{2}} + x_{\frac{n}{2}+1}\right), & 当n为偶数时 \end{cases} \quad (4\text{-}3)$$

中位数是一组数据中间位置的代表值，不受数据极端值的影响。当一组数据的分布偏斜程度较大时，使用中位数也许是一个好的选择。中位数主要适合作为顺序数据的集中趋势度量值。例如，在对成组电池进行单体故障诊断时，需观察组内电压偏离情况，此时电压中位数便可作为参考指标。若某一单体电压与中位数偏离程度过大，则认为该单体有发生故障的倾向。

众数是一组数据中出现次数最多的值，是一组数据中的原数据，而不是相应的次数。一般情况下，只有在数据量较大的时候众数才有意义。从分布的角度看，众数是一组数据分布的峰值点所对应的数值。一组数据中的众数可能不止一个，如果有两个或两个以上数据出现次数都是最多的，那么这几个数都是这组数据的众数。如果所有数据出现的次数都一样，那么这组数据没有众数。在锂离子电池的生产和使用中，不同类型的电池（如NCA、NCM 和 LFP）有不同的特性，如能量密度、安全性和成本。通过统计新能源汽车中最常用的电池类型，即发现其众数可以指导电池制造商优化生产，满足市场需求。

（2）离散程度统计分析

在统计学中，把反映现象总体中各个体的变量值之间差异程度的指标称为离散程度，也称为离中趋势。描述一组数据离散程度常用极差、方差、标准差和变异系数等。

极差也叫全距，是一组数据中最大值与最小值的差，以 R 表示。极差展示了数据的整体跨度，是一个比较粗糙的离中趋势指标。其计算公式为

$$R = x_{max} - x_{min} \quad (4\text{-}4)$$

极差主要反映变量值的离散范围。极差越大，说明数据越分散，平均值的代表性越小；反之，说明数据越集中，平均值的代表性越大。极差只指明了测定值的最大离散范围，而未能利用全部测量值的信息，不能细致地反映测量值彼此相符合的程度。它的优点是计算简单，含义直观，运用方便，故在数据统计处理中仍有着相当广泛的应用。在评估不同新能源汽车电池的容量时，计算最大和最小容量之间的差值可以揭示市场上电池容量的多样性。例如，如果某些新能源汽车的电池容量范围是 30kW·h 到 100kW·h，那么极差就是 70kW·h。这有助于消费者了解不同车型之间的性能差异。但是，极差仅仅取决于两个极端值的水平，不能反映其间的变量分布情况，同时易受极端值的影响。

方差是在概率论和统计学中随机变量或一组数据离散程度的度量。统计中的方差（样本方差）是每个样本值与全体样本值的平均数之差的平方值的平均数。当数据分布比较分散（即数据在平均数附近波动较大）时，各个数据与平均数的差的平方和较大，方差就较大；当数据分布比较集中时，各个数据与平均数的差的平方和较小。因此方差越大，数据的波动越大；方差越小，数据的波动就越小。

方差相应的计算公式为

$$s^2 = \frac{1}{n-1}\sum_{i=1}^{n}(x_i - \overline{x})^2 \tag{4-5}$$

通过计算一组新能源汽车续驶里程的方差，可以了解这些车辆续航能力的离散程度。如果某些新能源汽车的续驶里程方差很大，说明不同车型之间的续航能力差异显著，这对于制造商优化电池性能和续航管理非常重要。

标准差是方差的算术平方根。由于方差是数据的平方，与检测值本身相差太大，人们难以直观地衡量，因此常用方差开根号换算回来，这就是我们要说的标准差。样本方差和样本标准差都是衡量一个样本波动大小的量，样本方差或样本标准差越大，样本数据的波动就越大。平均数相同的两组数据，标准差未必相同。

离散系数是测度数据离散程度的相对指标。它是一组数据的标准差与其相应的平均值之比，用 CV 表示。当需要比较两组数据离散程度大小的时候，如果两组数据的测量尺度相差太大，或者数据量纲不同，直接使用标准差来进行比较不合适，此时就应当消除测量尺度和量纲的影响，而离散系数就可以做到这一点。

离散系数计算公式为

$$CV = \frac{S}{\overline{X}} \tag{4-6}$$

式中，S 为样本的标准差；$\overline{X}$ 为样本的均值。

在比较不同型号新能源汽车电池寿命的一致性时，计算离散系数可以提供有价值的信息。如果某款电池的离散系数较低，说明该电池寿命在不同车辆中的表现相对稳定，质量更为可靠。

（3）分布形态统计分析

集中趋势和离散程度是数据分布的两个重要特征，尤其是均值和标准差。对于正态分布，只要知道了均值和标准差，就可以确定其分布。但对于未知的分布，要想全面了解数据分布的特点，我们不仅要掌握数据的集中趋势和离散程度，还需要知道数据分布的形状是否对称、偏斜的程度以及分布的扁平程度等，统称为分布的形态。表示分布形态的统计量有偏度和峰度。

1）偏度。"偏态"（skewness）一词是由统计学家皮尔逊（K. Pearson）于1895年首次提出的，它是对数据分布对称性的测度。测度偏态的统计量是偏态系数（coefficient of skewness），记作 SK。

偏态系数的计算方法有很多。在根据未分组的原始数据计算偏态系数时，通常采用的公式为

$$SK = \frac{n\sum\limits_{i=1}^{n}(x_i - \bar{x})^3}{(n-1)(n-2)s^3}$$

（4-7）

式中，s^3 是样本标准差的三次方。

如果一组数据的分布是对称的，则偏态系数等于0；如果偏态系数明显不等于0，表明分布是非对称的。若偏态系数大于1或小于−1，称为高度偏态分布；若偏态系数在0.5～1或−1～−0.5之间，被认为是中等偏态分布；偏态系数越接近0，偏斜程度就越低，如图4-1所示。在分析新能源汽车电池寿命时，偏度可以帮助了解寿命数据的对称性。如果电池寿命数据的偏度为正，意味着大多数电池寿命较短，少数电池寿命较长，这对于制定电池更换策略和改进电池技术非常重要。

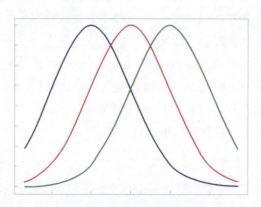

图4-1　偏态示意图

2）峰度。"峰度"（kurtosis）一词是由统计学家皮尔逊于1905年首次提出的。它是对数据分布平峰或尖峰程度的测度，记作 K。峰度通常是与标准正态分布相比较而言的。如果一组数据服从标准正态分布，则峰度系数的值等于0；若峰度系数的值明显不等于0，则表明分布比正态分布更平或更尖，通常称为平峰分布或尖峰分布，如图4-2所示。

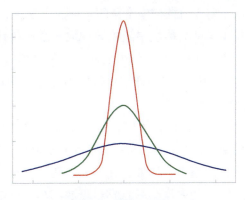

图 4-2　峰度示意图

根据分组数据计算峰态系数是用离差四次方的平均数再除以标准差的四次方，其计算公式为

$$K = \frac{\sum\limits_{i=1}^{k}(M_i - \bar{x})^4 f_i}{ns^4} \qquad (4\text{-}8)$$

式中，s^4 是样本标准差的四次方。用峰态系数说明分布的尖峰和扁平程度，是通过与标准正态分布的峰态系数进行比较来实现的。正态分布的峰态系数为 0，当 $K > 0$ 时为尖峰分布，数据的分布更集中；当 $K < 0$ 时为扁平分布，数据的分布越分散。研究不同新能源汽车续驶里程的分布时，峰度可以反映数据分布的尖锐程度。如果续驶里程数据的峰度较高，表示数据集中在均值附近，说明大多数车辆的续驶里程相似。这有助于评估车辆性能的一致性和稳定性。

4.1.2　抽样与抽样分布

在数据分析中，在大规模、全样本的数据基础下，已经可以涵盖所有维度的全数据，那么我们还有没有必要学习和了解抽样呢？答案是有必要的，大数据并没有意味着抽样的终结。事实上，抽样能帮助我们有效地操作一组数据，并且最小化偏差。在大数据项目中，也经常会使用抽样生成并导出预测模型，即用小规模样本测试模型，达到预期后再尝试用大规模全量样本去完整输出。

抽样是一种从总体中选取一部分个体进行研究和分析的方法。这种方法广泛应用于各种领域，如社会科学、市场研究和生物统计学。通过抽样，可以在节省资源和时间的情况下，对总体的特征进行推断和估计。抽样的关键在于选择合适的方法，以确保样本具有代表性和统计上的有效性。

（1）抽样方法

抽样的好坏，直接决定抽样估计的质量。因此对总体进行抽样时，应当尽量抽取具有代表性的样本，要想保证得到这样的样本，抽样时可以遵循一定的操作方法。总体来说，抽样分为随机抽样和非随机抽样，随机抽样又可以分为简单随机抽样、分层抽样、系统抽样、整群抽样等，这里重点介绍随机抽样中常见的 4 种抽样方法。

1）简单随机抽样。从总体 N 个单位中随机地抽取 n 个单位作为样本，使得每一个单位都有相同的机会（概率）被抽中。简单随机抽样是其他抽样方法的基础，但在实际中，当总体的数量较大时，用这种抽样得到的样本单位较为分散，调查不容易实施。因此，在实际中直接采用简单随机抽样的并不多。

2）分层抽样。分层抽样是一种在总体中存在明显分层的情况下常用的方法。总体首先被划分为若干互不重叠的层，然后在每一层中进行随机抽样。这样可以确保每一层在样本中的代表性，从而提高估计的精度。例如，在研究新能源汽车市场时，可以先按不同车型（如纯电动汽车、插电式混合动力汽车和氢燃料电池汽车）分层，然后在每种车型中进行随机抽样。分层抽样的优点在于可以降低样本的变异性，提高统计推断的可靠性。

3）系统抽样。系统抽样是一种简化的随机抽样方法，适用于总体中各个个体按某种顺序排列的情况。首先确定一个起始点，然后按照固定的间隔（如每第 n 个个体）进行抽样。例如，如果要从一个有 1000 人的名单中抽取 100 人，可以随机选择一个 1 到 10 之间的数字作为起始点，然后每隔 10 个人选一个。这种方法的优点是操作简单，适用于大规模调查，但在总体存在周期性规律时可能会引入抽样偏差。

4）整群抽样。整群抽样适用于总体中个体自然地聚集在一起的情况。总体被划分为若干群组（整群），然后随机选择若干群组进行调查，而不是在每个群组中随机抽样。例如，在研究某城市的教育水平时，可以先将城市划分为若干社区，然后随机选择几个社区进行全面调查。整群抽样的优点是简化了数据收集过程，特别是在总体分布广泛时非常有效。然而，这种方法的代表性取决于整群内的同质性和群间的异质性。

（2）抽样分布

在进行数据分析时，很多分析对象都表现出一种正态分布的形态，因此数据分析师们在进行数据分析时，必须要掌握来自正态总体的分布，其中主要包括正态分布、χ^2 分布、t 分布和 F 分布。正态分布是统计学中最重要的一种分布，也是在数据分析中使用最为频繁的分布。德国数学家高斯首先发现许多社会和经济现象对应的随机变量的分布都可以使用正态分布来描述，这一规律具有重要的现实意义。下面将介绍正态分布和基于正态分布的三大分布。

1）正态分布。在相同条件下，随机地对某一测试对象进行多次测试时，测得的数值在一定范围内波动，其中接近平均值的数据占多数，远离平均值的占少数。具有这种分布规律的随机变量的分布被称为正态分布。正态分布的概率密度函数为

$$f(x) = \frac{1}{\sigma\sqrt{2\pi}} e^{\frac{(x-\mu)^2}{2\sigma^2}}, -\infty < x < +\infty \tag{4-9}$$

此时，称 X 服从正态分布，记为 $X \sim N(\mu, \sigma^2)$。其中 μ、σ 是两个常数，也被称为正态分布参数。对于某个随机变量 X，如果它的数据分布形态是正态的，那么只需要得到 μ 和 σ 就知道了概率密度函数，这样随机变量 X 的变化规律就明确了。一般而言，μ 和 σ 分

别对应着数据的平均值和标准差，也就是说，如果已知某个随机变量 X 服从正态分布，求出其对应的平均值和标准差，就知道了概率密度函数，从而就可以求出随机变量在某个区间的积分，也就能求出随机事件的概率。

服从正态分布的随机变量，假设可以根据事先取得的大量数据的直方图拟合出一条曲线，这条曲线如图 4-3 所示，被称为正态分布曲线。正态分布以 $x=\mu$ 为对称轴，左右完全对称地向两边伸展。μ 是正态分布的位置参数，描述正态分布的集中趋势位置。σ 是正态分布的形状参数，描述正态分布的离散程度。σ 越大，曲线越扁平，即数据分布越分散；σ 越小，曲线越瘦高，即数据分布越集中。电池制造过程中缺陷率通常服从正态分布。通过分析缺陷率的正态分布，制造商可以设定控制限和监控生产过程中的质量变化，从而提高产品质量和一致性。

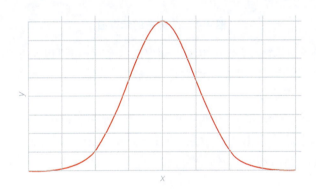

图 4-3　正态分布曲线

当 $\mu=0$ 且 $\sigma=1$ 时，正态分布被称为标准正态分布，记为 $N(0,1)$。标准正态分布是特殊的正态分布，服从标准正态分布的随机变量也记为 x，它的概率密度函数记为 $\varphi(x)$。

$$\varphi(x) = \frac{1}{\sqrt{2\pi}} e^{-\frac{x^2}{2}} \qquad (4\text{-}10)$$

对于正态分布 $X \sim N(\mu, \sigma)$ 取值的概率，在区间 $(\mu-\sigma, \mu+\sigma)$、$(\mu-2\sigma, \mu+2\sigma)$、$(u-3\sigma, u+3\sigma)$ 内取值的概率分别为 68.3%、95.4%、99.7%，由此可以得到几乎所有数据都将落在均值的三倍标准差内，这就是"3σ 原则"。

2）χ^2 分布。χ^2 分布是由赫尔默特和皮尔逊分别于 1875 年和 1900 年推导出来的。设随机变量 X_1，X_2，$\cdots$，X_n 相互独立，且 X_i（$i=1,2,\cdots,n$）服从标准正态分布 $N(0,1)$，则它们的平方和 $\sum_{i=1}^{n} X_i^2$ 服从自由度为 n 的 χ^2 分布。

χ^2 分布的数学期望为 n，χ^2 分布的方差为 $2n$，χ^2 分布还具有可加性，即若 $\chi_1^2 \sim \chi^2(n_1)$，$\chi_2^2 \sim \chi^2(n_2)$，且独立，则 $\chi_1^2 + \chi_2^2 \sim \chi^2(n_1 + n_2)$。

下面给出当 $n=1$、$n=4$、$n=10$、$n=20$ 时，χ^2 分布的概率密度函数曲线，如图 4-4 所示。

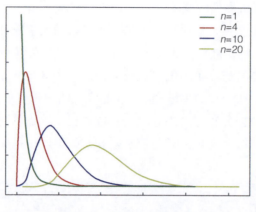

图 4-4　χ^2 分布的示意图

在研究新能源汽车不同故障类型的发生频率时，χ^2 分布可以用于检验各类型故障的独立性。例如，通过 χ^2 检验可以判断电池故障与电动机故障是否相互独立，这对于改进整体车辆设计和维护策略很有帮助。

3）t 分布。t 分布（Student's t-distribution）是一种连续概率分布，主要用于样本量较小的情况下估计总体参数。它由统计学家 William Sealy Gosset 提出，常用于小样本的均值比较、样本方差未知的总体均值估计和进行假设检验（如 t 检验）。若 X、Y 符合：

$$t = \frac{X}{\sqrt{Y/n}} \tag{4-11}$$

其分布称为 t 分布，记为 $t(n)$。其中，n 为自由度。t 分布是以 0 为中心，左右对称的单峰分布，其形态变化与自由度 n 大小有关。如图 4-5 所示，自由度越小，t 分布曲线越低平；自由度越大，t 分布曲线越接近标准正态分布曲线。

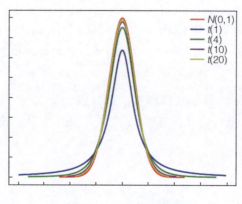

图 4-5　t 分布的示意图

在新车型新能源汽车续驶测试中，如果样本量较小，可以使用 t 分布进行均值比较。通过 t 检验，可以判断新车型的续驶里程是否显著优于现有车型，从而为产品推广提供统计依据。

4）F 分布。 F 分布是统计学家费希尔首先提出的。F 分布有着广泛的应用，在方差分析、回归方程的显著性检验中有着重要的地位。设随机变量 Y 与 Z 相互独立，且 Y 和 Z 分别服从自由度为 m 和 n 的 χ^2 分布，随机变量 X 有如下表达式：

$$X = \frac{Y/m}{Z/n} = \frac{nY}{mZ} \tag{4-12}$$

则称 X 服从第一自由度为 m，第二自由度为 n 的 F 分布，记为 $F(m, n)$，简记为 $X \sim F(m, n)$。

设随机变量 X 服从 $F(m, n)$ 分布，则数学期望和方差分别为

$$E(X) = \frac{n}{n-2}, \text{ 当 } n > 2 \tag{4-13}$$

$$D(X) = \frac{2n^2(m+n-2)}{m(n-2)^2(n-4)}, \text{ 当 } n > 4 \tag{4-14}$$

F 分布是非对称分布，自由度 m 和 n 是有顺序的，不同参数的 F 分布如图 4-6 所示。当参数 m 确定时，n 的值越小，F 分布曲线的偏态越严重。

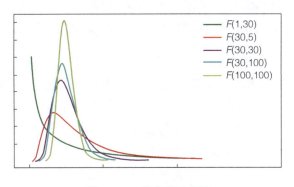

图 4-6　F 分布的示意图

使用 F 分布进行方差分析，可以比较不同制造商生产的电池寿命是否有显著差异。如果发现差异显著，说明不同制造商的生产工艺和技术水平存在差距，这对于行业标准的制定和改进非常重要。

4.1.3　参数估计

参数估计就是用样本统计量去估计总体的参数。比如，用样本均值 $\bar{x}$ 估计总体均值 π，用样本比例 π 估计总体比例 n，用样本方差 s^2 估计总体方差 σ^2，等等。如果将总体参数笼统地用一个符号 θ 来表示，而用于估计总体参数的统计量用 $\hat{\theta}$ 表示，则参数估计就是如何

用 $\hat{\theta}$ 来估计 θ。

在参数估计中，用来估计总体参数的统计量称为估计量，用符号 $\hat{\theta}$ 表示。样本均值、样本比例、样本方差等都可以是一个估计量。而根据一个具体的样本计算出来的估计量的数值称为估计值。比如，要估计一类车型的平均续驶里程，从中抽取一个随机样本，平均续驶里程是不知道的，称为参数，用 θ 表示，根据样本计算的平均续驶里程 $\bar{x}$ 就是一个估计量，用 $\hat{\theta}$ 表示，假定计算出来的样本平均续驶里程为 500km，这个 500km 就是估计量的具体数值，称为估计值。

参数估计的方法有点估计和区间估计两种。

(1) 点估计

点估计（point estimate）就是用样本统计量 $\hat{\theta}$ 的某个取值直接作为总体参数 θ 的估计值。比如，用样本均值 $\bar{x}$ 直接作为总体均值 μ 的估计值，用样本比例 p 直接作为总体比例 π 的估计值，用样本方差 s^2 估计总体方差 σ^2，等等。假定要估计一类车型的平均续驶里程，根据抽出的一个随机样本计算的平均值为 500km，用 500km 作为该车型续驶里程的一个估计值，这就是点估计。

虽然在重复抽样条件下，点估计的均值可望等于总体真值 [比如 $E(\bar{x})=\mu$]，但由于样本是随机的，抽出一个具体的样本得到的估计值很可能不同于总体真值。在用点估计值代表总体参数值的同时，还必须给出点估计值的可靠性，也就是说，必须能说出点估计值与总体参数的真实值接近的程度。但一个点估计值的可靠性是由它的抽样标准误差来衡量的，这表明一个具体的点估计值无法给出估计的可靠性的度量，因此就不能完全依赖于一个点估计值，而应围绕点估计值构造总体参数的一个区间，这就是区间估计。

(2) 区间估计

区间估计（interval estimate）是在点估计的基础上，给出总体参数估计的一个区间范围，该区间通常由样本统计量加减估计误差得到。与点估计不同，进行区间估计时，根据样本统计量的抽样分布可以对样本统计量与总体参数的接近程度给出一个概率度量。下面将以总体均值的区间估计为例来说明区间估计的基本原理。

由样本均值的抽样分布可知，在重复抽样或无限总体抽样的情况下，样本均值的数学期望等于总体均值，即 $E(\bar{x})=\mu$，样本均值的标准误差为 $\sigma_{\bar{x}}=\sigma/\sqrt{n}$，由此可知样本均值 $\bar{x}$ 落在总体均值 μ 的两侧各为 1 个抽样标准差范围内的概率为 0.6827；落在 2 个抽样标准差范围内的概率为 0.9545；落在 3 个抽样标准差范围内的概率为 0.9973，等等。

实际上，可以求出样本均值 $\bar{x}$ 落在总体均值 μ 的两侧任何一个抽样标准差范围内的概率。但实际估计时，情况恰好相反。$\bar{x}$ 是已知的，而 μ 是未知的，也正是将要估计的。由于 $\bar{x}$ 与 μ 的距离是对称的，如果某个样本的平均值落在 μ 的两个标准差范围之内，反过来，μ 也就被包括在以 $\bar{x}$ 为中心左右两个标准差的范围之内。因此约有 95% 的样本均值会落在 μ 的两个标准差的范围之内。也就是说，约有 95% 的样本均值所构造的两个标准差的区间会包括 μ。通俗地说，如果抽取 100 个样本来估计总体的均值，由 100 个样本所构造的 100

个区间中，约有 95 个区间包含总体均值，而另外 5 个区间则不包含总体均值。图 4-7 给出了区间估计的示意图。

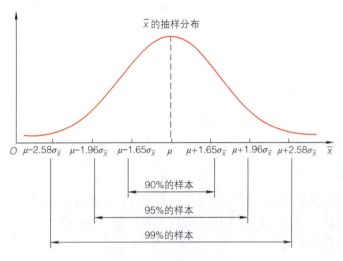

图 4-7　区间估计示意图

在区间估计中，由样本统计量所构造的总体参数的估计区间称为置信区间（confidence interval），其中区间的最小值称为置信下限，最大值称为置信上限。由于统计学家在某种程度上确信这个区间会包含真正的总体参数，因此给它取名为置信区间。原因是，如果抽取了许多不同的样本，比如说抽取 100 个样本，根据每一个样本构造一个置信区间，这样，由 100 个样本构造的总体参数的 100 个置信区间中，有 95% 的区间包含了总体参数的真值，而 5% 则没包含，则 95% 这个值称为置信水平。一般地，如果将构造置信区间的步骤重复多次，置信区间中包含总体参数真值的次数所占的比例称为置信水平（confidence level），也称为置信度或置信系数（confidence coefficient）。

在构造置信区间时，可以用所希望的任意值作为置信水平。比较常用的置信水平及正态分布曲线下右侧面积为 $\alpha/2$ 时的 z 值（$z_{\alpha/2}$）见表 4-1。

表 4-1　常用置信水平的 $z_{\alpha/2}$ 值

置信水平	α	$\alpha/2$	$z_{\alpha/2}$
90%	0.10	0.05	1.645
95%	0.05	0.025	1.96
99%	0.01	0.005	2.58

4.1.4　假设检验

参数估计和假设检验是统计推断的两个组成部分，它们都是利用样本对总体进行某种推断，但推断的角度不同。参数估计是利用样本数据对系统的未知参数进行估计，它可以估计一个特殊值，即点估计；也可估计一个范围，即区间估计。而在假设检验中，则是先对 μ 的值提出一个假设，然后利用样本信息去检验这个假设是否成立。

为了得到总体指标，参数估计使用样本统计量去估计总体指标，实现了对总体指标的估计，这是从样本出发研究总体的过程。如果换一个角度看问题，在实际的数据分析过程中，也可以根据经验假定总体指标的值，然后根据样本数据，使用某种尺度去检验这种假定是否正确，从而实现对总体指标的分析。这种从对总体的假设出发，用样本数据去检验，实现对总体指标分析的过程，就是假设检验。

假设检验的基本思想是：对总体指标进行某种假设，以小概率事件不发生为基准，运用反证法的思想，按照总体的假设，并根据所获样本的数据，通过样本统计量的分布，得出小概率事件在某一次抽样中发生的错误现象，从而对总体指标的假设做出拒绝的判断。

假设检验的基本步骤如下：

（1）建立假设

在假设检验中，我们会建立两个完全对立的假设，分别为原假设（零假设）H_0 与备择假设（对立假设）H_1。然后根据样本信息进行分析判断，是接受（维持）原假设还是拒绝原假设（接受备择假设）。

（2）选择检验统计量

根据原假设 H_0，构造一个适用于检验原假设的统计量，该统计量被称为检验统计量。比如要检验的假设涉及正态总体均值 μ，在方差已知的情况下，根据中心极限定理，样本均值服从正态分布，且 $\bar{x} \sim N(\mu, \sigma^2/n)$，这样，就可以将样本均值 $\bar{x}$ 作为总体均值的无偏估计来构造样本统计量。

（3）寻找检验的拒绝域

由于样本统计量的值是一个服从某种分布的随机变量的值，根据随机变量分布的特点，样本统计量的值落在某个区间的可能性由该分布的面积决定，如果指定一个区间，这个区间在分布上占很小的面积，根据小概率原则，那么样本统计量的值落在该区间的可能性也很小，这个区间就是拒绝域，而这个区间的面积就是事先人为给定的显著性水平。一般人为给定的显著性水平都很小，根据小概率原则，如果一次抽样就使统计量的值落在拒绝域，那么我们就有理由怀疑假设的正确性。

也就是说，检验的拒绝域是一个区间，这个区间以概率分布和小概率原则为理论基础，这就像选定一把尺子，然后用这个尺子去量待检验的对象。如果符合一个既定尺度，那么就接受原假设，否则就拒绝原假设。确定拒绝域必须人为给定一个显著性水平，记为 α（常取 α 等于 0.05 或 0.01），α 越小，显著性越强。在这个显著性水平下，根据检验统计量的分布，寻找该分布中面积（概率）为 α 的区间，这个区间就是检验的拒绝域。

（4）计算样本统计量的值，根据拒绝域做出判断

在有了明确的拒绝域后，根据样本观测值，我们就可以计算样本统计量的抽样值 u，根据拒绝域就可以做出判断。当 u 小于临界值时，则接受原假设 H_0，拒绝备择假设 H_1；当 u 大于临界值时，则拒绝原假设 H_0，接受备择假设 H_1。

4.2　数据关联分析　///

早在 20 世纪 80 年代，美国的沃尔玛超市就已经将关联规则应用到了商品管理之中。沃尔玛超市对原始交易数据进行了详细的分析，得到一个意外发现：与尿布一起被购买最多的商品竟然是啤酒。借助于关联规则，商家发现了这个隐藏在背后的事实：美国的妇女们经常会嘱咐她们的丈夫下班以后要为孩子买尿布，而 30% ~ 40% 的丈夫在买完尿布之后又要顺便购买自己爱喝的啤酒。有了这个发现后，超市调整了货架的设置，把尿布和啤酒摆放在一起销售，从而大大增加了销售额。

这一故事中的"啤酒"与"尿布"的关系即为所谓的"关联性"，而"关联性"的发掘和利用正是我们接下来要介绍的"关联规则挖掘"。

4.2.1　关联规则定义与说明

关联规则挖掘被广泛应用于多个领域，包括工程、医疗保健、金融证券分析、电信和保险业的错误校验等。

关联规则最初是针对购物篮分析问题提出的，"啤酒"与"尿布"就是其中一个很典型的案例。假设分店经理想更多地了解顾客的购物习惯，特别是，想知道顾客可能会在一次购物时同时购买哪些商品。为回答该问题，可以对商店的零售数据进行购物篮分析。该过程通过发现顾客放入"购物篮"中的不同商品之间的关联，分析顾客的购物习惯。这种关联的发现可以帮助零售商了解哪些商品频繁地被顾客同时购买，从而帮助他们开发更好的营销策略。

关联规则反映一个事物与其他事物之间的相互依存性和关联性。如果两个或者多个事物之间存在一定的关联关系，那么，其中一个事物就能够通过其他事物预测到。1993 年，Agrawal 等人首先提出关联规则概念，同时给出了相应的挖掘算法 AIS，但是性能较差。1994 年，他们建立了项目集格空间理论，并提出了著名的 Apriori 算法，至今 Apriori 仍然作为关联规则挖掘的经典算法被广泛讨论，之后诸多的研究人员对关联规则的挖掘问题进行了大量的研究。

首先了解一下关联规则挖掘中涉及的几个基本概念。

定义 1：项、项集与频繁项集

数据库中不可分割的最小单位信息，称为项目，用符号 i 表示。项的集合称为项集。设集合 $I=\{i_1, i_2, \cdots, i_k\}$ 是项集，I 中项目的个数为 k，则集合 I 称为 k- 项集。例如，集合 { 啤酒，尿布，牛奶 } 是一个 3- 项集。

频繁项集是指在一个数据集中经常同时出现的一组项的集合。在数据挖掘领域，特别是关联规则挖掘中，频繁项集是非常重要的概念，它是发现关联规则的基础。

假设我们有一个包含许多交易记录的数据集，每个交易记录都包含一些商品项。频繁项集就是在这些交易记录中频繁出现的商品项的组合。频繁项集的发现是为了找出在数据集中经常同时出现的商品组合，以便进一步分析和挖掘它们之间的关联关系。

举个例子，假设我们有一个超市的销售数据集，其中包含了顾客的购买记录。一个频繁项集可能是 { 牛奶，面包 }，表示牛奶和面包经常一起被购买。另一个频繁项集可能是 { 啤酒，花生 }，表示啤酒和花生经常一起被购买。通过发现这些频繁项集，我们可以了解到顾客购买商品的一些常见组合，从而可以制定更有效的促销策略或调整商品的陈列位置。

频繁项集的发现通常需要设置一个最小支持度阈值，只有超过这个阈值的项集才被认为是频繁的。支持度（Support）是指一个项集在数据集中出现的频率，可以用来衡量项集的频繁程度，这将在后续内容中进行详细定义。

定义 2：事务

设 $I=\{i_1, i_2, \cdots, i_k\}$ 是由数据库中所有项目构成的集合，一次处理所含项目的集合用 T 表示，$T=\{t_1, t_2, \cdots, t_n\}$。每一个包含 t_i 的项集都是 I 的子集。

例如，如果顾客在商场里同一次购买多种商品，这些购物信息在数据库中有一个唯一的标识，用以表示这些商品是同一顾客同一次购买的。我们称该用户的本次购物活动对应一个数据库事务。

定义 3：项集的频数（支持度计数）

包括项集的事务数称为项集的频数（支持度计数）。

定义 4：关联规则

关联规则是形如 $X \Rightarrow Y$ 的蕴含式，其中 X、Y 分别是 I 的真子集，并且 $X \cap Y=\varnothing$。X 称为规则的前提，Y 称为规则的结果。关联规则反映 X 中的项目出现时，Y 中的项目也跟着出现的规律。

定义 5：关联规则的支持度（Support）

关联规则的支持度是交易集中同时包含 X 和 Y 的交易数与所有交易数之比，记为 Support $(X \Rightarrow Y)$，即 Support $(X \Rightarrow Y)$ = 包含 X 和 Y 的交易数 / 所有交易数。支持度反映了 X 和 Y 中所含的项在事务集中同时出现的频率。

定义 6：关联规则的置信度（Confidence）

关联规则的置信度是交易集中包含 X 和 Y 的交易数与所有包含 X 的交易数之比，记为 Confidence $(X \Rightarrow Y)$，即

$$\text{Confidence}(X \Rightarrow Y) = \frac{\text{Support}(X \cup Y)}{\text{Support}(X)} = P(Y \mid X) \qquad (4\text{-}15)$$

置信度反映了包含 X 的事务中，出现 Y 的条件概率。

定义 7：最小支持度与最小置信度

通常用户为了达到一定的要求需要指定规则必须满足的支持度和置信度阈限，当 Support $(X \Rightarrow Y)$、Confidence $(X \Rightarrow Y)$ 分别大于或等于各自的阈限值时，认为 $X \Rightarrow Y$ 是有趣的，此两个值称为最小支持度阈值和最小置信度阈值。其中，最小支持度阈值描述了关联规则的最低重要程度，最小置信度阈值规定了关联规则必须满足的最低可靠性。

下面介绍三种比较典型的关联规则算法：Apriori 算法、FP-Growth 算法和 Eclat 算法。Apriori 算法是关联规则挖掘的先驱之一，通过频繁项集的逐层生成和剪枝，实现了对频繁项集的发现。FP-Growth 算法则通过构建 FP 树，利用频繁模式的紧凑表示形式，大幅减少了挖掘频繁项集的候选集数量，提高了算法的效率。而 Eclat 算法则采用垂直数据表示方式，将频繁项集的挖掘转化为一个递归的过程，简化了频繁项集的生成过程，适用于一些特定场景下的数据挖掘任务。这三种算法各有特点，可以根据具体的数据特征和任务需求进行选择和应用。

4.2.2　Apriori 算法

Apriori 算法是一种常用于挖掘数据集中频繁项集和关联规则的经典算法。该算法基于两个重要的性质：Apriori 原理和逐层搜索。首先，Apriori 原理认为如果一个项集是频繁的，那么它的所有子集也必须是频繁的。基于这个原理，Apriori 算法通过迭代地生成候选项集并剪枝，逐渐发现频繁项集。其次，Apriori 算法采用逐层搜索的策略，从包含一个项的项集开始，逐渐生成包含更多项的候选项集，并通过支持度计数来筛选出频繁项集。通过这种方式，Apriori 算法能够高效地发现数据集中的频繁项集和关联规则。

在实际应用中，Apriori 算法被广泛用于零售业的市场篮分析、电子商务平台的交叉销售和推荐系统等场景。通过分析顾客购物篮数据或用户购买历史，Apriori 算法能够帮助企业发现商品之间的关联关系，从而制定更加精准的促销策略和个性化的推荐服务，提高销售额和用户满意度。Apriori 算法的简单实现和易于理解的原理使得它成为数据挖掘领域中一个重要且经典的工具。

接下来通过经典购物篮的例子，描述 Apriori 算法的运行过程：

1）*扫描数据集，统计单个项的出现频率*：首先，我们需要扫描整个数据集，统计每个单个项的出现频率。例如，如果我们的数据集是一些购物篮的记录，需要统计每种商品（如牛奶、面包、啤酒等）的购买次数。

2）*生成候选项集*：然后，我们根据单个项的频率信息，生成候选项集。候选项集包括所有可能的项集，从包含一个项的集合开始，逐渐生成包含更多项的集合。例如，如果我们有三种商品 A、B、C，那么候选项集的可能包括 {A}、{B}、{C}、{A, B}、{A, C}、{B, C} 等。

3）*计算候选项集的支持度*：接下来，我们需要再次扫描整个数据集，计算每个候选项集的支持度，即该项集在数据集中出现的频率。如果某个候选项集的支持度低于预先设定的最小支持度阈值，则将其剔除。

4）**基于支持度筛选频繁项集**：通过上一步的计算，我们得到了所有候选项集的支持度。现在，我们需要筛选出频繁项集，即支持度高于最小支持度阈值的项集。这些频繁项集是在数据集中频繁出现的项组合。

5）**生成候选规则**：对于每个频繁项集，我们可以生成关联规则。一条关联规则是指"如果购买了项集 X，则购买项集 Y"的规则。这里，X 和 Y 是频繁项集的子集。

6）**计算规则的置信度**：对于生成的每条规则，我们计算其置信度。置信度是指在数据集中满足规则的次数与满足前项的次数的比值。如果规则的置信度高于预先设定的最小置信度阈值，则将其保留。

7）**输出频繁项集和关联规则**：最后，我们输出频繁项集和满足置信度要求的关联规则作为算法的结果。

我们可以通过图4-8示意的过程来加强理解。

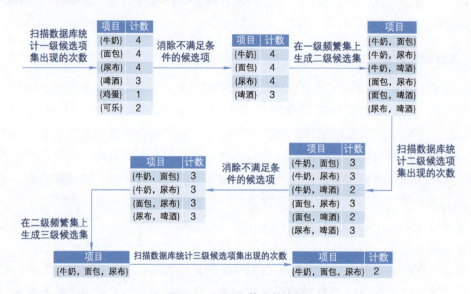

图4-8 Apriori 算法的步骤

使用更为数学的语言，Apriori 算法的步骤可总结如下：

第一步：输入数据集 X。

第二步：确定数据集 X 中所包含的项集，并具体化到每一个数据点，即每一个 x_i 中所包含的变量示性情况。

第三步：进行第一次迭代，把每个项集中的项目单独扫描统计，即某个项在多少个数据点中出现了。将每个项都作为候选 1- 项集 C_1 的成员，并计算每个项的支持度。

第四步：设定最小支持度，根据候选 1- 项集 C_1 的成员、支持度和最小支持度，采用扫描过滤的方式得候选 2- 项集 C_2，候选项集需满足所有真子集的支持度都大于或等于最小支持度。

第五步：保持最小支持度不变，重复进行第四步，直到没有办法再合并（即候选项集无法满足条件），形成新的候选项集，此时输出最终的频繁项集结果，并给出关联规则。

　　Apriori 算法的优点在于它是一种简单易懂且易于实现的算法，能够有效地发现数据集中的频繁项集和关联规则。通过基于 Apriori 原理和逐层搜索的策略，该算法能够高效地处理大规模数据集，找到数据中隐藏的关联关系。此外，Apriori 算法可以灵活调整支持度和置信度的阈值，从而满足不同场景下的需求。它在市场篮分析、推荐系统等领域有着广泛的应用，为企业提供了有价值的商业洞察。

　　然而，Apriori 算法也存在一些缺点。首先，它的性能在处理大规模数据集时可能会受到影响，因为需要多次扫描数据集和生成候选项集，消耗大量计算资源。其次，Apriori 算法生成的候选项集数量可能会非常庞大，导致计算开销较高。另外，算法可能会产生大量的频繁项集和关联规则，其中一部分可能是无意义的或冗余的，需要进一步的后处理和筛选。因此，在某些情况下，为了提高效率和准确性，可能需要结合其他算法或优化技术来改进 Apriori 算法的性能。

4.2.3　FP-Growth 算法

　　FP-Growth 算法是一种用于挖掘频繁项集的高效算法，它基于一种被称为 FP 树（频繁模式树）的数据结构。该算法的提出主要是为了解决 Apriori 算法在处理大规模数据集时效率低下的问题。FP-Growth 算法通过构建 FP 树来表示数据集，并利用该树来高效地发现频繁项集，从而避免了 Apriori 算法需要反复扫描数据集和生成候选项集的缺点。本小节将概述 FP-Growth 算法的原理、流程以及优缺点。

　　FP-Growth 算法的核心思想是构建 FP 树。FP 树是一种紧凑的数据结构，用于存储频繁模式（即频繁项集）的信息。它由树节点和链接表组成，其中树节点表示项，链接表用于连接相同项的节点。FP-Growth 算法的流程主要包括两个步骤：首先是构建 FP 树，然后是利用 FP 树来挖掘频繁项集。

　　接下来，以图 4-9 为例详细解析 FP-Growth 树如何通过 z、x、y、t、s、r 这些项进行频繁项集的挖掘。图中 zr、xsr、z 等指一个或者多个项组合成的事务，每个树节点代表频繁项集的支持度，下面是具体 FP-Growth 树的执行过程。

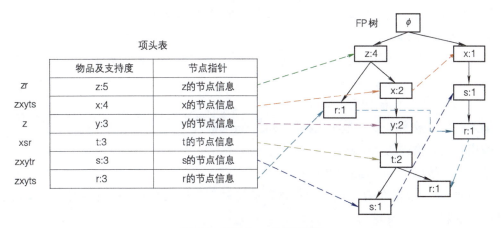

图 4-9　FP-Growth 结构图

1）事务集的输入和排序：

首先，给定一个事务数据库，算法会对每个项根据其支持度（出现的次数）进行排序。假设这里 z、x、y、t、s、r 的支持度从高到低排序为：z > x > y > t > s > r。

2）构建 FP-tree：

插入第一个事务：

事务包含 zr，按照支持度顺序将其插入树中，路径为 z → r，节点上依次标记 z:1、r:1。

插入第二个事务：

事务包含 zxyts，路径为 z → x → y → t → s，此时 z:2、x:1、y:1、t:1、s:1。

插入第三个事务：

事务包含 z，此时 z:3。

插入第四个事务：

事务包含 xsr，路径为 x → s → r，此时 x:2、s:2、r:2。

插入第五个事务：

事务包含 zxytr，路径为 z → x → y → t → r，此时 z:4、x:3、y:2、t:2、r:3。

插入第六个事务：

事务包含 zxyts，路径为 z → x → y → t → s，现有的路径与其部分共享，此时 z:5、x:4、y:3、t:3、s:3。

3）条件 FP-tree 构建：

开始挖掘频繁项集：

从最少支持度项开始，构建条件 FP-tree。

对每个项，比如 r、s，通过遍历 FP-tree 找出包含这些项的所有路径，并构建条件 FP-tree。

例如，如果 r 只在 zxytr 中出现，那么它的条件树就是 zxyt。接着对 zxyt 递归处理，找出子频繁项集。

递归挖掘：

对条件树，重复上述步骤，直到无法找到新的频繁项集为止。

4）生成频繁项集：

最终，所有条件树的结果组合在一起，形成完整的频繁项集。例如，可能的频繁项集有 {z, x, y}，{z, t}，{x, y, t} 等。

FP-Growth 算法的流程可以简述如下：

输入：事务数据库 D；最小支持度阈值 min_sup。

输出：频繁模式的完全集。

第一步：按以下步骤构造 FP 树：

1）扫描事务数据库 D 一次。收集频繁项的集合 F 和它们的支持度。对 F 按支持度降序排序，结果为频繁项表 L。

2）创建 FP 树的根节点，以 "null" 标记它。对于 D 中每个事务 Tran，执行：选择

Trans 中的频繁项，并按 L 中的次序排序。设排序后的频繁项表为 $[p|P]$，其中，p 是第一个元素，而 P 是剩余元素的表。调用 insert_tree（$[p|P]$, T）。该过程执行情况如下：如果 T 有子女 N 使得 N.item-name=p.item-name，则 N 的计数增加 1；否则创建一个新节点 N，将其计数设置为 1，链接到它的父节点 T，并且通过节点链结构将其链接到具有相同 item-name 的节点。如果 P 非空，递归地调用 insert_tree（P, N）。

第二步：根据 FP 树挖掘频繁项集，该过程实现如下：

```
if Tree 含单个路径 P then
    for 路径 P 中节点的每个组合（记作 β）
       产生模式 β∪α，其支持度 Support=β 中节点的最小支持度
    else for each ai 在 Tree 的头部
       产生一个模式 β=ai∪α，其支持度 Support = ai.support
构造 β 的条件模式基，然后构造 β 的条件 FP 树 Treeβ
if Treeβ ≠ ø then
    调用 FP-Growth（Treeβ, β）
```

FP-Growth 算法的优点在于它的高效性和节省空间。相比于传统的频繁项集挖掘算法如 Apriori，FP-Growth 算法通过构建 FP 树来表示数据集，避免了生成候选项集的过程，因此减少了多次扫描数据集的开销，提高了算法的效率。此外，FP 树是一种紧凑的数据结构，节省了存储空间。由于 FP-Growth 算法不需要显式地存储候选项集，也不需要生成频繁项集的所有子集，因此进一步减少了存储空间的需求。

FP-Growth 算法的主要缺点在于它对非频繁项的挖掘效果较差，以及不支持增量更新。由于 FP-Growth 算法的核心是挖掘频繁项集，因此对于非频繁项的挖掘效果较差。如果数据集中存在大量的非频繁项，FP-Growth 算法的效率会受到影响。另外，一旦构建了 FP 树，如果需要更新数据集，就需要重新构建整个 FP 树。因此 FP-Growth 算法不支持增量更新，对于动态数据集的处理效率较低。

4.2.4 Eclat 算法

Eclat 算法是一种经典的关联规则挖掘算法，用于发现数据集中的频繁项集。与 Apriori 算法不同，Eclat 算法采用了一种称为垂直数据表示的方式，避免了生成候选项集的过程，因此在某些情况下可以更高效地挖掘频繁项集。

Eclat 算法的核心思想是利用事务数据库中项集的交集信息来快速计算频繁项集。它首先构建一棵称为 Eclat 树的数据结构，该树的每个节点代表一个项集，节点之间通过交集关系连接。然后，通过递归地搜索 Eclat 树，不断地组合项集的交集，从而找到频繁项集。

Eclat 算法的主要步骤如下：

1）构建垂直数据表示：首先，扫描事务数据库，统计每个项的出现频率。然后，按照项的出现频率降序排列，形成一个垂直数据表示。在垂直数据表示中，每个项都有一个对应的链表，链表中记录了包含该项的事务 ID。

2）构建 Eclat 树：Eclat 树是一种树形结构，用于表示项集之间的交集关系。根节点为空集，每个节点代表一个频繁项集，节点之间通过交集关系连接。从根节点开始，递归地生成 Eclat 树的每一层，直到无法再生长。

3）递归搜索频繁项集：从 Eclat 树的根节点开始，递归地搜索每个节点的子节点。在搜索过程中，利用项集的交集信息来剪枝，减少搜索空间。如果两个项集的交集为空集，则它们的父节点也必定不是频繁项集，可以直接剪枝。通过递归搜索，生成所有的频繁项集。

4）计算支持度：对于生成的频繁项集，重新扫描事务数据库，计算每个频繁项集的支持度。支持度是指包含频繁项集的事务数目占总事务数的比例。

Eclat 算法流程图如图 4-10 所示。

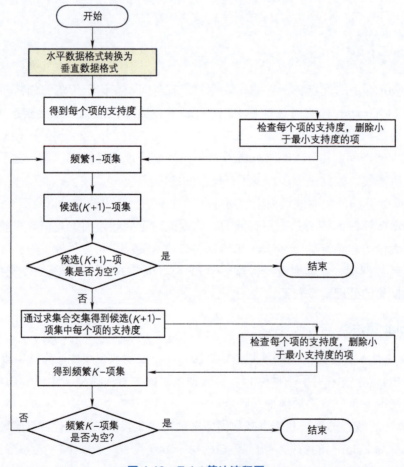

图 4-10　Eclat 算法流程图

通过以上步骤，Eclat 算法能够高效地挖掘出频繁项集。它的优势在于利用了项集之间的交集信息，避免了生成候选项集的过程，因此在某些情况下比 Apriori 算法更高效。然而，Eclat 算法的性能也受到数据集的稠密程度和重复项的影响，对于稠密数据集或包含大量重复项的数据集，其效率可能会受到影响。

4.3　数据分类分析　///

4.3.1　分类分析的定义与说明

分类分析是一种数据挖掘技术，旨在从数据集中识别和归类不同类别或群体的对象，以便更好地理解数据的结构和特征。它通常用于预测、分类和识别数据中的模式和趋势，以支持决策制定、问题解决和业务优化。

分类分析的发展可以追溯到数据挖掘和机器学习领域的兴起。随着数据量的急剧增加和数据处理技术的不断发展，人们对于从大规模数据中提取有用信息的需求日益迫切。分类分析作为一种重要的数据挖掘技术应运而生，成为处理大数据时常用的工具之一。

在发展历程上，分类分析经历了多个阶段的演变和完善。早期的分类方法主要基于统计学和模式识别理论，如线性判别分析和最近邻算法等。随着计算机技术和算法的不断进步，基于规则、树形结构和神经网络等的方法逐渐得到了发展和应用。近年来，随着深度学习等技术的兴起，分类分析的效果和应用领域得到了进一步拓展和提升。

分类分析的核心问题主要包括以下几个方面：

1）**数据分类**：即将数据集中的对象划分为不同的类别或群体，使得同一类别内的对象具有相似的特征和属性，不同类别之间的差异性最大化。

2）**特征选择**：在分类分析中，选择合适的特征或属性对于分类结果的准确性和稳定性至关重要。因此，需要通过特征选择方法来筛选和提取与分类任务相关的重要特征。

3）**模型建立**：分类分析通常需要构建一个分类模型来描述和预测数据的分类结果。模型的建立涉及选择合适的算法和参数设置，以及对模型进行评估和优化。

4）**分类评估**：对分类模型的性能进行评估是分类分析中的重要步骤。通过使用不同的评估指标和技术，可以对分类模型的准确性、稳定性和泛化能力进行客观评价，从而指导模型的选择和调优。

分类的方法有多种，在随后的内容中，将介绍其中支持向量机、决策树、随机森林和逻辑回归的基本原理。这几种算法在分类问题上具有广泛的应用和良好的性能。支持向量机是一种基于结构风险最小化原理的分类算法，具有强大的泛化能力和有效的高维数据处理能力。决策树是一种直观且易于理解的分类方法，能够自动构建简单的分类模型，并适用于处理离散和连续型数据。随机森林是基于集成学习思想的一种分类算法，通过构建多个决策树并综合它们的分类结果，能够有效地提高分类准确性和稳定性。逻辑回归是一种广义线性模型，适用于二分类问题，具有简单、高效和可解释性的特点，适用于处理线性可分或线性不可分的数据。这些方法各有特点，可以根据具体问题的需求和数据特征选择合适的分类算法进行建模和预测。

4.3.2　支持向量机

支持向量机（support vector machine，SVM）是一种机器学习算法，常用于分类和回归分析。其主要思想是在特征空间中找到一个最优的超平面，以将不同类别的数据点分隔开。SVM 的核心概念是支持向量，即距离超平面最近的一些训练样本点，它们决定了超平面的位置和方向。SVM 在处理线性可分和线性不可分的数据集时都有良好的性能，而且具有较强的泛化能力和鲁棒性。

支持向量机的目标是找到一个超平面，使得不同类别的数据点能够被这个超平面完美地分开，如图 4-11 所示。在二维空间中，这个超平面是一条直线；在更高维的空间中，它是一个超平面。SVM 通过最大化分类间隔（Margin）来确定超平面的位置和方向。分类间隔是指超平面到距离最近的支持向量的距离，而支持向量是离超平面最近的一些训练样本点。支持向量机可以分为线性支持向量机和非线性支持向量机，前者处理线性可分的数据，后者处理线性不可分的数据，通过核函数将数据映射到高维空间来实现线性可分。

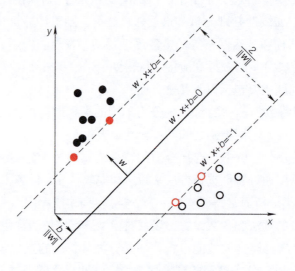

图 4-11　支持向量与间隔

SVM 算法可以分为以下几个关键步骤：

（1）数据准备

首先，我们需要准备带有标签的训练数据集。假设训练数据集包含 N 个样本，每个样本由一个特征向量和对应的类别标签组成。特征向量表示样本的特征信息，通常用 x_i 表示，$i=1, 2, \cdots, N$；类别标签用 y_i 表示，y_i 取值为 -1 或 1。

（2）构建分类超平面

在 SVM 中，我们的目标是找到一个超平面，可以将不同类别的数据点分隔开。假设我们的数据集是线性可分的，即存在一个超平面 $w \cdot x + b = 0$ 可以完美地将两类数据点分开。其中，w 是超平面的法向量，b 是截距。

（3）最大化分类间隔

为了找到最优的超平面，我们希望最大化分类间隔，即数据点到超平面的最小距离。

在 SVM 中，分类间隔可以表示为两个支持向量之间的距离。支持向量是距离超平面最近的一些训练样本点。假设 x_+ 和 x_- 分别表示正类别和负类别的支持向量，那么分类间隔可以表示为

$$\text{Margin} = \frac{2}{\| \boldsymbol{w} \|} \tag{4-16}$$

我们的目标是最大化分类间隔，即最大化 $\dfrac{2}{\| \boldsymbol{w} \|}$。

（4）SVM 优化问题

最大化分类间隔等价于最小化超平面的法向量的范数 $\| \boldsymbol{w} \|$，即求解以下优化问题：

$$\min_{w,b} \frac{1}{2} \| \boldsymbol{w} \|^2 \tag{4-17}$$

约束条件为

$$y_i(\boldsymbol{w} \cdot \boldsymbol{x}_i + b) \geqslant 1, \quad \forall i = 1, 2, \cdots, N \tag{4-18}$$

这个优化问题是一个凸优化问题，可以通过拉格朗日对偶性转化为对偶问题，并利用凸优化算法进行求解。

（5）核函数的选择

对于线性不可分的数据集，我们可以通过引入核函数来将数据映射到高维空间，使其在高维空间中线性可分。常用的核函数包括线性核函数、多项式核函数、高斯核函数等。假设我们选择的核函数为 $K(\boldsymbol{x}_i, \boldsymbol{x}_j)$，那么对偶问题的目标函数可以表示为

$$\min_{\alpha} \frac{1}{2} \sum_{i,j=1}^{N} \alpha_i \alpha_j y_i y_j K(\boldsymbol{x}_i, \boldsymbol{x}_j) - \sum_{i=1}^{N} \alpha_i \tag{4-19}$$

（6）求解支持向量和超平面参数

通过解决对偶问题，我们可以得到最优的拉格朗日乘子 α_i，然后通过支持向量的定义找到支持向量，并利用支持向量计算超平面的法向量 $\boldsymbol{w}$ 和截距 b。

（7）预测测试样本

对于新的测试样本 $\boldsymbol{x}_{\text{test}}$，我们可以利用学习到的超平面进行分类预测。测试样本的类别标签可以通过计算测试样本到超平面的距离来确定，即 $y_{\text{test}} = \text{sign}(\boldsymbol{w} \cdot \boldsymbol{x}_{\text{test}} + b)$。

支持向量机算法可以解决小样本情况下的机器学习问题，简化了通常的分类和回归等问题。由于采用核函数方法克服了维数灾难和非线性可分的问题，因此向高维空间映射时没有增加计算的复杂性。换句话说，由于支持向量机算法的最终决策函数只由少数的支持向量所确定，因此计算的复杂性取决于支持向量的数目，而不是样本空间的维数。支持向量机算法利用松弛变量可以允许一些点到分类平面的距离不满足原先要求，从而避免这些点对模型学习的影响。

但是，支持向量机算法对大规模训练样本难以实施。这是因为支持向量机算法借助二次规划求解支持向量，其中会涉及 m 阶矩阵的计算，所以矩阵阶数很大时将耗费大量的机器内存和运算时间。经典的支持向量机算法只给出了二分类的算法，而在数据挖掘的实际应用中，一般要解决多分类问题，但支持向量机对于多分类问题解决效果并不理想。SVM算法效果与核函数的选择关系很大，往往需要尝试多种核函数，即使选择了效果比较好的高斯核函数，也要调参选择恰当的参数。另一方面就是现在常用的 SVM 理论都是使用固定惩罚系数 C，但正负样本的两种错误造成的损失是不一样的。

4.3.3 决策树

决策树是一种经典的机器学习算法，用于进行分类和回归任务。它基于树形结构来进行决策，每个内部节点代表一个特征属性的判断，每个叶节点代表一个类别标签或回归值。决策树的构建和预测过程相对直观，并且可以很好地解释，因此在实践中得到广泛应用。

决策树的主要思想是通过对特征属性的判断来分割数据集，使得每个子集内的样本尽可能地属于同一类别（或具有相似的回归值）。通过递归地划分数据集，并生成树形结构，最终形成一棵决策树。

当构建决策树时，具体的步骤如图 4-12 所示。

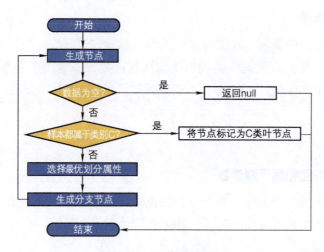

图 4-12 决策树流程图

首先，我们从根节点开始，将所有的数据都划分到这个节点下。

紧接着，我们经历以下两个关键步骤：首先，若数据为空集，则直接跳出循环。其次，根据特定条件进行判断：如果当前节点是根节点，则返回 null；如果当前节点是中间节点，则将其标记为训练数据中样本数量最多的类别；若所有样本属于同一类别，则跳出循环，并将节点标记为该类别。

如果经过上述步骤后仍未跳出循环，则考虑对该节点进行进一步的划分。然而，这里需要谨慎选择划分属性，以确保在效率和准确性之间取得平衡，寻找当前条件下的最优属性进行划分是至关重要的。

经过以上步骤的划分后，我们生成新的节点，并继续循环判断条件，不断生成新的分支节点，直到所有节点都跳出循环为止。

最终，我们得到一棵完整的决策树，用于对新数据进行分类和预测。

在构建决策树的过程中，如何选择最优的划分属性是非常关键的。信息熵增益是一种常用的指标，用于评估划分属性的优劣性，并选择使信息熵增益最大的属性作为划分属性。下面详细介绍决策树如何根据信息熵增益寻优。

（1）信息熵

信息熵是衡量数据的不确定性的量度，它表示数据的混乱程度。信息熵的计算公式如下：

$$H(D) = -\sum_{i=1}^{n} p_i \log_2 p_i \tag{4-20}$$

式中，$H(D)$ 表示数据集 D 的信息熵；p_i 表示数据集中第 i 个类别的样本占比。

（2）条件熵

条件熵是在已知某个属性 A 的情况下，数据集 D 的信息熵。它表示在给定属性 A 的条件下，数据集 D 的不确定性。条件熵的计算公式如下：

$$H(D \mid A) = \sum_{i=1}^{n} \frac{|D_i|}{|D|} H(D_i) \tag{4-21}$$

式中，$H(D|A)$ 表示在属性 A 的条件下，数据集 D 的信息熵；$|D_i|$ 表示属性 A 的第 i 个取值对应的样本数量；$|D|$ 表示数据集 D 的样本总数；$H(D_i)$ 表示在属性 A 的第 i 个取值下数据集 D 的信息熵。

（3）信息增益

信息增益是衡量属性 A 对数据集 D 分类能力的一个指标，它表示通过属性 A 对数据集 D 进行划分所获得的信息增益。信息增益的计算公式如下：

$$\text{Gain}(D, A) = H(D) - H(D \mid A) \tag{4-22}$$

式中，$\text{Gain}(D, A)$ 表示属性 A 对数据集 D 的信息增益；$H(D)$ 表示数据集 D 的信息熵；$H(D \mid A)$ 表示在属性 A 的条件下，数据集 D 的信息熵。

（4）信息熵增益寻优

在构建决策树的过程中，我们需要选择最优的划分属性来构建节点。信息熵增益是一种常用的方法，用于寻找最优的划分属性。具体步骤如下：

1）对于每个属性 A，计算其对数据集 D 的信息增益 $\text{Gain}(D, A)$。

2）选择使信息增益最大的属性作为当前节点的划分属性。

3）将数据集根据划分属性的取值进行划分，生成对应的子节点。

4）递归地对子节点进行上述操作，直到满足停止条件（如节点中的样本都属于同一类别）为止。

通过以上步骤，我们可以选择最优的划分属性，并构建出一棵决策树，用于对新数据进行分类和预测。在实践中，决策树的构建和剪枝过程需要注意调节参数，以达到平衡拟合和泛化能力之间的权衡。

决策树具有直观易解释的特点，生成的模型可以被人类轻松理解和解释，因此在决策过程中具有很强的可解释性。此外，决策树的数据预处理简单，不需要对数据进行特征缩放或归一化处理，因为它对特征的取值范围不敏感。决策树还可以处理多输出问题，即可以自然地扩展到处理多类别分类问题。

然而，决策树容易受到过拟合的影响，尤其是当树的深度较大时。这可能导致模型在训练数据上表现良好，但在未见过的数据上表现不佳。此外，决策树的不稳定性使得数据的轻微变化可能导致生成完全不同的决策树，从而降低了模型的可靠性。另外，决策树学习过程中只考虑单个特征属性，容易忽略特征间的相互关系，导致模型的泛化能力下降。最后，对于类别不平衡的数据集，决策树可能会偏向于具有更多样本的类别，从而影响模型的性能。

4.3.4 随机森林

随机森林（random forest）是一种集成学习方法，通过构建多个决策树并结合它们的预测结果来进行分类或回归。它是通过对许多决策树的集成来提高整体模型的准确性和泛化能力，是一种强大而灵活的机器学习算法。

随机森林由多棵决策树组成，每棵决策树都是一个弱学习器，如图4-13所示。在构建每棵决策树时，随机森林引入了两种随机性：样本的随机抽样和特征的随机选择。具体来说，每棵决策树使用从原始训练数据集中有放回地随机抽样生成的子集进行训练，同时对于每个节点的特征选择也是随机的，这样可以减小模型的方差，提高模型的泛化能力。

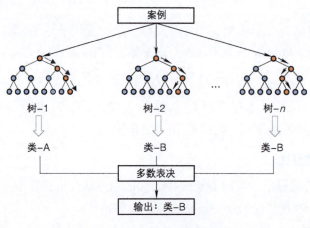

图4-13　随机森林结构

当构建随机森林时，具体的步骤如下：

（1）随机抽样

从原始训练数据集中有放回地随机抽样生成多个子集，作为每棵决策树的训练数据。

（2）决策树的构建

对于每个子集，使用决策树算法构建一棵决策树。在构建决策树的过程中，对每个节点的特征选择进行随机采样，一般只考虑一个随机子集的特征。

（3）集成预测

当需要进行预测时，将待预测样本输入每棵决策树中，得到每棵树的预测结果。对于分类任务，通常采用投票法来确定最终的预测类别；对于回归任务，通常采用平均法来确定最终的预测值。

随机森林具有出色的准确性和泛化能力，适用于各种分类和回归问题。它能够有效地处理高维数据和大型数据集，并且对于特征的缺失值和不平衡数据也具有较好的鲁棒性。由于引入了样本和特征的随机性，随机森林对于过拟合的抵抗能力较强，通常不需要额外的调参就可以得到较好的性能。

随机森林的模型比较复杂，不太容易解释和理解，特别是对于包含大量树的大型随机森林。此外，在某些情况下，随机森林可能会对具有大量类别的分类变量过于偏向，导致模型的预测性能下降。另外，由于每棵决策树都是独立训练的，因此随机森林的训练速度可能较慢，尤其是对于大型数据集和大量树的随机森林。

4.3.5　逻辑回归

逻辑回归（logistic regression）是一种经典的机器学习算法，用于解决分类问题。尽管名字中带有"回归"两个字，但实际上逻辑回归是一种用于分类的线性模型，特别适用于二分类问题，如图 4-14 所示。

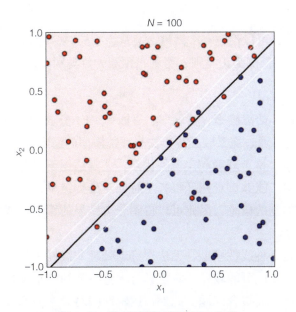

图 4-14　使用逻辑回归进行二分类

逻辑回归是一种通过将线性回归模型的输出映射到概率空间中，然后利用逻辑函数（也称为 sigmoid 函数）将概率转换为类别标签的算法。其基本思想是利用输入特征的线性组合来预测某个样本属于某个类别的概率，然后根据概率的阈值将样本进行分类。

当使用逻辑回归进行分类任务时，通常会涉及以下几个步骤：

（1）模型假设

首先，假设输入特征与输出的对数概率之间存在线性关系，即

$$\log\left[\frac{p(y=1)}{1-p(y=1)}\right] = w_0 + w_1 x_1 + w_2 x_2 + \cdots + w_n x_n \tag{4-23}$$

式中，$p(y=1)$ 表示样本属于正类别的概率；x_i 表示第 i 个特征；w_i 表示对应的权重。

（2）模型参数估计

使用最大似然估计或梯度下降等优化算法，估计模型的参数（权重和偏置）w_1, w_2, w_3,…, w_n。最大似然估计的目标是最大化样本数据的似然函数，或者等价地最小化负对数似然损失函数。

（3）预测概率

根据估计得到的模型参数和输入特征，计算每个样本属于正类别的概率 $p(y=1)$。通常使用逻辑函数（sigmoid 函数）将线性组合的结果转换为 [0, 1] 之间的概率值：

$$p(y=1) = \frac{1}{1+e^{-(w_0+w_1 x_1+w_2 x_2+\cdots+w_n x_n)}} \tag{4-24}$$

（4）分类

根据预测的概率值，可以设定一个阈值，通常为 0.5，来判断样本属于哪一类别。

若 $p(y=1) \geq 0.5$，则预测为正类别；否则，预测为负类别。

（5）模型评估

使用各种评估指标（如准确率、精确率、召回率、F1 分数等）对模型进行评估，了解模型的性能和泛化能力。通过交叉验证等方法来评估模型的稳定性和泛化能力。

逻辑回归具有简单、易于理解和实现的优点，尤其适用于二分类问题。它对特征之间的关系进行了明确建模，能够直观地理解各个特征对分类结果的影响。另外，逻辑回归输出的是样本属于某一类别的概率，因此可以得到分类结果的置信度或概率，更适合用于需要评估不确定性的情况。

然而，逻辑回归是一种线性模型，无法很好地处理非线性关系，因此在特征之间存在复杂的非线性关系时，性能可能较差。对于具有大量特征的高维数据集，逻辑回归的性能可能受到限制，容易产生欠拟合问题。此外，逻辑回归对异常值和噪声比较敏感，可能会影响模型的性能和稳定性。

4.4 数据聚类分析

4.4.1 聚类分析法定义与说明

我们生活在充满数据的世界里，每一天人们都会产生大量信息，这些信息需要进行存储、分析和管理，聚类是分析这些数据的重要手段之一。实际上聚类也存在于人们认识世界的基本活动中，人们为了认识新的事物，往往尝试抽取关键特征去描述它，然后和已有的事物进行比较，将其归类。

将物理或抽象对象的集合分成由类似的对象组成的多个类或簇（cluster）的过程被称为聚类（clustering）。由聚类所生成的簇是一组数据对象的集合，这些对象与同一个簇中的对象相似度较高，与其他簇中的对象相似度较低。相似度是根据描述对象的属性值来度量的，距离是经常采用的度量方式。分析事物聚类的过程称为聚类分析或者群分析，它是研究（样品或指标）分类问题的一种统计分析方法。

在许多应用中，簇的概念都没有严格的定义。为了理解确定簇构造的困难性，可参考图 4-15。该图显示了 18 个点和将它们划分成簇的 3 种不同方法。标记的形状指示簇的隶属关系。图 4-15b 和图 4-15d 分别将数据划分成 2 部分和 6 部分。然而，将 2 个较大的簇都划分成 3 个子簇可能是人的视觉系统造成的假象。此外，说这些点形成 4 个簇（图 4-15c）也不无道理。该图表明簇的定义是不精确的，而最好的定义依赖于数据的特性和期望的结果。另外，簇的形象表现在空间分布上也不是确定的，而是呈各种不同的形状，在二维平面里就可以有各种不同的形状，如图 4-16 所示，在多维空间里，更是有更多的形状。所以簇的定义，也需要具体情况具体分析，但总的趋势是，同一个簇的样本在空间上是靠拢在一起的。

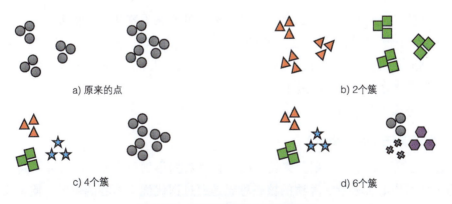

a) 原来的点　　　　　　　　　　　　　　　b) 2个簇

c) 4个簇　　　　　　　　　　　　　　　　d) 6个簇

图 4-15　相同点集的不同聚类方法

聚类分析与其他将数据对象分组的技术相关。例如，聚类可以看作一种分类，它用类（簇）标号创建对象的标记。然而，只能从数据导出这些标号。相比之下，分类是监督分类（supervised classification），即用由类标号已知的对象开发的模型，对新的、无标记的对象赋予类标号。为此，有时称聚类分析为非监督分类（unsupervised classification）。

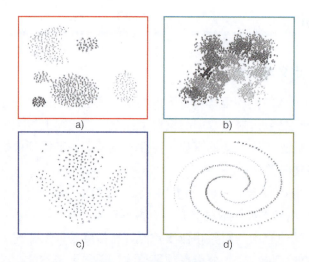

图 4-16　常见的类别特征

此外，尽管分割（segmentation）和划分（partitioning）这两个术语有时也用作聚类的同义词，但是这些术语通常用来表示传统的聚类分析之外的方法。例如，划分（partitioning）通常用在与将图分成子图相关的技术，与聚类并无太大联系。分割（segmentation）通常指使用简单的技术将数据分组。例如，图像可以根据像素亮度或颜色分割，人可以根据他们的收入分组。尽管如此，图划分、图像分割和市场分割的许多工作都与聚类分析有关。

聚类问题的研究已经有很长的历史。迄今为止，为了解决各领域的聚类应用，已经提出的聚类算法有近百种。根据聚类原理，可将聚类算法分为以下几种：划分聚类、密度聚类和层次聚类。接下来我们将给出它们的详细介绍。

4.4.2　划分聚类法

划分聚类法（partitioning clustering）是一类常见的聚类算法，它将数据集划分为多个子集（即簇），每个子集内的样本之间具有较高的相似度，而不同子集之间的样本具有较低的相似度。划分聚类算法的目标是找到一个划分，使得划分后的簇内样本之间的相似度最大化，而簇间样本之间的相似度最小化。

常用的划分聚类算法有：

（1）k 均值算法（k-means）

k 均值算法是一种常用的划分聚类算法，它将数据集划分为 k 个簇，并且每个簇由一个代表点（称为质心）表示。算法的核心思想是通过迭代优化质心的位置，使得每个样本点到其所属簇的质心的距离之和最小化。k 均值算法通常包括初始化、迭代优化和更新质心三个步骤。

k-means 算法的基础是最小误差平方和准则。其代价函数是

$$J(c,\mu) = \sum_{i=1}^{k} \left\| x^{(i)} - \mu_c(i) \right\|^2 \tag{4-25}$$

式中，$\mu_c(i)$ 表示第 i 个聚类的均值。我们希望代价函数最小，直观地说，各类内的样本越相似，其与该类均值间的误差平方越小，对所有类所得到的误差平方求和，即可验证分为 k 类时，各聚类是否是最优的。

式（4-25）的代价函数无法用解析的方法最小化，只能用迭代的方法。k-means 算法是将样本聚类成 k 个簇（cluster），其中 k 是用户给定的，其求解过程非常直观简单，具体算法描述如下：

随机选取 k 个聚类质心点，重复下面过程直到收敛：

$$c^{(i)} = \arg\min_j \left\| x^{(i)} - \mu_j \right\|^2$$

对于每一个样例 i，计算其应该属于的类：

$$\mu_j = \frac{\sum_{i=1}^{m} 1\{c^{(i)} = j\} x^{(i)}}{\sum_{i=1}^{m} 1\{c^{(i)} = j\}}$$

图 4-17 展示了对 n 个样本点进行 k-means 聚类的效果，这里 k 取 2。

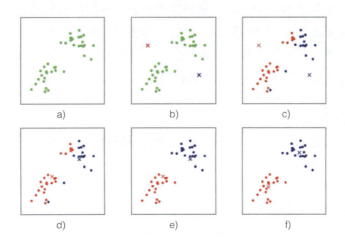

a)　　　　　　　b)　　　　　　　c)

d)　　　　　　　e)　　　　　　　f)

图 4-17　k 均值算法聚类效果

（2）二分 k 均值算法（Bisecting k-means）

二分 k 均值算法是 k 均值算法的一种改进版本，它递归地将数据集划分为两个簇，并对每个子簇应用 k 均值算法，直到达到预设的簇数目为止。二分 k 均值算法通常能够更快地收敛于全局最优解，且对初始质心的选择不敏感。

当使用划分聚类算法时，通常包括以下几个具体步骤：

1）*初始化*。首先，需要选择初始的簇中心（质心）或者确定初始的簇数目。常见的初始化方法包括随机选择初始质心、根据一定规则选择初始质心等。

2）分配样本到簇。对于每个样本，计算其与每个簇中心的距离（通常使用欧氏距离或者其他距离度量）。将样本分配到距离最近的簇中心所代表的簇中。

3）更新簇中心。对于每个簇，重新计算其质心，通常为该簇中所有样本的均值。更新簇中心后，重新进行样本分配，直到收敛或达到最大迭代次数为止。

4）收敛判断。判断算法是否收敛，通常通过比较当前迭代与上一次迭代的簇中心是否发生了显著变化，或者达到预设的迭代次数。

5）评估聚类结果。使用聚类评估指标（如轮廓系数、Calinski-Harabasz指数等）对聚类结果进行评估。可以根据评估结果调整簇数目或其他参数，优化聚类效果。

6）可视化。可以将聚类结果可视化，例如绘制样本点及其所属簇的分布图、绘制簇中心的移动轨迹等，以便更直观地理解和分析聚类结果。

通过以上步骤，可以完成划分聚类算法的运行过程，并得到最终的聚类结果。在实践中，初始化和收敛判断的方式、样本分配的策略、簇中心的更新方法等都可能会根据具体算法的不同而有所不同。

划分聚类算法具有简单直观、易于理解和实现的优点。它通常具有较高的可扩展性，适用于处理大规模数据集。此外，划分聚类算法对于数据集的形状和密度分布不敏感，能够发现任意形状的簇。它还可以通过调整参数来优化聚类结果，适应不同的数据特征。

然而，划分聚类算法对初始质心的选择较为敏感，不同的初始质心可能会导致不同的聚类结果，因此需要谨慎选择初始质心。此外，算法对异常值和噪声比较敏感，可能会影响聚类的结果和性能。划分聚类算法通常只能得到局部最优解，而不保证全局最优解，因此需要结合其他方法对聚类结果进行验证和调优。

4.4.3 密度聚类法

划分聚类分析法是以数据或聚类间的距离作为分群依据，因此当数据的群聚形状非近似球状时，可能会产生分析误差。基于密度的聚类方法（density-based clustering）可处理不同大小、形状的聚类，以密度为导向的分群算法是将密度较高的数据分为一群，未被分配至任一聚类的数据，则会被视为噪声。因此，密度聚类法不但可以针对任意形状的数据分布进行聚类划分，也可以用来过滤异常值与噪声数据。

DBSCAN（density-based spatial clustering of applications with noise）是一种基于密度的分群方法，主要判断数据点间的密度是否为密集。高密度的定义为在设定的半径范围参数（ε，Eps）内，所涵盖数据的最小数据数目是否有达到所设定的门槛值（the minimum number of points，MinPts）。若没有达到门槛值，则表示此范围内的数据点不够密集，因此并不需特别划分为一群；反之，则可将数据点聚集成一聚类。不同的聚类间更可利用递移的关系，将较小的聚类聚集成较大的聚类。因此，DBSCAN可以找到数据点为任意形状分布的聚类。

首先，DBSCAN可能会出现的数据点种类，可分为三种：

1）核心点（core）：若一个数据点在所定义的半径范围内超过所要求的数据点密度

（MinPts），则此数据点即称为核心点。在图 4-18 中，假设 MinPts 为 4，在设定的半径范围内，数据点 Q、数据点 R 即为核心点。

2）境内点（border）：即落在核心点半径范围内的点。在图 4-18 中，数据点 O 即为境内点。

3）噪声点（noise）：不属于核心点或境内点的数据称作噪声点。在图 4-18 中，数据点 P 即为噪声点。

为了衡量数据点之间的疏密程度，DBSCAN 利用半径范围决定数据点的半径距离，并利用数据点密度决定聚类内最小数据点数以判断数据点的类型与聚类的结果。DBSCAN 算法的相关定义如下：

1）在设定半径长度内的区域，称为该数据点的 Eps- 邻近区域，例如图 4-18 中虚线圆圈的范围。

2）若数据点 S 在核心点 T 的半径范围内，则称数据点 S 从核心点 T 是直接密度可达的（directly density-reachable）。如图 4-18 中数据点 Q 与数据点 R 为核心点，则数据点 O 从数据点 Q 为直接密度可达，数据点 Q 从数据点 R 为直接密度可达。

3）若数据点 S 可由点 T_1 直接密度可达，数据点 T_1 可由数据点 T_2 直接密度可达，也就是说当 T_{i-1} 可由数据点 T_i 直接密度可达，则称数据点 S 从数据点 T_i 密度可达。但由于数据点 S 不一定是核心点，所以数据点 T_i 从数据点 S 不一定密度可达。如图 4-18 中数据点 O 从数据点 R 为密度可达，但数据点 R 从数据点 O 不是密度可达，因为数据点 O 不是核心点。

4）若数据点 T_2 与数据点 S 从数据点 T_1 皆是密度可达，则称数据点 T_2 与数据点 S 为密度相连的（density-connected）。如图 4-18 中数据点 U、数据点 W、数据点 V 的关系，数据点 U 与数据点 V 从数据点 W 皆为密度可达，因此数据点 U 与数据点 V 为密度相连。

5）若数据点 T 属于聚类 K，且数据点 S 由数据点 T 密度可达，则数据点 S 也属于聚类 K。另外，在同一聚类内的数据点必为密度相连。如图 4-18 中数据点 U 与数据点 V 为密度相连，因此数据点 U 与数据点 V 属于同一聚类。

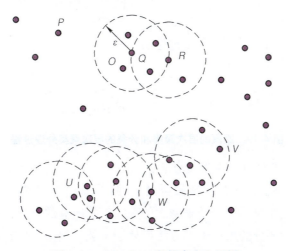

图 4-18　DBSCAN 数据点定义示例

6）无法归属到任一聚类的数据点将视为噪声点。

DBSCAN 算法说明如下：首先，判断数据点是否为核心点，接着以核心点为中心，将 Eps- 邻近区域的所有境内点合并为一聚类；然后选择其中一个核心点，并找寻以此核心点密度可达的数据点。若扩张到其他核心点的聚类，则将两聚类合并为一个新的大聚类；若该聚类没有再发现新的核心点，则重新搜索新的核心点，直到所有核心点均被计算过为止。

相对于常见的 k 平均法或层次算法，虽然 DBSCAN 对于有噪声和数据分布为任意形状的数据有较佳的分群结果，但却需要决定适当参数 Eps 与 MinPts；若半径设定得过大，聚类结果可能会过于粗略，但若半径设得太小，则可能会得到过多的聚类。一般来说，用户可借由重复测试不同的参数组合以找到较为适当的分群结果。然而，当聚类间有不同密度时，由于密度设定的不同会造成聚类的错分，并不建议使用 DBSCAN 算法。

4.4.4　层次聚类法

层次聚类（hierarchical clustering）算法，是通过将数据组织为若干组并形成一个相应的树来进行聚类的。根据层次是自底向上还是自顶向下形成，层次聚类算法可以进一步分为凝聚的聚类算法和分裂的聚类算法，如图 4-19 所示。一个完全层次聚类的质量由于无法对已经做的合并或分解进行调整而受到影响。但是层次聚类算法没有使用准则函数，它所含的对数据结构的假设更少，因此其通用性更强。

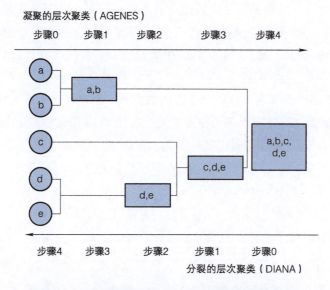

图 4-19　凝聚的层次聚类和分裂的层次聚类处理过程

在实际应用中一般有两种层次聚类方法：

1）凝聚的层次聚类。凝聚的层次聚类是一种自下而上的策略，它首先将每个对象作为一个簇，然后合并这些原子簇为越来越大的簇，直到所有的对象都在一个簇中，或者某个终结条件被达到。大部分的层次聚类方法都属于一类，但是它们在簇间的相似度的定义又略有不同。

2）**分裂的层次聚类**。分裂的层次聚类是一种自上而下的策略，与凝聚的层次聚类有些不一样，它首先将所有对象放在一个簇中，然后慢慢地细分为越来越小的簇，直到每个对象自行形成一簇，或者直到满足其他的一个终结条件，例如满足了某个期望的簇数目，又或者两个最近的簇之间的距离达到了某一个阈值。

层次聚类的特点主要有：

1）在凝聚的层次聚类方法和分裂的层次聚类的所有方法中，都需要用户提供所希望得到的聚类的单个数量和阈值作为聚类分析的终止条件，但是对于复杂的数据来说，这是很难事先判定的。尽管层次聚类的方法实现很简单，但是偶尔会遇见合并或分裂点的抉择的困难。这样的抉择是特别关键的，因为只要其中的两个对象被合并或者分裂，接下来的处理将只能在新生成的簇中完成。已形成的处理就不能被撤销，两个聚类之间也不能交换对象。如果在某个阶段没有选择合并或分裂的决策，就非常可能会导致质量不高的聚类结果。而且这种聚类方法不具有特别好的可伸缩性，因为它们合并或分裂的决策需要经过检测和估算大量的对象或簇。

2）层次聚类算法由于要使用距离矩阵，所以它的时间和空间复杂性都很高，几乎不能在大数据集上使用。层次聚类算法只处理符合某静态模型的簇，忽略了不同簇间的信息而且忽略了簇间的互连性（互连性指的是簇间距离较近数据对的多少）和近似度（近似度指的是簇间数据对的相似度）。

4.5　数据回归分析

4.5.1　回归分析法定义与说明

回归是确定两种或两种以上变量间相互定量关系的一种统计分析方法。回归在数据挖掘中是最为基础的方法，也是应用领域和应用场景最多的方法。只要是量化型问题，我们一般都会先尝试用回归方法来研究或分析。它的运用十分广泛，比如要研究某地区钢材消耗量与国民收入的关系，那么就可以直接用这两个变量的数据进行回归，然后看看它们之间的关系是否符合某种形式的回归关系，如图 4-20 所示。

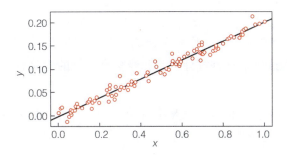

图 4-20　回归示意图

如图 4-21 所示，回归分析按照自变量和因变量之间的关系类型，可分为线性回归分析和非线性回归分析；按照自变量的多少，可分为一元回归分析和多元回归分析。回归分析的具体内容包括：

1）确定模型的形式。

2）利用样本数据对模型的参数进行估计。

3）对模型的拟合优度及变量的显著性进行检验。

4）利用模型进行预测。

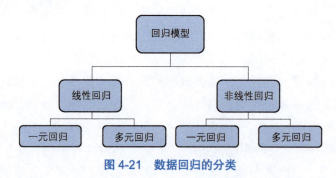

图 4-21 数据回归的分类

接下来我们将从线性回归和非线性回归两方面进行详细介绍。

4.5.2 线性回归

（1）一元线性回归模型

1）一元线性回归模型的形式。回归分析中，通常用 x 表示自变量，用 y 表示因变量，回归模型是用数学模型描述自变量与因变量之间的数量关系。一元线性回归是一个自变量与因变量之间线性关系的回归，又称为直线回归，是回归分析中最基本的形式。直线回归与直线相关对应，一元线性回归模型的一般表达形式为

$$y_i = \alpha + \beta x_i + \varepsilon_i \tag{4-26}$$

式中，x_i 为自变量；y_i 为因变量；ε_i 表示随机误差，是除自变量 x_i 以外所有其他影响因素的总和；α 和 β 为回归参数，分别称为回归常数和回归系数，均为常数。模型表示的意义为：对于自变量 x 的一个取值 x_i，因变量 y 的值 y_i 由可确定的部分 $(\alpha+\beta x_i)$ 和不可确定的随机因素 ε_i 共同决定，ε_i 的大小和方向均不能确定，但存在一定的分布规律。

2）一元线性回归模型的预测。回归分析的最终目的是要利用得到的回归模型进行预测。当建立的回归方程通过了各种统计检验和经济意义上的检验时，就可以利用模型对因变量进行有效的预测。

① 因变量的点值预测。点值预测就是将自变量的一个值 x_0 代入回归方程中计算出因变量 $\hat{y}_0$ 的值，以此作为 y_0 的一个点估计值，即

$$\hat{y}_0 = \hat{\alpha} + \hat{\beta} x_0 \tag{4-27}$$

显然，根据回归方程与回归模型的关系，$\hat{y}_0$ 只是 y_0 的均值的一个点估计。

② 因变量的区间预测。对因变量进行区间预测就是给出自变量的一个值，在一定的概率保证下对因变量的可能取值范围进行预测估计。因变量的区间预测分两种，一种是对因变量值 y_0 的区间估计，另一种是对因变量均值 $E(y_0)$ 的区间估计，通常所指的因变量的区间预测是指对因变量值的区间预测。

如图 4-22 所示，在同样的显著性水平下，由样本估计因变量值的区间要比因变量均值的区间宽；在给定不同的自变量取值对因变量进行区间估计时，区间宽度不同，当 $x_0 = \bar{x}$ 时，估计区间最窄。也就是说，利用回归方程进行预测时，x 在其均值附近取值，对因变量的区间预测精度最高。

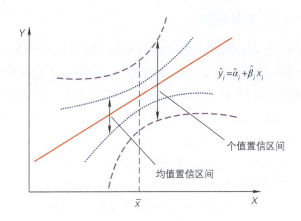

图 4-22　回归预测置信带

（2）多元线性回归分析

在一元线性回归分析中，假定因变量只受一个自变量的影响。然而研究许多现实问题时，研究对象往往受到多个自变量的影响，比如公司股价可以由每股盈利、每股净资产等众多变量解释；作物产量受施肥量、浇水量、耕作深度等因素的影响；产品的销量不仅受销售价格的影响，还受消费者的收入水平、广告宣传费用、替代商品的价格等多个因素的影响。因此，研究一个因变量与多个自变量之间的数量关系需要用到多元线性回归分析。多元线性回归分析是指因变量表现为两个或两个以上自变量的线性组合关系，多元线性回归分析与一元线性回归分析的基本原理和方法类似。

多元线性回归模型与一元线性回归模型相似，只是自变量由一个增加到多个。设因变量 y 表现为 k 个自变量 x_1，x_2，$\cdots$，x_k 的线性组合，则多元线性回归的基本模型可以表示为

$$y_i = \hat{\beta}_0 + \hat{\beta}_1 x_{1i} + \hat{\beta}_2 x_{2i} + \cdots + \hat{\beta}_k x_{ki} + \varepsilon_i (i = 1, 2, \cdots, n) \qquad （4-28）$$

上述模型中，β_j $(j=0, 1, 2, \cdots, k)$ 为模型参数；ε_i 表示随机误差项；$(x_{1i}, x_{2i}, \cdots, x_{ki})$ 为对总体的第 i 次观测。

与一元线性回归类似，多元线性回归方程为

$$E(y_i / x_{1i}, x_{2i}, \cdots, x_{ki}) = \hat{\beta}_0 + \hat{\beta}_1 x_{1i} + \hat{\beta}_2 x_{2i} + \cdots + \hat{\beta}_k x_{ki} \tag{4-29}$$

在多元线性回归模型中，系数 β_j 表示在其他自变量不变时，第 j 个自变量变化一个单位对因变量均值的影响，又称偏回归系数。与一元线性回归模型一样，由于总体回归方程未知，只能利用样本进行估计，所以样本回归方程和样本回归模型分别表示为

$$\hat{y}_i = \hat{\beta}_0 + \hat{\beta}_1 x_{1i} + \hat{\beta}_2 x_{2i} + \cdots + \hat{\beta}_k x_{ki} \tag{4-30}$$

$$y_i = \hat{\beta}_0 + \hat{\beta}_1 x_{1i} + \hat{\beta}_2 x_{2i} + \cdots + \hat{\beta}_k x_{ki} + e_i \tag{4-31}$$

上述模型和方程中，$\hat{\beta}_j (j=0, 1, 2, \cdots, k)$ 为总体回归参数 β_j 的估计。

4.5.3　非线性回归——人工神经网络

人工神经网络（artificial neural networks，ANNs）被视为一种强大的非线性回归手段。它模拟了人类大脑神经元之间的连接和信息传递过程，通过多层神经元组成的网络结构，可以有效地拟合和预测复杂的非线性关系。神经网络通过输入层接收原始数据特征，经过隐藏层处理并提取高阶表示，最终通过输出层产生预测结果。其结构和参数数量较大，需要大量数据和计算资源进行训练，并需要谨慎调整超参数，以克服过拟合和欠拟合等问题。然而，在图像识别、语音识别、自然语言处理等领域，神经网络已经取得了许多令人瞩目的成果，展现出了巨大的应用潜力。

人工神经网络根据其结构和训练方式可以分为多种不同类型。最常见的类型包括前馈神经网络（feedforward neural networks）、循环神经网络（recurrent neural networks）、卷积神经网络（convolutional neural networks）和生成对抗网络（generative adversarial networks）。前馈神经网络是最基础的神经网络模型，信息单向传递，常用于分类和回归问题；循环神经网络在网络内部引入了循环连接，能够处理序列数据和时间依赖性问题，例如自然语言处理和时间序列预测；卷积神经网络通过局部感知域和权值共享的方式来有效提取图像和空间数据的特征，广泛应用于图像识别和计算机视觉任务；生成对抗网络由生成器和判别器组成，通过对抗训练的方式生成逼真的样本数据，被用于图像生成和增强学习等领域。除此之外，还有许多其他类型的神经网络，如深度信念网络（deep belief networks）、自编码器（autoencoders）等，各具特点，适用于不同的问题和场景。一个典型神经网络结构如图 4-23 所示。

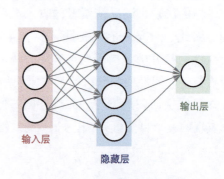

图 4-23　典型神经网络结构

人工神经网络具体由以下部分组成：

1）神经元（neurons）。神经元是神经网络的基本组成单元，模拟了生物神经元的功能。每个神经元接收多个输入信号，通过加权和并进行非线性转换，产生一个输出信号。

2）连接（connections）。神经元之间通过连接传递信息。每个连接都有一个权重，用于调节输入信号的重要性。权重越大，对应的输入信号对输出的影响就越大。

3）层次结构（layers）。神经网络通常由多个层次组成，包括输入层、隐藏层和输出层。输入层接收原始数据特征，输出层产生最终的预测结果，隐藏层负责处理输入特征并提取特征的高阶表示。

4）激活函数（activation functions）。激活函数对神经元的输入进行非线性转换，引入了非线性因素，使得神经网络能够拟合更加复杂的数据模式。常见的激活函数包括 sigmoid、ReLU、tanh 等。

人工神经网络的信息传递过程包含前向传播和反向传播：

1）前向传播（forward propagation）。前向传播是神经网络中的一种信息传递过程，在此过程中，输入数据经过输入层传递到隐藏层和输出层，并通过神经元之间的连接和激活函数计算出最终的输出结果。具体地，每个神经元接收来自上一层神经元的输出，与其对应的权重相乘后求和，并加上偏置项，然后通过激活函数进行非线性转换，得到输出值，作为下一层神经元的输入。这一过程逐层进行，直至最后输出层得到最终的预测结果。前向传播的目的是将输入数据从输入层传递到输出层，计算出网络对输入数据的预测结果。

2）反向传播（backpropagation）。反向传播是神经网络中的一种学习算法，用于调整网络中的权重和偏置，使得神经网络能够更好地拟合训练数据。在反向传播过程中，首先计算损失函数对网络中每个参数的梯度，然后根据梯度下降算法更新参数。具体地，通过链式法则，从输出层到输入层逐层计算每个参数的梯度，然后根据梯度下降算法更新参数值，使得损失函数逐步减小。反向传播的目的是使得神经网络的预测结果逐步逼近实际标签，以提高网络的预测性能。

人工神经网络具有强大的非线性建模能力，能够拟合各种复杂的数据模式，包括非线性关系、高维数据等。通过适当设计网络结构和调整参数，神经网络能够适应各种类型的数据和问题，并实现高度自适应性。此外，神经网络在图像识别、语音识别、自然语言处理等领域取得了许多令人瞩目的成果，展现出了巨大的应用潜力。

然而，人工神经网络的训练过程需要大量的数据和计算资源，以及长时间的训练周期。网络结构的设计和参数的调整也需要一定的经验和技巧，容易出现过拟合和欠拟合等问题。此外，神经网络的黑盒性较强，难以解释其预测结果的内在原因，可能会影响人们对模型的信任度。另外，在某些情况下，神经网络的预测结果可能受到输入数据的噪声和异常值的影响，导致模型的稳定性和泛化能力下降。

近年来，在人工神经网络的概念基础上，逐渐衍生发展出大模型。这些大模型是一类具有庞大参数和复杂结构的机器学习模型，通常由深度神经网络构建而成，其参数数量可达数十亿甚至数千亿个。大模型的设计旨在提升模型的表达能力和预测性能，使其能够更好地处理各种复杂任务和数据。在自然语言处理（NLP）、计算机视觉、语音识别和推荐系统等领域，大模型都有着广泛的应用。通过训练海量数据，大模型能够学习到复杂的模式和特征，具备更强大的泛化能力，可以对未见过的数据做出准确的预测。

大模型具有如下显著特征：首先，其规模庞大，包含数十亿个参数，模型大小可达数百 GB 甚至更大，赋予了其强大的表达能力和学习能力；其次，大模型具备涌现能力，即在训练数据规模突破一定阈值后，突然呈现出意料之外的复杂能力和特性，类似于人类的思维和智能；进而，大模型通常表现出更好的性能和泛化能力，擅长处理各类任务，包括自然语言处理、图像识别、语音识别等；此外，大模型通常会进行多任务学习，一起学习多种不同的 NLP 任务，如机器翻译、文本摘要、问答系统等，以提升其广泛和泛化的语言理解能力；再者，大模型需要海量的数据进行训练，通常在 TB 以上甚至 PB 级别的数据集，才能充分发挥其参数规模的优势；此外，训练大模型需要强大的计算资源，通常需要数百甚至上千个 GPU，并消耗大量时间，通常在几周到几个月之间；大模型还可以通过迁移学习和预训练，在大规模数据上进行预训练，然后在特定任务上进行微调，提高在新任务上的性能；此外，大模型可以通过自监督学习在大规模未标记数据上进行训练，减少对标记数据的依赖，提高效能；同时，大模型可以融合多个领域的知识，并在不同领域中进行应用，促进跨领域的创新；最后，大模型具有自动化和高效率的特点，能够自动化许多复杂的任务，提高工作效率，如自动编程、自动翻译、自动摘要等。

大模型是机器学习领域的重要发展方向，其在各个领域都有着广泛的应用。下面介绍几个典型的大模型应用案例：

1）自然语言处理。大模型在自然语言处理领域有着广泛的应用，其中最著名的案例之一是 Google 开发的 BERT（Bidirectional Encoder Representations from Transformers）模型。BERT 模型基于 Transformer 架构，通过预训练和微调的方式，能够在各种 NLP 任务上取得优异的性能，如文本分类、命名实体识别、情感分析等。另一个例子是 OpenAI 的 GPT（Generative Pre-trained Transformer）系列模型，包括 GPT-2 和 GPT-3，这些模型能够生成语言文本、完成文本摘要、问答系统等任务。

2）计算机视觉。在计算机视觉领域，大模型也发挥着重要作用。例如，Facebook 开发的 Detectron2 模型是一个用于目标检测和图像分割的大模型，它基于深度学习技术，在图像识别、物体检测、图像分割等任务上取得了优异的性能。另一个例子是谷歌开发的 EfficientDet 模型，它结合了 EfficientNet 和目标检测技术，能够在目标检测任务上实现高效的模型训练和推理。

3）语音识别。大模型在语音识别领域也得到了广泛应用。例如，百度的 DeepSpeech 模型是一个基于深度学习的端到端语音识别系统，通过端到端的方式直接从原始音频中生成文本。该模型利用深度神经网络和大规模训练数据，在语音识别任务上取得了很好的效果。

4）推荐系统。大模型在推荐系统中也有着重要的应用。例如，YouTube 的推荐系统利用大型神经网络模型来分析用户的行为数据和视频内容，从而为用户提供个性化的视频推荐。类似地，亚马逊、Netflix 等电商和娱乐平台也利用大模型来提高推荐系统的精度和效果。

本章习题　///

1. 抽样分布是指在_____保持不变的情况下，由于_____所导致的统计量的分布。

2. 在决策树算法中，信息增益用于选择分裂节点的标准，其计算公式为_____。

3. 支持向量机（SVM）中的支持向量是指（　　　）。

A. 数据集中所有的数据点　　　　　　　B. 距离分隔超平面最近的样本点

C. 距离分隔超平面最远的样本点　　　　D. 数据集中的异常点

4. 关联规则算法中，支持度（Support）表示（　　　）。

A. 项集在所有事务中出现的频率　　　　B. 项集之间的相关性

C. 项集之间的因果关系　　　　　　　　D. 项集的置信度

5. 随机森林中的"森林"是指（　　　）。

A. 一棵决策树　　　　　　　　　　　　B. 多棵决策树的集合

C. 随机选择的特征　　　　　　　　　　D. 数据集中的所有样本

6. 判断：线性回归假设因变量与自变量之间是线性关系。（　　　）

7. 判断：层次聚类算法可以生成一个树状的聚类层次结构图。（　　　）

8. 简述抽样分布的概念及其在统计推断中的重要性。

9. 关联规则算法中"支持度"和"置信度"分别是什么？为什么这两个指标对于挖掘有用的关联规则是重要的？

10. 什么是支持向量机（SVM）？它主要用于解决什么类型的问题？

11. 简述随机森林算法的基本原理及其优点。

第 5 章

数据处理工具

学习目标：

- 了解常用的几种数据管理工具
- 了解常用的几种数据可视化工具，掌握简单可视化软件操作
- 了解常用的几种数据分析工具，实现简单的 Python 编程

CHAPTER 05

5.1　数据管理工具

不管是"小数据"时代还是大数据时代，企业都会选择关系型数据库完成数据的存储和管理，这样的数据库有很多种，例如微软的 SQL Server 数据库、IBM 的 DB2 数据库、甲骨文的 Oracle 数据库以及甲骨文旗下的 MySQL 数据库等。对于读者来说（不管是从事数据分析还是数据挖掘），掌握结构化的查询语言 SQL 显得尤为重要。因为只有懂得使用 SQL，才能够很好地管理数据，进而为下一步的数据分析与挖掘做准备。

虽然市面上有各种各样的关系型数据库，但它们都遵循 SQL 语法。早在 1986 年，最初由 IBM 开发的 SQL 就作为关系型数据库所使用的标准语言了，次年，国际标准化组织就将其定位为国际标准。换句话说，读者只需要搞懂一套 SQL 语法，就可以在各种关系型数据库中施展才华。

本章整体介绍各类以 SQL 语言为基础的数据库，并重点以 MySQL 数据库为例，讲解该数据库在数据管理过程中的强大功能。尽管 MySQL 是一种开源的小型关系数据库，但它所具备的优势却使得越来越多的企业选择它。例如，它可以轻松管理上千万条记录的大型数据，支持 Windows、Linux、macOS 等常见的操作系统，具备良好的运行效率以及低廉的成本等。

5.1.1　MySQL

MySQL 始于 1994 年，当时，Michael Widenius、David Axmark 和 Allan Larsson 这三位程序员，开始了一个名为 MySQL AB 的项目，目标是开发一个轻量级的关系型数据库系统。1995 年，第一个 MySQL 版本（1.0）正式发布，这标志着 MySQL 的诞生。当时，MySQL 主要以其简单易用、高性能和稳定性而受到开发者们的欢迎。

随着互联网的快速发展，MySQL 开始成为 Web 应用开发的首选数据库之一。其简单的部署和管理、良好的性能和可靠性，使得许多初创企业和个人开发者选择了 MySQL 作为其后台数据库。1996 年，MySQL 的代码被开源发布，这一举动进一步促进了 MySQL 的普及和发展。

随着用户量和数据量的增加，MySQL 逐渐引入了更多的功能和特性，以满足不断增长的需求。2000 年，MySQL 发布了版本 3.23，引入了索引和存储过程等功能，进一步提升了 MySQL 的功能和性能。2001 年，MySQL AB 公司成立，正式开始了商业化运营。在接下来的几年里，MySQL 不断发展壮大，吸引了越来越多的用户和开发者。2003 年，MySQL 发布了版本 4.0，引入了子查询和视图等功能，使得 MySQL 更加强大和灵活。2005 年，发布了版本 5.0，引入了触发器、存储过程和游标等高级功能，进一步提升了其功能和性能。2008 年，Sun Microsystems 收购了 MySQL AB 公司，MySQL 成为 Sun 的旗下产品之一。虽然 Sun 后来被 Oracle 收购，但 MySQL 仍然保持着其开源的特点，由社区和 Oracle 共同进行维护和发展。2010 年，发布了版本 5.5，引入了分区表和复制等功能。到了 2013 年，发布了版本 5.6，引入了全文索引和多版本并发控制等功能，使得 MySQL

成为更加完善和强大的数据库系统。2015年，发布了版本5.7，引入了JSON支持和性能优化等功能，进一步提升了MySQL的功能和性能。

MySQL界面如图5-1所示。

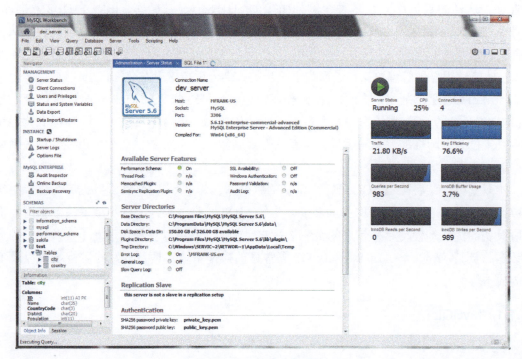

图5-1 MySQL界面

随着云计算和大数据时代的到来，MySQL也在不断演变和发展。MySQL的企业版和社区版不断推出新的版本，提供更多的功能和性能优化。同时，MySQL与其他开源技术（如Hadoop、Spark等）的集成也日益加深，使其在大数据处理领域具有更广泛的应用。

MySQL的演变趋势主要体现在以下几个方面：

1）云化和容器化：随着云计算的普及，越来越多的企业将数据库部署在云端，使用云数据库服务来管理和维护MySQL数据库。同时，容器化技术（如Docker、Kubernetes等）的兴起也促进了MySQL的容器化部署，使其更加灵活和便捷。

2）大数据和分布式：随着数据量的不断增长，大数据处理和分布式数据库成为趋势。MySQL通过分布式架构和集群部署来应对这一挑战，提供了支持分布式事务和分布式查询的解决方案。

3）自动化和智能化：随着人工智能技术的发展，MySQL也在向自动化和智能化方向发展。通过引入自动化运维工具和智能优化器，MySQL可以自动识别和调整数据库配置，优化查询性能，提高系统的稳定性和可靠性。

4）在Web应用开发领域，MySQL是首选的数据库之一。许多电子商务网站、社交网络平台、博客和新闻网站都使用MySQL来存储和管理用户数据、商品信息、文章内容等。举例来说，像Facebook、Twitter、WordPress等知名网站都是使用MySQL作为其核心数据库，支持庞大的用户量和海量的数据存储。

5）MySQL 在企业信息管理方面也有着重要的应用。许多企业内部的信息管理系统，如人力资源管理系统、客户关系管理系统、供应链管理系统等，都会选择 MySQL 作为其后台数据库。MySQL 的高性能和可靠性确保了企业能够高效地存储和管理大量的业务数据，支撑着企业的日常运营和管理。

6）在线游戏是另一个 MySQL 的重要应用领域。许多大型多人在线游戏（MMOG）和虚拟世界游戏都选择 MySQL 作为其后台数据库，用于存储用户账户信息、游戏数据、交易记录等。MySQL 的高性能和可扩展性保证了游戏服务器能够处理大量的并发请求，保证了游戏的流畅运行和用户体验。

7）MySQL 还被广泛应用于大数据分析和数据挖掘领域。许多企业和组织使用 MySQL 来存储和管理海量的数据，然后利用 MySQL 提供的丰富的数据查询和统计分析功能，进行业务数据分析和决策支持。MySQL 的高性能和灵活性使其成为大数据分析的重要工具之一。

8）随着物联网技术的发展，MySQL 也开始在物联网应用中发挥重要作用。许多智能设备和传感器会产生大量的数据，需要进行实时存储和分析。MySQL 可以作为物联网设备的后台数据库，用于存储和管理设备数据，为物联网应用提供数据支持和管理能力。

MySQL 作为一种开源数据库管理系统，具有诸多优点。首先，它是开源的，用户可以免费使用和修改 MySQL 的源代码，满足不同需求。其次，MySQL 具有良好的性能和稳定性，能够处理大量的并发请求和高负载。此外，MySQL 还具有丰富的功能和特性，如存储过程、触发器、视图等，可以满足各种复杂的业务需求。最后，MySQL 拥有庞大的社区和生态系统，用户可以在社区中获得丰富的资源和支持，快速解决问题。

然而，MySQL 也存在一些缺点。首先，MySQL 在处理大数据量和高并发的场景下性能可能不如一些商业数据库系统。其次，MySQL 的安全性和数据保护方面还有待加强，需要用户加强安全设置和监控。此外，MySQL 在一些新兴技术领域如图数据库、时序数据库等方面的支持还不够完善，需要进一步改进和完善。

总的来说，MySQL 作为一种经典的关系型数据库管理系统，在数据库领域有着举足轻重的地位。随着云计算、大数据和人工智能等技术的不断发展，MySQL 也在不断演进和创新，以满足不断变化的用户需求。

5.1.2　Oracle Database

Oracle Database，通常简称为 Oracle，是由美国 Oracle 公司开发的一种关系型数据库管理系统（RDBMS）。Oracle Database 是业界领先的企业级数据库系统之一，被广泛应用于各种大型企业和组织的数据管理和处理中。

Oracle 数据库的发展可以追溯到 20 世纪 70 年代。1977 年，Larry Ellison、Bob Miner 和 Ed Oates 三位工程师共同创立了 Software Development Laboratories 公司（后来改名为 Oracle Corporation），并开发了第一个 Oracle 数据库系统。最初的 Oracle 数据库被称为

Oracle Version 2，它是一种基于 CODASYL 模型的关系型数据库管理系统，用于处理结构化数据。Oracle Version 2 的推出标志着 Oracle 公司在数据库领域的崭露头角，为后来的发展奠定了基础。

随着时间的推移，Oracle 不断推出新的版本和功能，逐步完善了其数据库产品线。1983 年，Oracle 发布了 Oracle Version 3，引入了多用户事务处理功能，大大提高了数据库的并发处理能力。1984 年，Oracle 发布了 Oracle Version 4，引入了 PL/SQL 语言和客户端 / 服务器架构，进一步提升了数据库的性能和功能。此后，Oracle 不断推出新的版本，逐步成为数据库领域的领军企业。

1992 年，Oracle 发布了 Oracle7，这是一个具有里程碑意义的版本。Oracle7 引入了许多重要的特性，如 ROWID、内存数据库缓存、复杂查询优化等，使得 Oracle 数据库在性能、功能和可用性方面达到了新的高度。Oracle7 还引入了分布式数据库功能，支持跨网络的分布式事务处理，为大型企业的数据管理提供了更多的灵活性和可扩展性。

随着互联网的兴起，Oracle 逐渐成为企业级 Web 应用程序的首选数据库。1997 年，Oracle 发布了 Oracle8，这是一个重要的版本，引入了许多互联网相关的功能，如 Java 支持、对象 - 关系扩展、分区表等，为 Web 应用程序的开发和部署提供了更多的支持和便利。Oracle8i 和 Oracle9i 进一步完善了数据库的互联网功能和管理功能，使得 Oracle 数据库成为互联网时代的数据库领导者。

随着 21 世纪的到来，Oracle 继续保持着其在数据库领域的领先地位。2001 年，Oracle 发布了 Oracle9i Database，引入了许多新的功能和技术，如自管理功能、数据仓库技术、分析功能等，使得 Oracle 数据库更加适合于大型企业的数据管理和分析。此后，Oracle 继续推出了 Oracle 10g、Oracle 11g、Oracle 12c 等版本，不断完善了数据库的功能和性能，同时加强了对云计算、大数据和人工智能等新兴技术的支持。

Oracle Database 界面如图 5-2 所示。

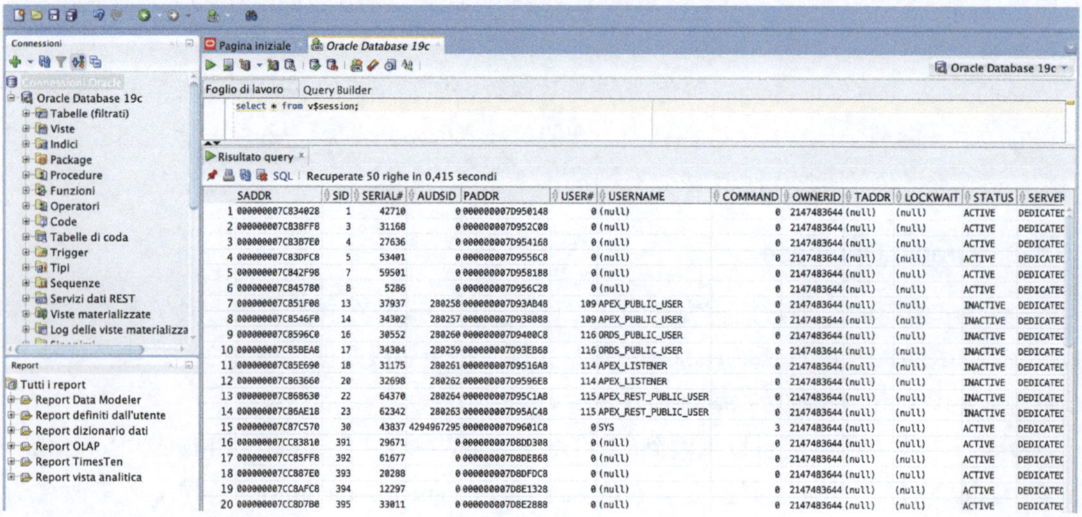

图 5-2　Oracle Database 界面

在最新的版本中，Oracle 数据库不仅具有传统的关系型数据库管理功能，还支持多种数据类型和数据模型，如 XML、JSON、空间数据等，满足了各种不同类型数据的存储和处理需求。Oracle 数据库还提供了丰富的安全功能、高可用性功能、性能优化功能等，为企业级应用提供了稳定可靠的数据管理解决方案。同时，Oracle 还不断推出新的产品和服务，如 Oracle Exadata、Oracle Autonomous Database 等，以满足企业对于高性能、高可用性和自动化的需求。

Oracle Database 在数据管理、安全性、可扩展性、性能优化以及云化等方面具备可圈可点的特性。首先，Oracle Database 在数据管理方面具有丰富的功能和灵活的数据模型。除了传统的关系型数据模型外，Oracle 还支持 XML、JSON 等半结构化数据和空间数据等特殊数据类型，为用户提供了更多的数据管理选项。同时，Oracle Database 提供了强大的数据处理和查询功能，如分区表、数据压缩、并行处理等，可以处理大规模的数据并提供高效的查询性能。

在安全性方面，Oracle Database 拥有多层次的安全机制和严格的权限控制，可以保护用户的数据免受未经授权的访问和恶意攻击。它提供了诸如透明数据加密、身份验证、审计日志等安全功能，帮助用户确保其数据的保密性、完整性和可用性。

此外，Oracle Database 在可扩展性方面也具有很高的水平。它支持灵活的集群部署和分布式架构，可以实现水平和垂直扩展，满足不同规模和需求的企业。Oracle 数据库还提供了自动负载均衡和故障转移功能，可以确保系统的高可用性和容错性。

在性能优化方面，Oracle Database 拥有先进的性能优化器和统计分析工具，可以自动识别和调整数据库的配置参数和查询计划，提高系统的性能和响应速度。同时，Oracle 还提供了诸如数据缓存、索引优化、并行查询等功能，进一步提升了数据库的性能和吞吐量。

Oracle Database 作为一种领先的关系型数据库管理系统，其优势之一在于其强大的功能和稳定的性能，可以满足企业级应用的高可用性、高性能和高安全性的需求。此外，Oracle Database 还拥有丰富的数据管理功能和灵活的数据模型，可以支持多种数据类型和复杂的数据操作。另外，Oracle Database 具有成熟的生态系统和庞大的用户群体，用户可以在社区中获得丰富的资源和支持，解决问题和获取帮助。

然而，Oracle Database 也存在一些缺点。首先，它的商业许可费用较高，不适合所有规模的企业使用。其次，Oracle Database 的部署和维护成本也较高，需要专业的技术团队进行管理和维护。此外，Oracle Database 在新兴技术领域的支持相对较弱，如大数据、云计算、人工智能等方面的集成还有待加强。

未来，Oracle Database 仍需继续发展和创新，以适应不断变化的市场需求和技术趋势。例如加强对云计算和大数据的支持，推动数据库向云原生、大数据集成方向发展。此外，Oracle 还需加强对人工智能和机器学习等新兴技术的集成，为用户提供更智能、更高效的数据管理和分析解决方案。

5.1.3 Microsoft SQL Server

Microsoft SQL Server 是由微软公司开发的一种关系型数据库管理系统（RDBMS），是市场上最受欢迎和广泛应用的企业级数据库之一。下面将详细介绍 Microsoft SQL Server 及其发展历程。

Microsoft SQL Server 的发展历程可以追溯到 20 世纪 80 年代末和 90 年代初。微软公司在 1989 年发布了第一个版本的 SQL Server，作为 OS/2 操作系统的一部分。该版本被称为 SQL Server 1.0，并主要用于支持微软的桌面应用程序。随着 Windows 操作系统的推出，微软将 SQL Server 移植到 Windows 平台上，为 Windows 应用程序提供了可靠的数据存储和管理服务。

随着 Windows 操作系统的普及和 Internet 的快速发展，微软不断推出新的版本和功能，逐步完善了 SQL Server 的数据库产品线。1993 年，微软发布了 SQL Server 4.2，引入了许多新的功能和特性，如存储过程、触发器、外键约束等，为数据库应用程序提供了更多的功能和灵活性。1995 年，微软发布了 SQL Server 6.0，这是一个重要的版本，引入了跨平台和跨网络的分布式事务处理功能，使得 SQL Server 更适合于大型企业的数据管理和处理。

随着互联网的兴起，微软继续推出新的版本和功能，不断提升 SQL Server 的性能和功能。1998 年，微软发布了 SQL Server 7.0，这是一个具有里程碑意义的版本，引入了许多重要的特性，如数据仓库技术、OLAP（联机分析处理）功能、分布式查询处理等，使得 SQL Server 成为企业级数据管理和分析的首选数据库之一。

21 世纪初，微软继续推出了 SQL Server 2000、SQL Server 2005、SQL Server 2008 等版本，不断提升数据库的性能、可用性和安全性。SQL Server 2005 引入了许多新的功能，如 XML 支持、CLR 集成、分区表等，使得 SQL Server 更加适合于面向服务的体系结构（SOA）和 Web 服务的开发。SQL Server 2008 进一步加强了数据库的企业级功能和性能优化，引入了诸如数据库压缩、透明数据加密、数据库镜像等功能，提高了数据库的可用性和安全性。

21 世纪 10 年代，微软将 SQL Server 的发展重点放在云计算和大数据方向。2012 年，微软发布了 SQL Server 2012，引入了许多云相关的功能，如 SQL Server AlwaysOn、SQL Server Data Tools 等，使得 SQL Server 更加适合于云环境中的部署和管理。SQL Server 2014 和 SQL Server 2016 进一步加强了数据库的大数据处理和分析功能，引入了列存储、内存优化表、PolyBase 等功能，为企业提供了更多的数据管理和分析选项。

Microsoft SQL Server 是由微软公司开发的商业关系型数据库管理系统，适用于 Windows 平台，提供了丰富的企业级数据库管理和应用开发功能。

Microsoft SQL Server 界面如图 5-3 所示。

Microsoft SQL Server 作为一种商业关系型数据库管理系统，具有以下优点。首先，Microsoft SQL Server 与 Windows 操作系统紧密集成，支持 Windows 平台上的开发和部署，提供了丰富的企业级数据库管理和应用开发功能。其次，Microsoft SQL Server 提供了丰富的开发工具和集成开发环境（IDE），支持快速开发和部署，提高了开发效率和产品质量。另外，Microsoft SQL Server 具有良好的性能和可靠性，支持高并发访问和大规模数据处理，满足了企业对数据库的需求。

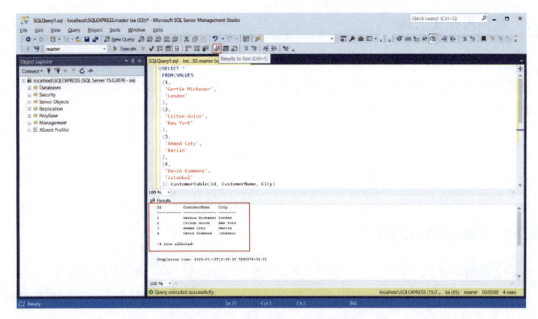

图 5-3　Microsoft SQL Server 界面

　　然而，Microsoft SQL Server 也存在一些缺点。首先，作为商业数据库，Microsoft SQL Server 需要付费购买许可证，成本较高，对于一些中小型企业来说可能造成负担。其次，Microsoft SQL Server 在跨平台方面的支持相对较弱，不适合在多平台环境中使用，限制了其在某些场景下的应用。

　　根据上述介绍，绘制了表 5-1，对比了三种主流 RDBMS：MySQL、Oracle Database 和 Microsoft SQL Server。通过对它们在数据模型、性能优化、安全性、可扩展性、云支持、兼容性以及开源 / 商业等方面的对比，可以帮助大家更好地了解这些数据库系统的功能和特性，从而更好地选择适合自己需求的数据库解决方案。

表 5-1　MySQL、Oracle Database 和 Microsoft SQL Server 功能和特性对比

功能和特性	MySQL	Oracle Database	Microsoft SQL Server
数据模型	支持基本的关系型数据模型，支持 JSON 等半结构化数据	支持关系型数据模型，同时支持 XML、JSON 等多种数据类型	支持关系型数据模型，可扩展到半结构化和非关系型数据
性能优化	性能较好，适用于中小型应用，部分功能需要付费才能使用	在大型企业级应用中具有良好的性能表现	优化良好，适用于中大型企业应用，具有较高的可扩展性
安全性	提供基本的安全功能，如用户权限管理、SSL 支持等	提供多层次的安全机制，如数据加密、审计日志等	提供丰富的安全功能，如数据加密、身份验证、审计日志等
可扩展性	可以实现水平和垂直扩展，支持集群部署和分布式架构	支持水平和垂直扩展，具有良好的集群部署和分布式架构支持	支持水平和垂直扩展，具有高可用性和容错性
云支持	有云数据库服务，如 AWS RDS、Azure Database 等	提供云数据库服务，如 Oracle Cloud 等	提供云数据库服务，如 Azure SQL Database 等
兼容性	兼容性较好，可以在多种操作系统上运行	支持多种操作系统，如 Windows、Linux 等	主要运行在 Windows 平台上，但有 Linux 版本
开源 / 商业	开源版本免费，商业版功能更全，提供技术支持	商业版和企业版需要付费，但具有丰富的功能和技术支持	商业版需要付费，但提供了完整的功能和技术支持

5.2 数据可视化工具

数据分析过程中，必不可少的一部分就是实现数据可视化，其目的就是将复杂的数据以图形方式直观地展现出来，进而发现数据背后所呈现的规律、价值和问题。如果每一份数据分析结论都是由文字和数据表组成的，那么对阅读数据分析结论的用户来说，这将是一个煎熬的过程。"字不如表，表不如图"说的就是这个道理。

数据可视化将相对晦涩的数据通过可视的、可交互的方式进行展示，从而形象、直观地表达出数据蕴含的信息和规律。简单来说，就是将单调的数字以生动形象的图形来展示。下面是数据可视化的详细介绍。

5.2.1 数据可视化工具概述

（1）发展历史

数据可视化的历史可以追溯到20世纪50年代计算机图形学的早期，人们利用计算机创建出了首批图形图表。到了1987年，一篇题为"Visualization in Scientific Computing"（《科学计算之中的可视化》）的报告成为数据可视化领域发展的里程碑，它强调了推广基于计算机的可视化技术的必要性。随着人类采集数据种类和数量的增长，以及计算机运算能力的提升，高级的计算机图形学技术与方法越来越多的应用于处理和可视化这些规模庞大的数据集。20世纪90年代初期，"信息可视化"成为新的研究领域，旨在为许多应用领域中抽象数据集的分析工作提供支持。目前，数据可视化是一个包含科学可视化和信息可视化的新概念，它是可视化技术在非空间数据上新的应用，可以让人们不再局限于通过关系数据表来观察和分析数据，还能以更直观的方式看到数据及数据之间的结构关系。

（2）数据可视化工具介绍

现如今数据资源越来越丰富，但是只有从数据中及时有效地获取到有用的信息，这些数据资源才有意义。利用数据可视化工具可以形象直观地发现数据背后隐藏的规律和价值。本节将对当前最常用的5种数据可视化工具进行介绍。

1）Tableau Desktop。Tableau Desktop 是 Tableau 公司开发的商业智能工具软件。Tableau Desktop 不仅可以让用户自己编写代码，还可以自定义控制台配置。控制台具有监测信息以及提供完整分析的能力，而且还具有灵活和拥有较高动态性的特性。

Tableau Desktop 数据来源有多种形式，能同时支持 Excel 以及各种数据库类型，还能以 Web 模式发布至网络中供别人访问。

Tableau Desktop 数据可视化展示如图 5-4 所示。

Tableau Desktop 能够将数据运算与优美的图表完美地嫁接在一起。它通过拖放程序把所有的数据展示到数字"画布"上，转眼就能创建好各种图表。而且它还有多种展现形式，操作人员能够自定义图表类型，并以多种图形的方式进行展现，同时针对不同的展示图形有不同的说明。

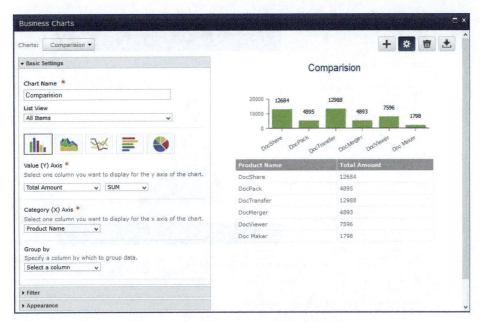

图 5-4　Tableau Desktop 数据可视化展示

当用户完成图形绘制后，Tableau Desktop 数据库中的数据会自动更新，并进行自动同步，同时 Tableau Desktop 中还集成了趋势分析，能对数据未来的走向进行一定的趋势分析。

2）Python—matplotlib。浏览一下 Python 程序库目录你会发现无论要画什么图，都能找到相对应的库——从适用于眼球移动研究的 GazeParser，到用于可视化实时神经网络训练过程的 pastalog。许多函数库可以用于广泛的领域，还有一些只能完成特定的任务。

其中 matplotlib 是 Python 最著名的绘图库，它提供了一整套类似 MATLAB 的 API，非常适合交互式绘图。它的文档相当完备，并且 Gallery 页面（http://matplotlib.org/gallery.html）中有上百幅缩略图，打开之后都有源程序。因此如果需要绘制某种类型的图，只需要在这个页面中浏览／复制／粘贴一下就可以完成。

Python 数据可视化展示如图 5-5 所示。

由于 matplotlib 是第一个 Python 可视化程序库，所以许多程序库都是建立在它的基础上或者直接调用它。例如 pandas 和 seaborn 就是 matplotlib 的外包，它们可以直接调用 matplotlib。

虽然用 matplotlib 可以很方便地得到数据的大致信息，但是如果要更快捷简单地制作可供发表的图表就不那么容易了。就像 Chris Moffitt 在《Python 可视化工具简介》中提到的一样："功能非常强大，也非常复杂"。

3）R—ggplot2。R 语言提供了一套令人满意的内置函数和库，如 ggplot2、leaflet 和 lattice，用来建立可视化效果以呈现数据。由于 ggplot2 具有使图形精美、函数和参数设置方便记忆以及代码可用性强，可以很方便地定制图形等优点，所以经常被用来对数据进行可视化。下面主要介绍 ggplot2 的数据可视化过程。

ggplot2 数据可视化展示如图 5-6 所示。

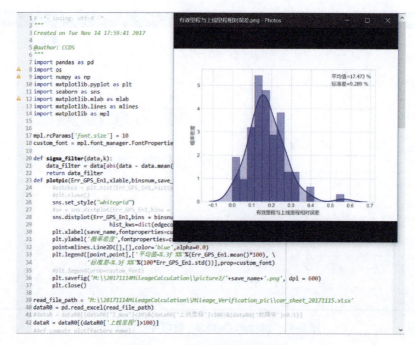

图 5-5　Python 数据可视化展示

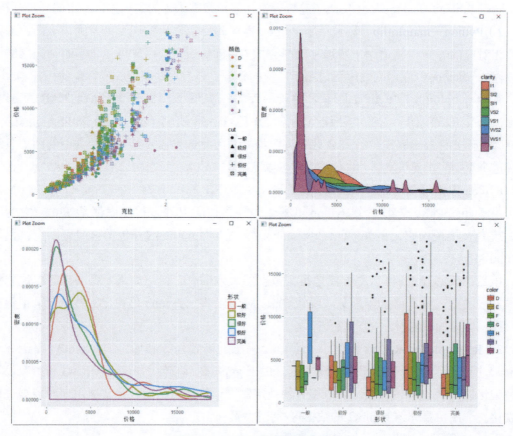

图 5-6　ggplot2 数据可视化展示

134

绘图与数据分离，数据相关的绘图与数据无关的绘图分离，这点可以说是 ggplot2 最为吸引人的一点。众所周知，数据可视化就是将数据中探索的信息与图形要素对应起来的过程，ggplot2 将绘图与数据、数据相关的绘图与数据无关的绘图进行分离，有点类似 Java 的 MVC 框架思想。这让 ggplot2 的使用者能清楚分明地感受到一张数据分析图的真正的组成部分，有针对性地进行开发和调整。

在 ggplot2 中，图形的绘制是一个一个图层添加上去的，如图 5-7 所示。举个例子来说，探索身高与体重之间的关系，首先画一个简单的散点图，然后用不同颜色区分性别，再将整体拆成东中西三幅小图，最后加入回归直线，这样就可以直观地看出身高与体重的关系。这是一个层层推进的结构过程，在每一个推进中，都有额外的信息被加入进来。在使用 ggplot2 的过程中，上述的每一步都是一个图层，并能够叠加到上一步可视化展示出来。基于 ggplot2 的图层式开发逻辑，我们可以自由组合各种图形要素，充分发挥想象力。

4）Excel。Office 是人们最常用的办公工具，进行简单的数据处理时，Excel 显然是最方便人们使用的。Excel 作为一个入门级工具，一直为用户使用来进行数据可视化展示，不仅能通过 Excel 内在集成的图表来对选定的数据源进行可视化展示，也能创建供内部使用的数据图，是快速分析数据的理想工具。

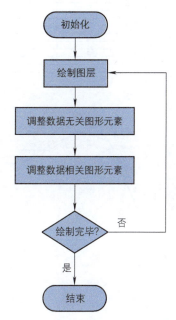

图 5-7　ggplot2 数据可视化步骤

Excel 通过直方图、折线图、散点图、气泡图以及条形图等方式对数据进行可视化，使用方法简单，且具有以下优点：在同一个程序里运行数据分析并且创建可视化；数据多种展现的方式进行比较；改变平铺、布局和其他格式选择；Excel 推荐数据最好的可视化方式。

Excel 数据可视化展示如图 5-8 所示。

5）大数据魔镜。目前，国内也有许多数据可视化工具，例如大数据魔镜，其为国云数据旗下的一款大数据可视化分析工具。大数据魔镜拥有强大的可视化效果库，支持 500 多种图表，包括列表、饼图、漏斗图、散点图、线图、柱状图、条形图、区域图、气泡图、矩阵、地图、树状图、时间序列相关的图表，还支持树图、社交网络图、3D 图表等多维动态图表类型。大数据魔镜目前支持市面上所有数据源，云平台版和基础企业版支持 Excel 和 MySQL，高级企业版支持 SQL Server、Oracle、Access、NoSQL、MongoDB、DB2，还支持 Hadoop、Spark 等数据源；除此之外，大数据魔镜还支持 Google Analytics、微信、微博、淘宝、京东等第三方社会化数据源，供开发者使用。

大数据魔镜最大的特点是云平台免费（企业基础版也是免费的）、可视化的效果较多以及可视化渲染速度快。目前大数据魔镜有四个版本：云平台版、基础企业版、高级企业版和 Hadoop 版。

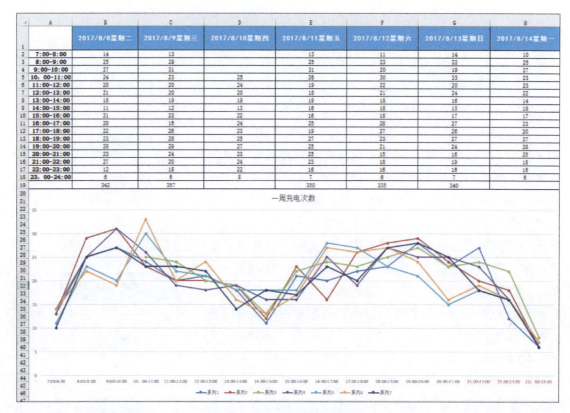

	A	B	C	D	E	F	G	H
1		2017/8/8星期二	2017/8/9星期三	2017/8/10星期四	2017/8/11星期五	2017/8/12星期六	2017/8/13星期日	2017/8/14星期一
2	7:00-8:00	14	13		13	11	14	10
3	8:00-9:00	25	29		25	22	22	25
4	9:00-10:00	27	31		31	20	19	27
5	10:00-11:00	24	23	25	26	30	33	23
6	11:00-12:00	20	20	24	19	22	20	23
7	12:00-13:00	21	20	20	18	21	24	22
8	13:00-14:00	18	19	19	19	18	16	14
9	14:00-15:00	11	12	13	16	18	13	18
10	15:00-16:00	21	23	22	16	18	17	17
11	16:00-17:00	20	16	24	25	28	27	23
12	17:00-18:00	22	26	23	19	27	26	20
13	18:00-19:00	23	28	25	27	23	27	27
14	19:00-20:00	28	29	27	28	23	24	28
15	20:00-21:00	23	24	23	25	15	16	25
16	21:00-22:00	27	20	24	23	23	19	18
17	22:00-23:00	12	18	22	16	16	16	16
18	23:00-24:00	6	6	8	7	7	7	6
19		342	357		350	335	340	

图 5-8 Excel 数据可视化展示

大数据魔镜数据可视化展示如图 5-9 所示。

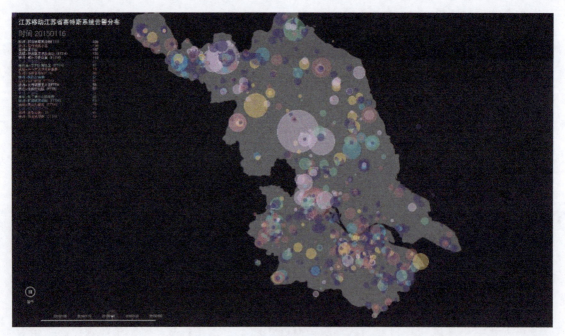

图 5-9 大数据魔镜数据可视化展示

5.2.2　数据可视化图表

本节结合电动车辆实际运行数据，以几种常用的数据可视化形式为例展示电动车辆的数据可视化过程。

（1）折线图

折线图可以用来显示某一变量跟随时间（或另外的变量）的变化而变化的趋势，能够非常清晰地反映出数据变化情况，以及从中预测出一定的数据未来走势。如果分类标签是代表着均匀分布的数值（如时间、地区等），则推荐使用折线图。

图 5-10 展示了不同类型车辆（乘用车、公交客车和物流车）在各个地区的里程可信度。总体来看，乘用车的里程可信度在所有地区都相对较高，普遍在 0.77 ~ 0.85 之间波动。公交客车的里程可信度略低于乘用车，大部分在 0.65 ~ 0.8 之间变化。物流车的里程可信度则介于前两者之间，在 0.71 ~ 0.82 之间。各地区的里程可信度波动较小，整体趋势较为稳定。

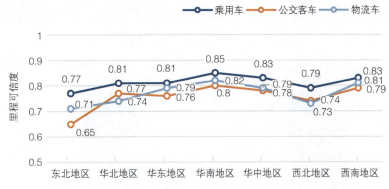

图 5-10　不同地区分类型纯新能源汽车的里程可信度平均值对比

（2）柱状图

柱状图是一种以长方形的长度为变量的表达图形的统计报告图。柱状图通过其高度的大小，来清晰表达不同指标对应的指标值之间的对比，让浏览者一目了然。制作这类数据可视化视图时，最重要的是要精确计算出需要表达的尺度和比例。柱状图可以进一步发展成三维的情况，增加指标数量，丰富对比。

图 5-11 是某月北京市新能源车辆日均上线率统计图。可以看到共享租赁新能源汽车使用情况最为活跃；而对于电动出租车来说，城区和郊区的上线率有约 10% 的差异，这个差异是由于政策法规、城郊基础设施不同，还是出租车司机出行意愿、乘客出行选择等问题造成的，值得深入研究；另外，电动环卫车和商用车的上线率太低，因此相应地，应考虑政策引导和削减投放。

（3）饼图

饼图是通过把圆分成对应比例的各个部分，来展示不同类别的占据比例和百分数。主要用来表达某一类型数据在整体中所占的比重以及与其他类型相比较情况，可以很明显地突出所要表达的重点。在数据类型较多时，对比感比柱状图更强。

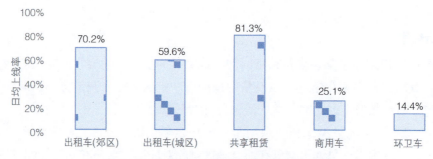

图 5-11　某月北京市新能源车辆日均上线率

图 5-12 是某月北京市电动车分时租赁时长和行驶里程分布图。可以看出每次租赁的使用时长和车辆行驶里程具有比较多样的特征，但短途短时租赁占据了绝大部分比重。传统汽车租赁服务往往面向需要长时间、长距离行驶的客户，因为短途通勤的情况下，公共交通和出租车显然更为方便划算。图中的结果体现出人们当前对电动车的行驶里程还不够有信心，另外一方面则体现了租赁行业的客户引导服务还需要加强。

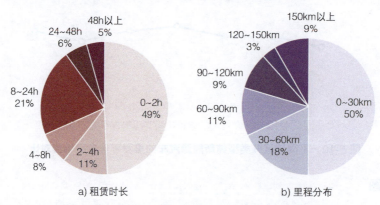

图 5-12　某月北京市电动车分时租赁时长和里程分布

（4）箱形图

箱形图又称为盒式图或箱线图，是一种用作显示一组数据分散情况的统计图。因形状如箱子而得名。其绘制需使用常用的统计量，能够提供有关数据位置和分散情况的关键信息，尤其在比较不同的母体数据时更明显地表现其差异。箱形图所需要的常用统计量通常有平均值、最大值、最小值、四分之一分位值、四分之三分位值等。其主要作用有识别数据异常值、判断数据的偏态和尾部重量以及比较几批数据的形状等。

图 5-13 是某月北京市各行政区域电动出租车单车日均行驶里程箱形图。图中的数值即在箱形中的蓝线值，代表了该区域车日均行驶里程；箱形的上下线位置的值，分别是该区域单车日行驶里程四分之一和四分之三分位点；顶部和底部蓝色线位置的值，则分别是该区域单车日行驶里程的最大值和最小值。可以看出，不管是最大值还是均值，市区都是图

中最高的水准，说明市区运营条件相对比较好；密云和昌平区的均值较低且最大值也较低，说明当地运营车辆或基础设施方面存在问题；而延庆区和大兴区均值较低却拥有较高的最大值，说明当地的运营策略和方式存在问题，或者是数据方面存在误差；所有区域的最小值都是 0 或接近于 0，说明有一部分电动出租车并未物尽其用。这些问题都值得认真对待。

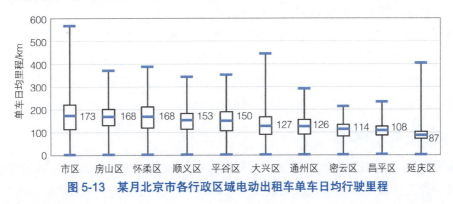

图 5-13　某月北京市各行政区域电动出租车单车日均行驶里程

（5）地区分布图

当指标数据要表达的主题跟地域有关联时，我们一般会选用地图为大背景。数据变量在每个区域的值可以使用颜色级数来表示，通过颜色块的深浅来表现每个地区数据的变化情况。将数据信息和地图结合起来，丰富了信息量的维度，也能为读者提供一个分析方向的新思路。

图 5-14 是北京市各行政区电动出租车充电情况对比图。根据颜色的深浅体现出不同区域充电量的多少，从图中可以看出，各行政区域之间充电情况非常不平衡，差距非常显著。造成这种差距的原因可能是政策差异、基础设施建设、出租车投放数量差异。

图 5-14　北京市各行政区电动出租车充电情况

5.3 数据分析工具

数据分析涵盖了数据收集、清洗、分析和解释等多个环节，为决策者提供了深入洞察和可靠依据。在当今信息爆炸的时代，数据成为企业、政府和个人等各个领域中至关重要的资产，而数据分析则是发掘和利用这些数据价值的关键。

随着互联网、物联网和人工智能等技术的发展，我们所处的世界正变得日益复杂和数据化。如何从海量的数据中提取有用的信息、发现隐藏的规律，并加以合理利用，成为摆在我们面前的重要课题。数据分析正是针对这一问题而生，旨在帮助人们掌握数据分析的方法和技巧，从而更好地理解世界、做出明智的决策。

5.3.1 数据分析工具概述

数据分析工具是用于处理、分析和可视化数据的软件或编程语言，它们在科学研究、工程领域、商业决策等方面都发挥着重要作用。本节将概述几种常用的数据分析工具，包括 Python、R、Java、MATLAB 等，介绍它们的特点、优势以及主要应用领域。在后续内容里，将以 Python 作为主要对象进行详细介绍。

（1）Python

Python 由荷兰数学和计算机科学研究学会的 Guido van Rossum 于 20 世纪 90 年代初设计，作为一门叫作 ABC 的语言的替代品。Python 提供了高效的高级数据结构，还能简单有效地面向对象编程。Python 语法和动态类型，以及解释型语言的本质，使它成为多数平台上写脚本和快速开发应用的编程语言，随着版本的不断更新和语言新功能的添加，逐渐被用于独立的、大型项目的开发。Python 解释器易于扩展，可以使用 C 语言或 C++（或者其他可以通过 C 调用的语言）扩展新的功能和数据类型。Python 并不提供一个专门的数据挖掘环境，但它提供常用的相关算法工具，是学习和开发数据挖掘算法的很好选择。Python 有强大的第三方库，广泛用于数据分析、数据挖掘、机器学习等领域。常用的库有 NumPy、SciPy、pandas、scikit-learn 等。

（2）R

R 语言是用于统计分析、图形表示和报告的编程语言和软件环境。R 语言由 Ross Ihaka 和 Robert Gentleman 在新西兰奥克兰大学创建，目前由 R 语言开发核心团队开发。R 语言在 GNU（通用公共许可证）下免费提供，并为各种操作系统（如 Linux、Windows 和 macOS）提供预编译的二进制版本。这种编程语言被命名为 R 语言，是基于两个 R 语言作者的名字的第一个字母进行命名的。

（3）Java

Java 是一门面向对象编程语言，不仅吸收了 C++ 语言的各种优点，还摒弃了 C++ 里难以理解的多继承、指针等概念，因此 Java 语言具有功能强大和简单易用两个特征。Java 语言作为静态面向对象编程语言的代表，极好地实现了面向对象理论，允许程序员以优雅的思维方式进行复杂的编程。Java 具有简单性、面向对象、分布式、健壮性、安全性、平台独立与可移植性、多线程、动态性等特点。Java 可以编写桌面应用程序、Web 应用程序、分布式系统和嵌入式系统应用程序等。

（4）MATLAB

MATLAB 是美国 MathWorks 公司出品的商业数学软件，用于数据分析、无线通信、深度学习、图像处理与计算机视觉、信号处理、量化金融与风险管理、机器人、控制系统等领域。MATLAB 是 matrix 和 laboratory 两个词的组合，意为矩阵工厂（矩阵实验室），软件主要面对科学计算、可视化以及交互式程序设计的高科技计算环境。它将数值分析、矩阵计算、科学数据可视化以及非线性动态系统的建模和仿真等诸多强大功能集成在一个易于使用的视窗环境中，为科学研究、工程设计以及必须进行有效数值计算的众多科学领域提供了一种全面的解决方案，并在很大程度上摆脱了传统非交互式程序设计语言（如 C、Fortran）的编辑模式。

根据上述介绍，绘制了表 5-2，对比了 Python、MATLAB、R、Java 四种工具，可以帮助读者更好地了解它们的功能和特性，从而更好地选择适合自己需求的工具。

表 5-2 Python、R、Java、MATLAB 功能和特性对比

功能和特性	Python	R	Java	MATLAB
编程语言类型	高级、通用编程语言	高级编程语言	高级、面向对象编程语言	高级编程语言
用途	通用编程、数据科学、机器学习、Web 开发	统计分析、数据可视化、学术研究	通用编程、企业级应用开发、Android 开发	科学计算、工程学、数据分析
语法	简洁、易读、灵活	灵活、函数式编程	严格、面向对象、类型安全	相对简洁、线性代数表达
社区支持	庞大、活跃	庞大、活跃	庞大、活跃	庞大、活跃
可扩展性	丰富的库和包支持、易于集成	丰富的包和库、易于扩展	强大的生态系统、广泛支持	丰富的工具箱、易于使用
学习曲线	平缓	平缓	相对陡峭	平缓

5.3.2 Python 基本操作

Python 是一种高级、通用、解释型的编程语言，以其简单易学、代码可读性强、功能丰富等特点而广受欢迎，成为软件开发、科学计算、数据分析、人工智能等领域的首选语言之一。

Python 的历史可以追溯到 1989 年，当时 Guido van Rossum 开始着手开发这门语言。1991 年，第一个 Python 版本（0.9.0）发布，正式标志着 Python 的诞生。在接下来的几年里，Python 不断发展壮大，逐渐成为一种受欢迎的编程语言。

1994 年，Python 的第一个正式版本（1.0）发布，引入了模块系统和异常处理等功能。随着时间的推移，Python 的功能不断扩展，引入了更多的功能和特性。

2000 年，Python 2.0 发布，引入了新的特性，如垃圾回收机制、Unicode 支持、列表

推导等。Python 2.x 系列成为主流版本，在接下来的十多年里得到了广泛的应用。

然而，随着时间的推移，Python 2.x 的局限性逐渐显现出来，例如不支持新的语言特性、不适应现代编程需求等。因此，Python 社区决定推出 Python 3.x 系列，以解决这些问题。

2008 年，Python 3.0 发布，引入了许多新特性和改进，如 print 函数改为 print() 函数、整数除法改为浮点数除法、更好的 Unicode 支持等。虽然 Python 3.x 系列与 Python 2.x 系列不兼容，但随着时间的推移，Python 3.x 逐渐取代了 Python 2.x，成为主流版本。

当前，Python 3.x 系列的最新版本是 Python 3.12，它继续引入了许多新特性和改进，不断提升 Python 的功能和性能。

Python 已经成为世界上最受欢迎的编程语言之一，广泛应用于各种领域和行业中。

首先，在 Web 开发领域，Python 以其简洁的语法和强大的框架如 Django 和 Flask 等而闻名，使得开发者能够快速构建稳健的 Web 应用程序；其次，在科学计算领域，Python 拥有丰富的科学计算库，如 NumPy、SciPy 和 pandas，这些库提供了高效的数学和统计计算功能，被广泛应用于工程、物理学、生物学等科学领域；此外，在数据分析领域，Python 是数据科学家和分析师的首选工具，其数据处理和可视化库如 matplotlib、seaborn 和 Plotly 能够帮助用户清晰地理解和解释数据；在人工智能和机器学习领域，Python 拥有诸多优秀的机器学习库如 TensorFlow、PyTorch 和 scikit-learn，这些库提供了丰富的算法和工具，使得开发者能够轻松实现各种机器学习模型和应用；另外，在自然语言处理领域，Python 拥有强大的自然语言处理库如 NLTK、spaCy 和 Gensim，这些库提供了各种文本分析和处理工具，使得开发者能够处理和分析大规模文本数据。总的来说，Python 在 Web 开发、科学计算、数据分析、人工智能等领域都有着广泛的应用，成为众多开发者和研究人员的首选工具。接下来，我们将详细介绍几类使用 Python 进行数据分析的常用语句。

（1）数据读取

Python 提供了多种用于数据读取的工具和库，这些工具和库可以帮助用户从各种来源读取数据，包括文件、数据库、网络等。

1）文件读取。Python 内置的 open() 函数可以用于打开文件并读取其中的内容。用户可以指定文件路径、打开模式（如读取模式、写入模式、追加模式等）以及编码方式。常用的文件读取方法包括 read()、readline() 和 readlines()，分别用于读取整个文件、逐行读取和将文件内容读取为列表。

2）CSV 文件读取。Python 的标准库 csv 提供了用于读取和写入 CSV 文件的功能。用户可以使用 csv.reader() 或 csv.DictReader() 方法读取 CSV 文件中的数据。csv.reader() 返回的是一个迭代器，逐行读取 CSV 文件中的数据；而 csv.DictReader() 返回的是一个字典迭代器，每行数据都以字典的形式返回，字段名作为键，字段值作为值。

3）Excel 文件读取。Python 中常用的用于读取 Excel 文件的库包括 pandas 和 openpyxl。pandas 库的 read_excel() 函数可以直接读取 Excel 文件并返回 DataFrame 对象。openpyxl 库提供了更底层的操作接口，用户可以使用它来读取和写入 Excel 文件的数据。

4）JSON 文件读取。Python 的标准库 json 提供了用于读取和解析 JSON 格式数据的功能。用户可以使用 json.load() 函数从文件中读取 JSON 数据并解析为 Python 对象。

5）数据库读取。Python 提供了多种用于连接和操作数据库的库，如 sqlite3、MySQL Connector、psycopg2 等。用户可以使用这些库来连接数据库并执行 SQL 查询操作，获取数据库中的数据。

6）网络数据读取。Python 提供了多种用于处理网络数据的库，如 requests、urllib 等。用户可以使用这些库来发送 HTTP 请求并获取网络数据，如网页内容、API 接口返回的数据等。

7）其他数据格式读取。Python 还提供了用于读取其他数据格式的库，如 pickle 用于读取 Python 对象的序列化数据、h5py 用于读取 HDF5 格式数据等。

通过以上提供的数据读取工具和库，用户可以方便地从各种不同的数据源读取数据，并进行进一步的处理、分析和可视化。

（2）数据预处理

数据预处理是数据分析和机器学习任务中至关重要的一步，它涉及对原始数据进行清洗、转换、缺失值处理、特征选择等操作，以准备数据用于后续的建模和分析。Python 提供了丰富的工具和库，使得数据预处理过程变得高效和灵活。

1）数据清洗。数据清洗是数据预处理的首要步骤，其目的是识别和纠正数据中的错误、不一致性和异常值，以确保数据的质量和准确性。常见的数据清洗操作包括：

① 去除重复值：使用 drop_duplicates() 方法去除重复行或 duplicated() 方法标识重复行。

② 处理异常值：使用统计方法或可视化方法识别和处理异常值，如箱线图、散点图等。

③ 填充缺失值：使用 fillna() 方法填充缺失值，可以使用均值、中位数、众数等来填充。

2）数据转换。数据转换是将原始数据转换为更适合模型训练的形式的过程，包括特征缩放、特征编码、特征抽取等操作。常见的数据转换操作包括：

① 特征缩放：使用 StandardScaler 或 MinMaxScaler 等进行特征缩放，使得特征具有相似的尺度和分布。

② 特征编码：对分类变量进行编码，如独热编码（one-hot encoding）或标签编码（label encoding）。

③ 特征抽取：使用主成分分析（PCA）或奇异值分解（SVD）等将原始数据转换为更低维度的表示形式，以降低模型复杂度和计算成本。

3）缺失值处理。缺失值是数据预处理中常见的问题之一，需要采取适当的策略来处理。常见的缺失值处理方法包括：

① 删除缺失值：使用 dropna() 方法删除含有缺失值的行或列。

② 填充缺失值：使用 fillna() 方法填充缺失值，可以使用均值、中位数、众数等来填充。

4）特征选择。特征选择是从原始特征集中选择出最具有代表性和影响力的特征的过程，以降低模型复杂度和提高模型性能。常见的特征选择方法包括：

①过滤法：基于统计检验或相关性评分对特征进行筛选，如方差筛选、互信息筛选等。

②包裹法：使用特定的机器学习算法（如递归特征消除）来评估特征的重要性，并选择最优的特征子集。

③嵌入法：在模型训练过程中自动选择最优的特征，如Lasso回归、岭回归等。

5）数据合并和重塑。数据合并是将多个数据集按照一定的规则合并成一个数据集的过程，常用的方法包括连接（join）和合并（merge）。数据重塑是将数据按照一定的规则重塑为符合模型输入要求的形式的过程，常用的方法包括数据透视表（pivot table）和堆叠（stack）。

（3）探索性数据分析

探索性数据分析（exploratory data analysis，EDA）是在数据分析过程中的一项重要步骤，旨在通过可视化和统计方法探索数据的结构、特征和相关性，以便更好地理解数据并发现潜在的模式和趋势。Python提供了丰富的工具和库，用于进行探索性数据分析。以下是Python中常用的探索性数据分析操作的概述：

1）数据加载和观察。在进行探索性数据分析之前，首先需要加载数据集并进行初步的观察，了解数据的基本信息和结构。Python中常用的工具包括pandas和NumPy。

使用pandas的read_csv()函数加载CSV文件或read_excel()函数加载Excel文件。

使用DataFrame的head()方法查看数据的前几行，以及info()方法查看数据的基本信息，包括列名、数据类型和缺失值情况。

```
import pandas as pd
# 加载数据集
data = pd.read_csv('data.csv')
# 查看数据的前几行和基本信息
print(data.head())
print(data.info())
```

2）数据摘要统计。数据摘要统计是探索性数据分析的重要部分，它可以帮助我们了解数据的分布、中心趋势和离散程度。pandas提供了方便的描述性统计方法。

使用DataFrame的describe()方法生成数值型特征的统计摘要，包括均值、标准差、最小值、最大值等。

使用value_counts()方法统计分类变量的频数。

```
# 查看数值型特征的统计摘要
print(data.describe())
# 统计分类变量的频数
print(data['category'].value_counts())
```

3）数据可视化。数据可视化是探索性数据分析的重要手段，可以帮助我们直观地理解数据的分布、关系和趋势。Python 中常用的数据可视化工具包括 Matplotlib、seaborn 和 Plotly 等。

　　直方图：使用 histplot() 方法绘制数值型特征的直方图。

　　箱线图：使用 boxplot() 方法绘制数值型特征的箱线图。

　　散点图：使用 scatterplot() 方法绘制两个数值型特征之间的散点图。

　　折线图：使用 lineplot() 方法绘制数值型特征随时间变化的趋势图。

　　热力图：使用 heatmap() 方法绘制特征之间的相关性热力图。

```python
import seaborn as sns
import matplotlib.pyplot as plt
# 绘制直方图
sns.histplot(data['numeric_feature'], bins = 20, kde = True)
plt.show()
# 绘制箱线图
sns.boxplot(x = 'category', y = 'numeric_feature', data = data)
plt.show()
# 绘制散点图
sns.scatterplot(x = 'feature1', y = 'feature2', data = data)
plt.show()
# 绘制折线图
sns.lineplot(x = 'date', y = 'numeric_feature', data = data)
plt.show()
# 绘制热力图
correlation_matrix = data.corr()
sns.heatmap(correlation_matrix, annot = True, cmap = 'coolwarm')
plt.show()
```

　　4）相关性分析。相关性分析是探索性数据分析的重要内容，可以帮助我们了解特征之间的相关关系和影响因素。pandas 和 seaborn 提供了方便的方法来计算和可视化特征之间的相关性。

　　使用 corr() 方法计算特征之间的相关系数矩阵。

　　使用热力图可视化特征之间的相关性。

```python
# 计算相关系数矩阵
correlation_matrix = data.corr()
# 可视化特征之间的相关性
sns.heatmap(correlation_matrix, annot = True, cmap = 'coolwarm')
plt.show()
```

　　5）异常值和缺失值分析。异常值和缺失值是探索性数据分析中需要重点关注的问题，需要识别和处理。通过可视化和统计方法，我们可以发现数据中的异常值和缺失值，并进行相应的处理。

使用箱线图识别异常值。

使用 isnull() 方法统计缺失值数量。

使用缺失值填充或删除等方法处理缺失值。

```
# 绘制箱线图识别异常值
sns.boxplot(x = 'category', y = 'numeric_feature', data = data)
plt.show()
# 统计缺失值数量
print(data.isnull().sum())
# 处理缺失值：填充或删除
data.fillna(method = 'ffill', inplace = True)
```

（4）回归模型构建

当构建数据回归模型时，Python 为数据科学家和分析师提供了丰富的工具和库，使得整个过程变得高效且易于实现。以下是一个对回归模型构建过程的简单叙述，涵盖了构建数据回归模型的所有步骤和常用工具。

1）导入库。在 Python 中构建数据回归模型的第一步是导入所需的库。这些库包括用于数据处理的 pandas，用于数据可视化的 matplotlib 和 seaborn，以及用于机器学习建模的 scikit-learn 等。导入这些库可以使用以下代码：

```
import pandas as pd
import numpy as np
import matplotlib.pyplot as plt
import seaborn as sns
from sklearn.model_selection import train_test_split
from sklearn.linear_model import LinearRegression
from sklearn.metrics import mean_squared_error, r2_score
```

2）准备数据。准备数据是构建数据回归模型的关键步骤之一。这包括加载数据集并进行必要的数据清洗和预处理。首先，可以使用 pandas 加载数据集：

```
# 加载数据集
data = pd.read_csv('data.csv')
```

然后，我们可以进行数据清洗和预处理，包括处理缺失值、处理异常值、特征工程等。例如，可以使用以下代码删除包含缺失值的行：

```
# 删除缺失值
data.dropna(inplace = True)
```

3）划分数据集。一旦数据准备好，就可以将数据集划分为训练集和测试集。这可以使用 scikit-learn 的 train_test_split 函数来实现：

```
# 划分训练集和测试集
X = data[['feature1', 'feature2', ...]]
y = data['target']
X_train, X_test, y_train, y_test = train_test_split(X, y, test_size = 0.2, random_state = 42)
```

4）选择模型。选择合适的回归模型对于构建准确的数据回归模型至关重要。在 scikit-learn 中，有许多回归模型可供选择，包括线性回归、多项式回归、岭回归、Lasso 回归等。例如，可以使用以下代码选择线性回归模型：

```
# 选择线性回归模型
model = LinearRegression()
```

5）训练模型。一旦选择了模型，就可以使用训练集来训练模型。这可以通过调用模型的 fit 方法来完成：

```
# 训练模型
model.fit(X_train, y_train)
```

6）模型评估。训练模型后，我们需要评估模型的性能。对于回归模型，常见的评估指标包括均方误差（MSE）、均方根误差（RMSE）、R 平方值等。我们可以使用测试集数据对模型进行评估：

```
# 在测试集上进行预测
y_pred = model.predict(X_test)

# 计算评价指标
mse = mean_squared_error(y_test, y_pred)
r2 = r2_score(y_test, y_pred)

print(' 均方误差 (MSE) : ', mse)
print('R 平方值 (R^2) : ', r2)
```

7）模型优化。根据评估结果，我们可以进一步优化模型以提高其性能。优化模型的方法包括调整模型参数、特征选择、特征工程等。

8）模型应用。最后，我们可以使用优化后的模型对新数据进行预测或推断。这可以通过调用模型的 predict 方法来实现：

```
# 对新数据进行预测
new_data = pd.DataFrame({'feature1' : [val1], 'feature2' : [val2], ...})
prediction = model.predict(new_data)
```

9）模型解释。最后，我们可以解释模型的结果和参数，分析模型对目标变量的影响和解释能力。这有助于更好地理解数据和问题。

通过以上步骤，可以在 Python 中构建数据回归模型，并进行模型训练、评估和优化，从而实现对数据的预测和分析。Python 提供了丰富的工具和库，使得构建和应用数据回归模型变得更加高效和便捷。

（5）数据写入

当涉及在 Python 中进行数据写入操作时，我们有多种灵活和强大的工具和库可供选择，以便将数据保存到不同的目标，包括文件、数据库、网络服务等。

1）**写入文件**。在 Python 中，写入文件是一种基本的数据写入操作，适用于保存数据到本地文件系统。Python 的内置 open() 函数和文件对象提供了简单而有效的方法来进行文件写入。

① 文本文件写入：使用 open() 函数以写入模式打开文件，并使用文件对象的 write() 方法将数据逐行写入文件。示例代码如下：

```
with open('data.txt', 'w')as f :
    f.write('Hello, world!\n')
    f.write('This is a text file.')
```

② CSV 文件写入：对于写入 CSV 格式的文件，通常使用 Python 的 csv 模块。可以创建一个 CSV 写入器对象，然后使用 writerow() 方法逐行写入数据，或者使用 writerows() 方法一次写入多行数据。示例代码如下：

```
import csv
data = [['Name', 'Age', 'Gender'],
        ['John', 30, 'Male'],
        ['Alice', 25, 'Female']]
with open('data.csv', 'w', newline = '')as f:
    writer = csv.writer(f)
    writer.writerows(data)
```

③ Excel 文件写入：对于写入 Excel 文件，通常使用第三方库 pandas。pandas 的 DataFrame 对象提供了 to_excel() 方法，可以将数据写入 Excel 文件中。示例代码如下：

```
import pandas as pd
data = {'Name' : ['John', 'Alice'],
        'Age' : [30, 25],
        'Gender' : ['Male', 'Female']}
df = pd.DataFrame(data)
df.to_excel('data.xlsx', index = False)
```

2）**写入数据库**。将数据写入数据库是常见的数据持久化操作之一。Python 提供了多个库来连接和操作不同类型的数据库，如 SQLite、MySQL、PostgreSQL 等。

① SQLite 数据库写入：对于 SQLite 数据库，Python 内置了 sqlite3 模块。可以使用 sqlite3 模块建立连接，然后执行 SQL 语句将数据写入数据库中。示例代码如下：

```
import sqlite3
# 连接到 SQLite 数据库
conn = sqlite3.connect('data.db')
# 创建游标对象
cursor = conn.cursor()
# 执行 SQL 语句写入数据
cursor.execute('CREATE TABLE IF NOT EXISTS users (id INTEGER PRIMARY KEY, name TEXT, age INTEGER)')
cursor.execute('INSERT INTO users (name, age)VALUES (?, ?)', ('John', 30))
# 提交事务并关闭连接
conn.commit()
conn.close()
```

② MySQL 数据库写入：对于 MySQL 数据库，可以使用 mysql-connector-python 库进行连接和操作。示例代码如下：

```
import mysql.connector
# 连接到 MySQL 数据库
conn = mysql.connector.connect(host = 'localhost', user = 'root', password = 'password', database = 'mydb')
# 创建游标对象
cursor = conn.cursor()
# 执行 SQL 语句写入数据
cursor.execute('CREATE TABLE IF NOT EXISTS users (id INT AUTO_INCREMENT PRIMARY KEY, name VARCHAR(255), age INT)')
cursor.execute('INSERT INTO users (name, age)VALUES (%s, %s)', ('John', 30))
# 提交事务并关闭连接
conn.commit()
conn.close()
```

3）写入网络服务。Python 也提供了多种用于写入网络服务的库，如 requests、urllib 等。这些库可以用于向远程服务器发送数据并将数据写入网络服务中，如 Web API 接口、FTP 服务器等。

本章习题

1. 在 Python 中，用于数据可视化的流行库之一是_____。

2. 在数据可视化中，用于表示两个变量之间关系的图表类型是（　　）。

A. 条形图　　　　　　　B. 饼图　　　　　　　C. 散点图　　　　　　　D. 折线图

3. 判断：MySQL 是一种关系型数据库管理系统，其主要特点是支持多线程和多用户。

（　　）

4. 判断：在 Oracle Database 中，PL/SQL 是一种用于编写存储过程和触发器的编程语言。

（　　）

5. 判断：Microsoft SQL Server 不支持与其他数据库管理系统的数据同步。　　（　　）

6. 简述数据可视化的主要作用。

7. Python 语言在数据科学领域的优势有哪些？

第6章
新能源汽车运行大数据应用实例

学习目标：

- 了解正态分布与 3σ 准则在电池系统故障分析中的应用
- 了解径向基函数神经网络在电池安全风险评估、健康状态评估中的应用
- 了解统计学方法、数据可视化方法在新能源汽车能耗分析中的应用
- 了解马尔可夫方法在新能源汽车工况构建中的应用

随着新能源汽车产业的不断发展，新能源汽车运行数据和运营数据呈现爆炸式增长，如何通过大数据分析挖掘技术发现车辆运行数据中潜在的有价值的信息是政府相关部门、电动车辆生产销售企业以及个人消费者所关心和关注的问题。本章主要分为动力电池系统故障分析、动力电池系统安全风险评估、动力电池系统健康状态评估、新能源汽车能耗影响分析特征、新能源汽车行驶工况构建五个部分，从应用背景、数据准备、模型构建、案例分析四个维度分别介绍车辆大数据分析的具体案例。

6.1　动力电池系统故障分析

6.1.1　应用背景

动力电池系统是由多个单体电池串并联组合而成，目前车载动力电池系统以串联为主。动力电池系统内串联单体电池的规格和型号一般是完全相同的，因此动力电池系统内的每个单体电池在理论上具有轮换对称性。根据串联等流的特点，每个单体电池的端电压数值理论上应该相等。但电池单体在生命的最开始就存在制造误差，导致单体电池之间内阻存在误差，反应在端电压上会存在不一致现象。由于制造误差一般属于随机误差，根据中心极限定理，随机误差应服从高斯分布，因此在无其他控制因素（衰退不一致、热场不一致等）影响的理想状态下，动力电池单体的端电压应该服从高斯分布。在动力电池使用的初期，受控制因素的累加影响较低，与理想正态分布较为接近。现有研究对电动车锂离子电池组进行了不一致统计分析，试验得出在动力电池使用初期，动力电池电压对正态分布的拟合优度很高；但随着动力电池的不断使用，受外界环境因素和自身衰退速率不一致的影响，动力电池单体端电压的分布会发生变化。本节介绍以正态分布为核心的 3σ 多层次筛选算法，用于过滤大数据环境下的动力电池异常数据，并基于此算法检测动力电池单体电压受各种控制因素导致的衰退不一致，对偏离中心的离群点进行识别。

6.1.2　数据准备

输入数据选用同型号新能源汽车运行数据，动态数据内容主要包含数据记录时间、动力电池单体端电压、动力电池荷电状态（state of charge，SOC）、总电流等，静态数据包括车辆动力电池型号、规格、以及电池包物理结构等。

6.1.3　模型构建

在新能源汽车实车运行过程中，不同电池单体在不同时刻的单体端电压构成矩阵 $\boldsymbol{D}$：

$$\boldsymbol{D} = \begin{pmatrix} U_{1,1} & \cdots & \cdots & U_{1,n} \\ \vdots & & U_{t,j} & \vdots \\ U_{m,1} & & \cdots & U_{m,n} \end{pmatrix} \tag{6-1}$$

式中，$U_{t,j}$ 为单体 j 在 t 时刻的单体电压。

高斯分布又名正态分布，在自然界中，很多随机变量的概率分布都可以用正态分布来近似拟合，高斯分布公式如下：

$$f(x) = \frac{1}{\sqrt{2\pi}\sigma} \exp\left[-\frac{(x-\mu)^2}{2\sigma^2} \right] \tag{6-2}$$

$$U_t \sim (\mu_t, \sigma_t) \tag{6-3}$$

基于高斯分布建立多层次故障单体筛选算法，可以有效地剔除不同数量级的错误数据，进而建立相对准确的集群中心。

3σ 多层次筛选算法（3σ multi-level screening strategy）主要用来在复杂数据异常环境下计算集群的理想中心点，进而通过中心点和阈值范围识别和判定离群点。计算集群中心点位置的算法一般为均值法和中位数法。而在海量动力电池单体电压数据处理过程中，由于存在数据溢出等不可控数据故障，数据往往存在不同量级的数值错误，这样在计算中心值时，中心值与理想中心值会有较大差值。如图 6-1 所示，C0 为根据原始数据计算得到的 3σ 阈值范围中心，从图中我们可以明显看出 C0 的位置被 P2、P3、P4 这三个离群点影响，使得圆心偏向离群点方向，同时原本应该在 3σ 圆内的点 P1 被误判为离群点。因此，C0 作为数据集中心会导致阈值圆偏离，不能准确描述数据中心。C1 为经过 3σ 多层次筛选算法过滤后得到的 3σ 阈值范围中心，其不受离群点影响，具有较好的准确性和鲁棒性。

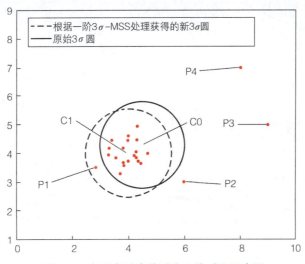

图 6-1　离群点过滤前后中心值对比示意图

所建立的 3σ 多层次筛选算法具体计算流程如图 6-2 所示，图中①到②之间为核心计算模块，模型运行输入为多层次迭代次数 k 或者迭代出口阈值 δ。流程可以总结为：

1）在车辆运行数据中将目标属性数据筛选出来。

2）对数据库中根据 GB/T 32960 存储的数据进行解码和转换，得到原始数据矩阵。

3）对数据进行数据清洗（丢包处理、误码处理）、数据整合、数据切片重构，得到计算矩阵 $\boldsymbol{D}$。$\boldsymbol{D}$ 即为模型核心计算模块的输入。

4）将 $\boldsymbol{D}$ 输入计算模块中，迭代计算得到每个单体的故障频率，得到故障向量 $\boldsymbol{R}$。

5）根据单体的故障频率，对向量进行预分析，将故障进行分类。

6）将计算单元模块化，并对算法 API 和海量计算性能进行优化。

7）进行数据统计计算并输出结果。

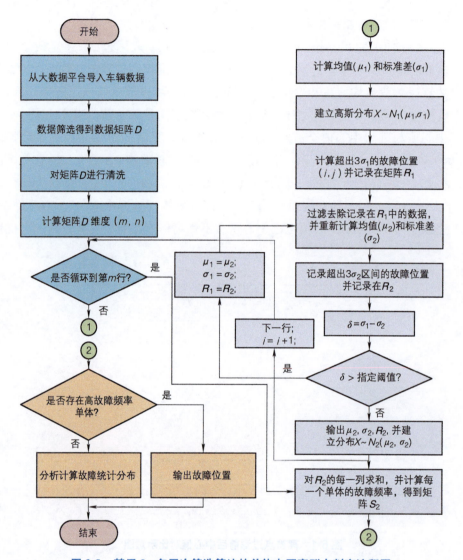

图6-2 基于 3σ 多层次筛选算法的单体电压离群点判定流程图

6.1.4 应用案例

基于动力电池电压离群点检测模型，本节首先对北京地区某型号乘用车大样本进行了数据分析，车型为纯新能源汽车，共91块单体电池。通过对数据分析结果进行整理和聚类，动力电池电压故障频率向量的故障形式可定义为两种：

1）对于少部分车辆，某个电池单体的端电压离群程度非常高，经常超过90%，且这种故障的电池单体位置不确定。这种故障在本节中定义为随机电压离群故障，其发生的主要原因是制造不合格或者局部特殊事故，属于随机故障。

2）对于大部分车辆，电池单体端电压的离群程度较低，通常低于35%，且故障位置较为固定。这种故障在同型号车辆中大量发生，其主要是由一些动力电池系统设计问题

（风道设计问题、隔热设计问题等）造成的，其发生频率不高，且经常发生在车辆上的固有位置，属于固有故障。

图 6-3 为电池单体电压离群故障频率统计图，图中横坐标为电池编号，纵坐标为故障频率。图 6-3a 为典型的第一类故障，其故障频率较高且故障位置随机；图 6-3b ~ d 为第二类故障，从图中可以看出此类电压离群频率异常位置稳定在编号为 12、40 和 60 的电池单体，且故障频率较低。

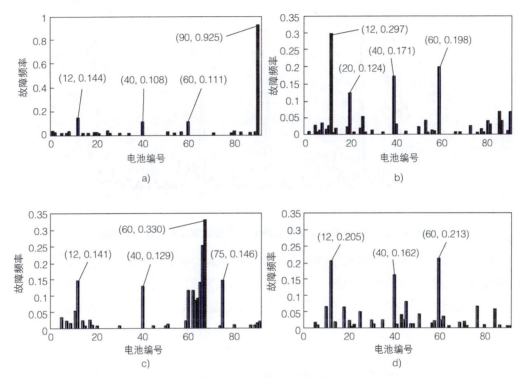

图 6-3　动力电池系统单体电压随机故障和固有故障两种形式对比

结合大数据计算技术，对海量同型号新能源汽车单体电压离群程度进行多级计算，得到大数据分析结果。其中第一级计算中，结合电压离群点计算模型，对原始数据进行扫描计算，得到故障频率矩阵集；二级计算中，建立 3 层 BP 神经网络，对动力电池故障频率矩阵集进行拟合。在数据分析中，由于随机故障发生情况偶然，发生位置不确定，因此在动力电池系统同一位置的第一类故障的比例极低，远小于样本总数。

在大数据量的统计分析中，故障频率正比于同一位置发生故障的车辆数，正比于单车该电池位置故障发生频率。由于随机故障具有偶然性，大规模统计中动力电池系统任意位置单体的第一类离群故障频率均较低，不具有统计学意义。大量同型号车辆的电压离群故障频率拟合时，第一类随机故障频率可以忽略，第二类固有故障的故障单体位置和故障程度可以较好反映。

基于动力电池电压离群点分析模型分析某型号乘用车群体运行数据，计算电压离群故障频率集合，集合维度与样本车辆数一致；运用神经网络进行拟合故障频率与单体位置关系，得到该型号新能源汽车动力电池单体电池端电压离群故障频率向量，如图6-4所示。图中横坐标为电池单体编号，纵坐标为电压离群故障频率。目标新能源汽车的动力电池类型为三元锂离子电池，共有单体电池91块。从图中可以看出，在动力电池系统中，编号为12、40、60的电池单体，端电压偏离整体中心值频率较高，分别为0.197、0.142、0.160；而其余电池单体端电压偏离中心的频率在 [0，0.05] 之间。

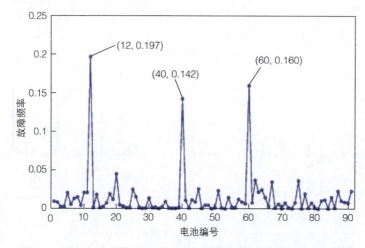

图6-4　动力电池系统单体电池端电压离群故障频率统计分析向量

通过对所研究型号新能源汽车的动力电池系统结构分析，发现动力电池端电压离群故障频率较高的位置均在电池系统的前下方，如图6-5所示。由此可以说明数据分析结果与实车的物理空间之间存在一定对应关系，为定位动力电池故障提供了新的解决方向。

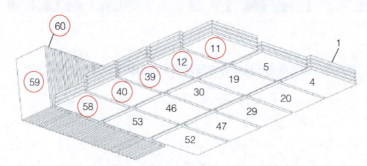

图6-5　动力电池系统故障单体位置的实车验证

6.1.5　总结

通过结合大数据技术手段，基于3σ多层次筛选算法的动力电池系统电池单体端电压离群分析可有效解析车辆动力电池系统异常情况，实现对整体故障水平较高的单体进行故障定位和故障程度分析，对同车型广泛存在的固有故障实现定位和量化评估，综合实现对动力电池系统的潜在故障挖掘和缺陷分析。该方法可为车辆生产设计环节提供数据支撑与分析反馈，可用于提高新能源汽车使用可靠性，降低潜在故障风险。

6.2　动力电池系统安全风险评估

6.2.1　应用背景

内阻是反映电池安全性的重要参数之一，根据焦耳定律，内阻过大的电池会产生多余热量，使电池更容易越过热失控临界条件而发生不可逆的热失控。基于内阻异常的电池安全风险评估可以提前发现安全隐患，避免热失控发生。现有电池内阻估计方法基于实验室脉冲循环试验或动应力试验等稳定工况下高频率的电压和电流，其在稀疏参数、随机电流工况下精度低，无法在实车场景下有效评估电池安全风险。针对上述问题，本节首先分析了现有递归最小二乘法在稀疏参数、随机电流工况下电池内阻估计精度低、算法不收敛等问题，提出结合行驶片段提取、收敛性判断、误差归一化等多个策略的鲁棒内阻估计方法。之后，考虑温度、里程、SOC 对内阻的影响，构建径向基函数神经网络模型拟合正常内阻，并提出残差评估策略评估电池安全风险。

6.2.2　数据准备

本案例使用了 14 辆同车型的新能源汽车数据，数据采集频率为 0.1Hz。使用的新能源汽车时间序列数据示例见表 6-1。数据以二维矩阵的格式存储和使用，其中每一行代表不同时刻，相邻数据行之间的采样间隔为 10s。每一列代表不同参数，包含里程、车速等车辆参数与总电压、总电流、荷电状态（SOC）、单体电压、探针温度等电池相关参数。

表 6-1　使用的新能源汽车时间序列数据示例

数据采集时间	里程 /km	总电压 /V	总电流 /A	SOC（%）	单体最高电压 /V	单体最低电压 /V
2022-10-25 11：09：44	105521	393.6	39.4	86	4.018	3.999
2022-10-25 11：09：54	105521	387.7	129	86	3.960	3.907
…						
2022-10-25 11：25：04	105530	387.4	91.5	84	3.954	3.916
2022-10-25 11：25：14	105530	385.3	116.5	83	3.937	3.894

6.2.3　电池系统安全风险评估模型构建

本案例基于电池电压、电流等参数，提出考虑温度、里程、SOC 共 3 个影响因素的电池内阻异常识别方法，如图 6-6 所示。首先，构建基于融合径向基函数（radial basis function，RBF）与多层感知机（multilayer perceptron，MLP）的神经网络，建立了输入里程、温度、SOC 和输出正常内阻之间的非线性关系，并基于双层网格搜索方法优化神经网络超参数，提高模型精度。之后，基于正常电池内阻估计值与预测值的残差，构建正常内阻边界，构建不同温度、里程、SOC 下的正常内阻规律。结合正常内阻值与边界，识别内阻异常，评估电池安全风险。

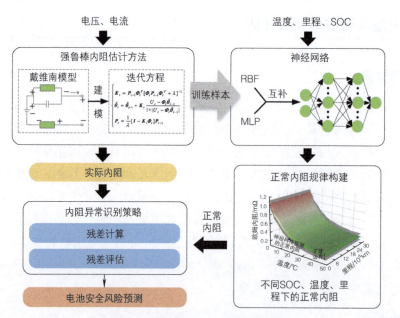

图6-6　电池内阻异常识别方法流程

老化状态、温度和SOC是影响电池内阻的三个主要因素。这三个因素与内阻之间的非线性关系复杂，很难采用电池机理方程描述。因此，现有研究多采用电化学阻抗谱等试验测试方法，测定特定温度、SOC下的电池内阻值，其测试流程重复、复杂，且未能构建实车全生命周期多因素影响下的内阻演变规律。针对上述问题，本案例构建神经网络模型，以上述三个因素为输入，以有限的正常电池实际内阻为输出，拟合电池正常内阻曲面。

根据4.5.3节介绍的神经网络模型，神经网络的主要形式包括全连接神经网络、循环神经网络、卷积神经网络（convolutional neural network，CNN）及它们的变体。循环神经网络通常用于处理时间序列数据，CNN通常用于提取特征，不符合本问题的建模场景。全连接神经网络可以输入老化状态、温度和SOC，并输出正常内阻，进而构建他们之间的非线性关系，并拟合电池正常内阻曲面。全连接神经网络的常用形式有MLP和RBF神经网络。

MLP神经网络也称为人工神经网络，被认为是神经网络的基本形式，其由输入层、输出层和若干隐藏层组成。通过各神经元加权求和连接各层，采用非线性激活函数建立输入和输出参数之间的非线性关系。

MLP隐藏层神经元描述为

$$h = \sigma\left(\sum_{r=1}^{m} \omega_r x_r\right)$$ （6-4）

式中，ω为各神经元的权重；σ为激活函数。

输出层神经元描述为

$$y = \sigma\left(\sum_{s=1}^{l} \omega_s h_s\right)$$ （6-5）

RBF 神经网络被广泛应用于系统控制和参数预测。RBF 由输入层、输出层和一个隐藏层组成。与 MLP 不同的是，RBF 神经网络的隐藏层和输入层通过径向基核函数连接。根据 Cover 定理，核函数将数据映射到更高的维度，增强数据的线性可分性。根据隐藏层神经元数量的不同，RBF 神经网络可分为正则 RBF 与广义 RBF，其中正则 RBF 的隐藏层神经元数目等于样本大小，广义 RBF 隐藏层神经元数目小于样本大小。

使用 MLP 或 RBF 拟合电池正常内阻曲面时存在三个问题：

① 正则 RBF 网络结构过于庞大，广义 RBF 因受神经元数目限制，样本经过核函数高维映射后线性不可分，而现有方法在输出层只使用线性计算，无法实现非线性回归。

② 新能源汽车运行过程中的不确定噪声和随机电池老化路径使得正则 RBF 在高维映射时过拟合。

③ 与 CNN、RBF 相比，MLP 结构简单，对复杂数据的拟合精度较低。

针对上述问题，本案例在广义 RBF 之后增加一个非线性全连接层，以应对问题①和问题②。同时，在全连接层之前加入了 RBF，将样本先映射到更高的维度，提高样本的可分性，进而提高 MLP 精度并应对问题③。建立的神经网络结构如图 6-7 所示，由输入层、RBF 隐藏层、全连接层和输出层共 4 层组成。首先通过 RBF 隐藏层将数据映射到高维以增强可分性，然后通过全连接隐藏层进行非线性变换输出正常内阻。

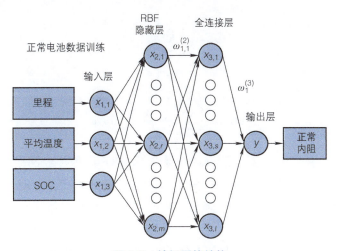

图 6-7　神经网络结构

为了实车应用，神经网络的输入需要由实车传感器直接获取。温度由温度探针直接测量，电池老化状态由累计行驶里程表征。利用正常车辆历史数据训练正常内阻与输入温度、行驶里程、SOC 之间的非线性关系，并构建正常内阻曲面，用于后续电池安全风险评估。

本案例神经网络具体建模如下：

使用高斯函数作为输入层与 RBF 隐藏层之间的传递函数，其描述为

$$\varphi_r(\| x_1 - x_2 \|) = \exp\left(-\frac{1}{2\sigma_r^2} \| x_1 - x_2 \|^2 \right) \qquad (6\text{-}6)$$

全连接隐藏层的神经元描述为

$$x_{3,s} = \sum_{r=1}^{m} \omega_{r,s}^{(2)} \varphi_r(\| x_1 - x_2 \|) \tag{6-7}$$

为了实现非线性变换，需要在全连接的隐藏层和输出层之间增加一个非线性激活函数。根据数据范围的不同，选用不同的激活函数。Sigmoid 对应数据范围为（0, 1），tanh 对应数据范围为（−1, 1）。本案例数据归一化后的范围为（−1, 1），因此采用 tanh 函数，其描述为

$$\tanh(x) = \frac{\sin x}{\cos x} = \frac{e^x - e^{-x}}{e^x + e^{-x}} \tag{6-8}$$

输出层的计算公式为

$$y = \tanh\left(\sum_{s=1}^{l} \omega_s^{(3)} x_{3,s} \right) \tag{6-9}$$

内阻计算是一个回归问题，损失函数主要有两种定义，即均方误差（mean squared error，MSE）和平均相对误差（mean relative error，MRE）：

MSE：

$$\text{Loss} = \frac{1}{n} \sum_{i=1}^{n} (y_i - \hat{y}_i)^2 \tag{6-10}$$

MRE：

$$\text{Loss} = \frac{1}{n} \sum_{i=1}^{n} \frac{|y_i - \hat{y}_i|}{y_i} \times 100\% \tag{6-11}$$

在训练样本中，有些内阻值非常小。如果选择 MRE 作为神经网络的损失函数，内阻值较小的样本相对误差较大，在计算损失函数时所占的比例更大。这种情况下，神经网络会优先拟合那些内阻值小的样本，降低了对整体样本拟合的准确性，因此本案例选择 MSE。

神经网络在训练前需要确定一些超参数，其中，结构方面的超参数包括：a.RBF 隐藏层神经元数量；b. 全连接隐藏层神经元数量。训练过程的超参数包括：a. 学习速率；b. 训练批量；c. 训练周期；d. 总输入样本。本案例采用"双层网格法"对 RBF 隐藏层神经元数量、全连接隐藏层神经元数量和学习速率三个超参数进行优化，提高神经网络的精度。"双层网格法"基本思路是在第一轮网格搜索得到的最优范围内进行二次网格搜索，以获得不同超参数组合的最佳精度，流程见表 6-2。此流程比现有网格法计算时间更长，但可以得到全局最高精度。这样设计原因如下：a. 正常内阻曲面是后续安全风险评估的基础，其精度至关重要；b. 本案例构建的神经网络结构简单，训练速度快；c. 神经网络离线训练，有足够的时间进行优化。

表 6-2　超参数优化流程

输入	正常内阻，以及对应的温度、里程和 SOC
输出	优化的超参数
1	超参数区间初始化：RBF 隐藏层神经元数量：$n \times 10$，全连接隐藏层神经元数量：$m \times 10$，学习速率：10^{-q}（$n \in N = \{1,2,\cdots,10\}$；$m \in M = \{1,2,\cdots,10\}$；$q \in Q = \{1,2,\cdots,5\}$）
2	For N 中的每个 n：
3	For M 中的每个 m：
4	For Q 中的每个 q：
5	训练神经网络并计算 $\mathrm{MSE}_{n,m,q}$
6	计算最小的 MSE 和对应的 $n_{\min}$、$m_{\min}$ 和 $q_{\min}$
7	超参数区间初始化：RBF 隐藏层神经元数量：n，全连接隐藏层神经元数量：m，学习速率：q（$n \in N = \{n_{\min}-5, n_{\min}-4, \cdots, n_{\min}+5\}$；$m \in M = \{m_{\min}-5, m_{\min}-4, \cdots, m_{\min}+5\}$；$q \in Q = \{0.5 \times 10^{-q_{\min}}, 0.6 \times 10^{-q_{\min}}, \cdots, 1 \times 10^{-q_{\min}}, 2 \times 10^{-q_{\min}}, \cdots, 5 \times 10^{-q_{\min}}\}$）
8	For N 中的每个 n：
9	For M 中的每个 m：
10	For Q 中的每个 q：
11	训练神经网络并计算 $\mathrm{MSE}_{n,m,q}$
12	计算最小的 MSE 和对应的 $n_{\min}$、$m_{\min}$ 和 $q_{\min}$ 作为最终确定的 RBF 隐藏层神经元数量、全连接隐藏层神经元数量、学习速率

构建的正常内阻曲面，如图 6-8 和图 6-9 所示。图 6-8 为不同温度和里程下的平均正常内阻。图 6-9 为不同 SOC 和温度区间下的平均正常内阻。正常内阻随温度的降低而增大，受 SOC 和里程影响较小。

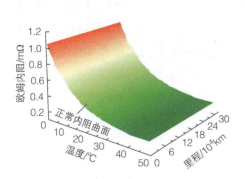

图 6-8　不同温度和里程下的平均正常内阻

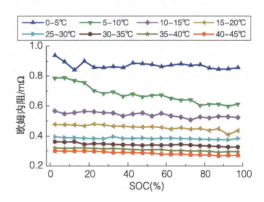

图 6-9　不同 SOC 和温度区间下的平均正常内阻

6.2.4　应用案例

1 号车辆内阻拟合结果如图 6-10 所示。MSE、MRE 和最大误差分别为 2.42×10^{-4}、1.77% 和 0.17，表明所构建神经网络具有较高精度。此外，每个片段的误差都很小，表明神经网络能够实时准确地拟合正常内阻，满足后续电池异常内阻诊断精度要求。

为了进一步验证同车型其他车辆的内阻拟合精度，采用神经网络对 11 号车辆的内阻进行拟合。11 号车辆数据完全没有参与神经网络的训练。结果如图 6-11 所示，MSE 为

2.45×10^{-4}，MRE 为 1.78%，最大误差为 0.15，表明所构建的神经网络具有良好的鲁棒性，对于同车型车辆的内阻拟合精度较高。

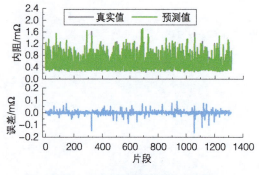
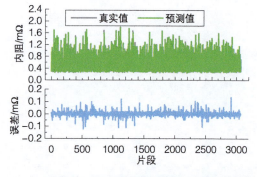

图 6-10　1 号车辆内阻拟合结果　　　　图 6-11　11 号车辆内阻拟合结果

为了验证参数优化方法的有效性，比较了超参数优化前后神经网络的 MSE、MRE 和最大误差，结果见表 6-3。采用"双层网格法"优化后，神经网络精度大幅提高：MSE、MRE 和最大误差分别下降了 50.5%、30.6% 和 45.2%。

表 6-3　"双层网格法"优化前后指标对比

	MSE	MRE	最大误差
优化后	2.42×10^{-4}	1.77%	0.17
优化前	4.89×10^{-4}	2.55%	0.31

为了验证所提出异常内阻诊断方法的有效性，从大数据平台提取 13 号车辆历史数据，该车辆电池内阻过大，最后电池发生热失控，其安全风险评估结果如图 6-12 所示。图中曲面为不同温度和里程下的平均正常内阻，红色的点为不同行驶片段的实际内阻。每个车辆行驶过程，首先采用等效电路模型估计实际内阻，之后通过正常内阻曲面和残差评估策略识别电池安全风险。由图可见，热失控电池的内阻在不同温度、不同里程下的分布与正常电池不同。该电池实际内阻与正常内阻之间的残差多次超出正常内阻区域上界，被准确识别。上述结果验证了本案例中的方法可以精确地识别电池安全风险，具有良好的鲁棒性。

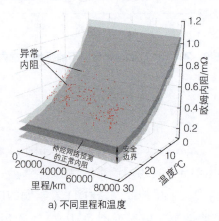
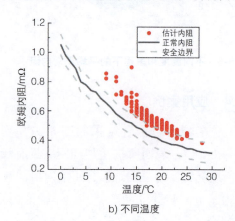

a) 不同里程和温度　　　　　　　b) 不同温度

图 6-12　异常老化电池的内阻异常识别结果

作为对照组，正常车辆中电池的安全风险识别结果如图 6-13 所示。所估计的实际内阻处在正常内阻区域之内。通过对比图 6-12 和图 6-13 的结果可以发现，本案例提出的方法可以有效地区分内阻异常电池和正常电池。

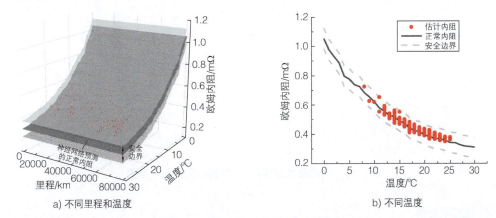

a) 不同里程和温度　　　　　　　　　b) 不同温度

图 6-13　正常电池的内阻异常识别结果

6.2.5　总结

本案例基于新能源汽车电池电压、电流等参数，提出了考虑温度、里程、SOC 共 3 个影响因素的电池安全风险评估方法。首先，构建了神经网络模型拟合电池正常内阻，该模型首先通过 RBF 隐藏层将数据映射到高维以增强可分性；然后，通过全连接隐藏层进行非线性变换拟合正常内阻，形成不同温度、里程、SOC 下的正常内阻规律，并通过残差评估识别电池安全风险；最后，用同车型新能源汽车对该方法进行了验证。结果表明，该方法的内阻拟合精度较高，均方误差为 2.45×10^{-4}，MRE 为 1.78%，最大误差为 0.15。同时，该方法可以准确评估电池安全风险。

6.3　动力电池系统健康状态评估

6.3.1　应用背景

动力电池作为新能源汽车的储能系统，是整车设计、使用、维护的核心部件。然而，锂离子电池的性能随着时间和使用而下降，电化学成分退化导致容量和功率衰减，这对于预期电池寿命以及提高系统级可靠性至关重要。随着近年来新能源汽车市场份额的不断增加，电池健康状态估计对于保证新能源汽车的安全运行，以及对动力电池残值的评估具有重要意义。容量增量分析（incremental capacity analysis，ICA）方法是一种基于数据驱动的非侵入式电池健康状态评估方法，其核心思想是将电池充/放电过程中的容量-电压曲线转化成特征易辨识的 IC 曲线。对于锂离子电池而言，IC 曲线高电压平台峰值与电池早期健康衰退关联密切，被广泛用于电池健康状态评估研究。ICA 方法的示意图如图 6-14 所示。本节将展示基于新能源汽车实车大数据和 ICA 方法的电池健康状态评估示例。

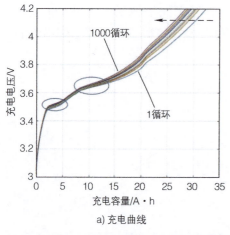

a) 充电曲线

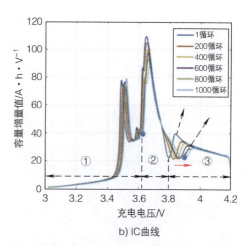

b) IC曲线

图 6-14　电池充电曲线向 IC 曲线转化过程示意图

6.3.2　数据准备

本案例使用了 14 辆运行于同一城市、同车型的新能源公交车数据，数据采集频率为 0.1Hz。数据以二维矩阵的格式存储和使用，见表 6-4，其中每一行代表不同时刻，相邻数据行之间的采样间隔为 10s，每一列代表不同参数，包含里程、车速等车辆参数与总电压、总电流、荷电状态（SOC）、单体电压、探针温度等电池相关参数。

表 6-4　本例中使用新能源汽车行驶数据示例

数据采集时间	里程 /km	总电压 /V	总电流 /A	SOC（%）	电池系统最高温度 /℃	电池系统最低温度 /℃
2017-07-28 16：49：21	25918	554.9	93	76	48	41
2017-07-28 16：49：31	25918	555.0	50	76	48	42
...						
2017-07-28 17：56：41	25942	553.2	70	64	48	41
2022-10-25 17：56：51	25942	553.3	20	64	48	41

针对所选取的数据，首先利用插值的方式进行数据预处理，以消除数据丢失和数据错误的影响。处理后的数据被划分为充电过程和放电过程（即行驶过程）。处理后，每辆新能源公交车可以分别划分出 600～800 个不等的充电和行驶过程。对充电过程数据进行进一步处理：首先，筛除存在数据错误和数据丢失导致充电过程数据不连续；其次，为了完好地获得 IC 曲线高电压区间特征值，保留起始 SOC 低于 50%、结束 SOC 高于 90% 的充电过程数据；最后，经过进一步的筛选，仅有大约 1/4 的充电过程数据被保留用作后续研究。

6.3.3　计算方法

（1）基于实车数据的 IC 曲线生成

实车运行数据中已包含电池系统电压数据，而电池系统充电容量数据可由安时积分法获得，考虑到实车电池并非满充满放，实车安时积分法公式改写为式（6-12）。

$$Q_0(V_0) = Q_r S_0 + \sum_{S=S_0}^{V=V_0} |I_i| \Delta T \qquad (6\text{-}12)$$

式中，Q_r 是电池额定容量；Q_0 是电压为 V_0 时电池的总容量；S_0 是该次充电过程起始 SOC；I_i 是 i 时刻充电电流；ΔT 表征两个采样点之间的时间间隔。

获得电压和电流数据之后，IC 值即可根据以下公式计算：

$$\frac{\mathrm{d}Q}{\mathrm{d}V} = \frac{\Delta Q}{\Delta V} = \frac{Q_k - Q_{k-1}}{V_k - V_{k-1}} \qquad (6\text{-}13)$$

式中，Q_k 和 V_k 代表 k 时刻的电池容量和电压；Q_{k-1} 和 V_{k-1} 代表 $k-1$ 时刻的电池容量和电压。然而，由于新能源汽车的电压传感器数据精度较低，因此在充电过程的某些阶段容量增加而电压并不发生改变，从而使得式（6-13）的分母为 0，导致分式无法计算。本例中采用支持向量回归（support vector regression，SVR）的方法处理该问题，该问题的表征和处理结果如图 6-15 所示。

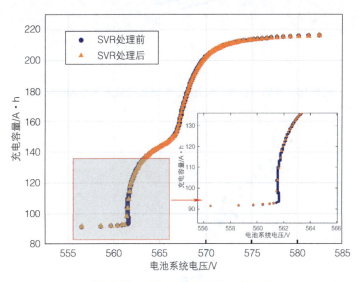

图 6-15　充电曲线 SVR 处理效果

在经过 SVR 方法处理和数值微分计算之后，可得到每辆车的 IC 数据和初步绘制 IC 曲线。然而，这些 IC 曲线仍然会受到一些测量误差和随机误差带来的影响，使得曲线波纹密集、不够光滑，以至于 IC 特征值较难以被辨认。高斯窗口（Gaussian window，GW）滤波方法可用于平滑利用数值微分法得到的 IC 曲线，高斯分布表达式如下：

$$G(x) = \frac{1}{\sigma\sqrt{2\pi}} \exp\left[\frac{-(x-\mu)^2}{2\sigma^2}\right] \qquad (6\text{-}14)$$

式中，μ 是平均值；σ 是标准差，用来控制窗口大小。GW 滤波算法可以利用高斯窗口中相邻点的加权平均来实现滤波，这将使得权重值选择有所侧重，距离中心近的点获得的关注度更高，而较远的离群点权重值较小。

经过 GW 滤波处理后，某辆新能源公交车的所有 IC 曲线如图 6-16 所示。从图中可以清晰地看到，IC 曲线高电压区间峰值随车辆累积行驶里程的增加而下降。将所有 IC 峰值从图 6-16 中提取出来，并将其绘制到一张图中，即如图 6-17 所示。IC 曲线的峰值总体上随累积里程的增加而减小，这与实际情况下锂离子电池容量随使用程度的加深而降低是一致的。

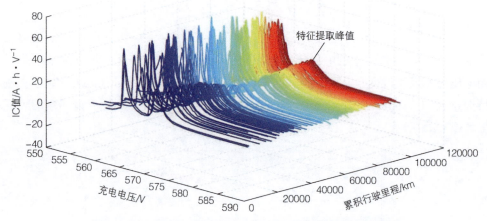

图 6-16　某辆新能源公交车 IC 曲线随行驶里程增加变化图

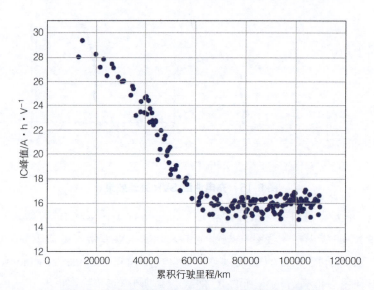

图 6-17　某辆新能源公交车 IC 曲线峰值变化趋势

（2）动力电池健康状态（SOH）估计模型构建

本例将基于径向基神经网络（radial basis function neural network，RBFNN）构建动力电池衰退分析模型，利用梯度下降算法对模型进行训练和验证。所开发的电池老化评估模型在现实应用时可嵌入车载 BMS 中，或加入大数据平台运算模块以实现电池 SOH 实时评估。

本例中，构建 RBFNN 模型需先考虑模型的输入与输出。模型输入由电池衰退影响因素组成，根据现有研究经验，充电电流大小、温度、放电深度（depth of discharge，DOD）以及累积放电量等是影响电池衰退轨迹和电池 SOH 的主要因素。新能源汽车的累积行驶里程可以反映车载动力电池在实际使用过程中的总放电量，这是影响电池 SOH 的决定性因素；电池充电起始 SOC 大小代表了车辆上一次行驶过程电池的 DOD，因此也被看作主要影响因素参量；平均充电电流是新能源汽车日常充电习惯的直接反映，快充所占比例较高的电池的老化速度更快；温度特性也将直接影响电池的健康状态，在极端高温和低温下，电池性能衰退速率将大大增加，此外温度也将直接影响 IC 特征值的大小，例如峰值的高低等。因此，本例按照以上思路，选取车辆累积行驶里程、充电起始 SOC、平均充电温度、平均充电电流、平均放电温度等影响参量作为 RBFNN 模型的输入。此外，不同车辆的衰退轨迹因路线和维保策略等也有差异。因此，本文将路线因素作为分类因子加入模型输入，以消除由路线和运营公司行为等未知因素引起的影响。对于两个不同的线路，车辆路线因子分别取 1 和 2 以示区别，其中线路 1 有 7 辆公交车，线路 2 有 11 辆。

在理想情况下，电池健康状态预估模型应直接输出电池 SOH 值。然而，电池 SOH 精确值需通过高精度满充满放试验进行多次测量，并取平均值获得，而在现实环境下直接测量新能源汽车的电池 SOH 是不具备可行性的。因此，本例中 RBFNN 模型的输出项由 IC 特征值组成。为扩充模型训练数据量，获得每个充电过程的 IC 曲线特征值，SVR 方法被再次使用，来拟合现有 IC 峰值与车辆累积行驶里程间的关系。如图 6-18 所示，拟合过后，再将所有充电过程的里程值导入 SVR 拟合式，得到每个充电过程的拟合 IC 值，最终能得到单车 IC 峰值数据（800 个左右）。

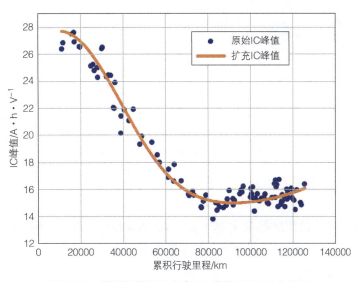

图 6-18　某辆新能源公交车 IC 峰值 SVR 扩充结果

本例中所使用的 RBFNN 具体结构如图 6-19 所示，它由输入层、隐藏层和输出层组成，输入层包括 6 个选取的影响电池 SOH 的因素，输出层为 IC 峰值，即本节提出的电池

SOH 的表征参数。因此，概括性总结 RBFNN 模型的意义是，挖掘实际新能源汽车动力电池 SOH 影响因素与车载动力电池 SOH 之间的耦合关系。图中隐藏层神经元激活函数选用高斯方程，其表达式为

$$\varphi_i(\|x - x_{ci}\|) = \exp\left(\frac{-\|x - x_{ci}\|^2}{2\sigma^2}\right) \tag{6-15}$$

式中，x 和 x_{ci} 分别是输入向量和第 i 个径向基中心向量；σ 是高斯方程的标准差。RBFNN 模型的总表达式如下：

$$y = \sum_{i=1}^{k} \omega_i \exp\left(\frac{-\|x - x_{ci}\|^2}{2\sigma^2}\right) + \omega_0 \tag{6-16}$$

式中，k 是隐藏层的节点数；ω_i 是连接第 i 个隐藏层节点和输出层节点的权重值；ω_0 是隐藏层到输出层之间的误差系数。

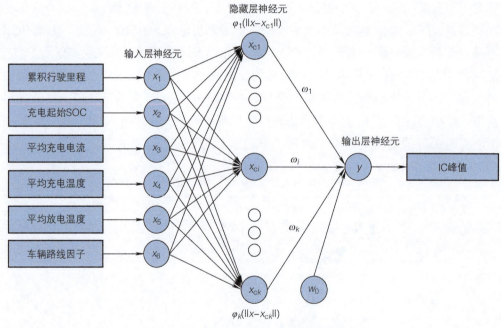

图 6-19　本例中所使用 RBFNN 模型结构

本例中，RBFNN 模型采用后向传递（back propagation，BP）训练方法、通过 BP 训练方法，RBFNN 中的三个关键参数：径向基中心向量值 x_{ci}、权重值 ω_i、误差系数 ω_0，可以被解出并获得。广泛使用的梯度下降（gradient descent，GD）法被选择作为本例中 BP 训练的核心算法。误差函数为模型输出和期望输出的均方根误差（root mean squared error，RMSE），计算公式如下：

$$\text{RMSE} = \sqrt{\frac{1}{k}\sum_{i=1}^{k}[f(x_i) - y_i]^2} \tag{6-17}$$

式中，k 是样本数据的数量；$f(\cdot)$ 是预测模型，在本例中为 RBFNN 模型；x_i 是第 i 个实际输入值；y_i 是第 i 个理想输出值。

表 6-5 按照输入和输出的方式，展示了 RBFNN 模型训练和验证数据示例。

表 6-5　RBFNN 模型训练和验证数据示例

模型输入项						模型输出项
累积行驶里程 /km	起始充电 SOC （%）	平均充电电流 /A	平均充电温度 /℃	平均放电温度 /℃	车辆路线	IC 峰值 /A·h·V⁻¹
12284.1	41	114.8	33.0	36.5	2	27.69
12484.3	35	93.3	35.8	35.8	2	27.68
13303.5	41	94.6	36.7	37.0	2	27.65
14496.6	34	94.0	39.0	37.4	2	27.59

6.3.4　模型训练和结果验证

将所研究的车辆随机分为训练组和测试组，其中训练组包含 14 辆新能源公交车的数据，验证组包含剩余 4 辆新能源公交车的数据。模型训练的目标是使得模型输出和理想输出的 RMSE 值小于设置阈值。根据多次训练经验，发现 RBFNN 模型的迭代次数为 100 次时即可实现较好的预测精度，这表明 RBFNN 模型大大提升了训练效率、节约了计算资源。通过不同节点数设置的多次训练和结果验证对比，RBFNN 模型隐藏层节点数被设置为 100。

误差和误差百分比计算公式为

$$E = \| \mathrm{IC}_{\mathrm{predict}} - \mathrm{IC}_{\mathrm{true}} \| \tag{6-18}$$

$$E_{\mathrm{percent}} = \frac{E}{\mathrm{IC}_{\mathrm{true}}} \tag{6-19}$$

式中，$\mathrm{IC}_{\mathrm{predict}}$ 是通过模型获得的 IC 峰值预测值；$\mathrm{IC}_{\mathrm{true}}$ 是通过复杂计算叠加 SVR 拟合后得到的 IC 峰值；E 是模型预测误差；E_{percent} 是模型预测误差百分比。具体结果见表 6-6 中。

表 6-6　验证组综合测试结果

项目	数据点数量	百分比
误差 <0.5A·h·V⁻¹	1075	35.13%
0.5A·h·V⁻¹ ≤误差 <1A·h·V⁻¹	951	31.08%
1A·h·V⁻¹ ≤误差 <1.5A·h·V⁻¹	571	18.66%
1.5A·h·V⁻¹ ≤误差	463	15.13%
误差百分比 <5%	2219	72.52%
5% ≤误差百分比 <10%	618	20.20%
10% ≤误差百分比	223	7.28%
平均误差 /A·h·V⁻¹	0.85	
平均误差百分比	4.00%	

从表中看出，本例所建立 RBFNN 模型平均预测误差为 0.85A · h · V^{-1}，平均预测误差百分比为 4%。具体分析，预测误差超过 1.5A · h · V^{-1} 的点占测试数据集的 15.13%，92% 以上的测试数据集误差百分比小于 10%。如果模型预测误差小于 10% 即可认为模型性能良好，那么模型有 90% 以上的概率工作正常，该模型的预测精度在复杂的现实条件下尚可接受。

RBFNN 模型预测结果也展示在图 6-20 和图 6-21 中。从图中可知，训练出的模型能够较为准确地预测 IC 峰值的演化规律，且 75% 的预测点误差小于 1.17A · h · V^{-1} 也证明了 RBFNN 模型预测精度尚可。为进一步量化误差的相对值，即误差占 IC 总变化范围的比重，结合式（6-18）和式（6-19），计算得到各验证车辆模型预测 RMSE 相对 IC 总变化范围误差百分比，见表 6-7。

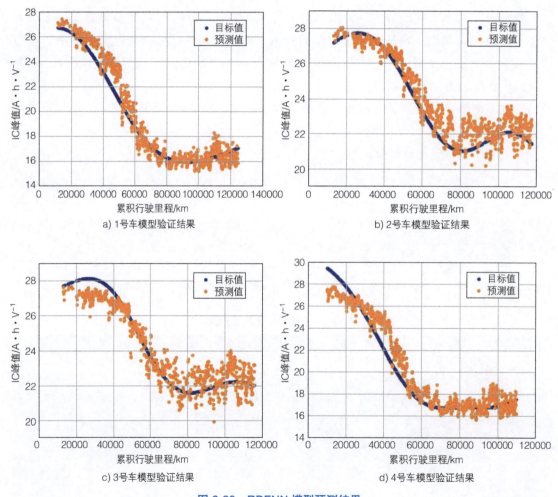

a) 1号车模型验证结果   b) 2号车模型验证结果

c) 3号车模型验证结果   d) 4号车模型验证结果

图 6-20 RBFNN 模型预测结果

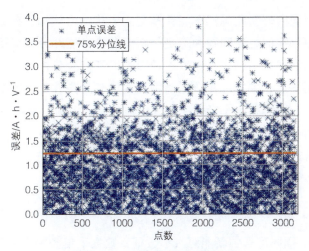

图 6-21 RBFNN 模型预测误差

表 6-7 验证组相对误差百分比结果

研究对象	相对误差百分比
验证组 1 号车	11.97%
验证组 2 号车	8.80%
验证组 3 号车	9.80%
验证组 4 号车	11.51%
平均值	10.52%

6.3.5 总结

本案例尽管没有获得可直接估计电池 SOH 的模型，但从以上基于实车数据的 IC 特征值提取过程中可以看出，IC 曲线特征值计算方式（包括 IC 曲线的生成、噪声滤波和峰值识别）是需要大量计算资源的，该方法的完整过程很难在车载 BMS 上直接实现。因此，通过构建 RBFNN 模型，将电池老化影响因素与 IC 特征值关联起来，依靠日常运行数据中较易提取得到的参数化影响因素，就能便捷地获得可反映电池健康状态的 IC 特征值，本例中的电池 SOH 预测模型具有实用性。

6.4 新能源汽车能耗影响分析特征

6.4.1 应用背景

研究表明，新能源汽车运行的过程中，由于驾驶员驾驶习惯的不同，即使在相同的行驶路径下，不同驾驶员的行驶能耗差异表现很大，良好的驾驶习惯能够增加车辆的实际续驶里程、降低车辆的能量消耗。新能源汽车的能耗受到外界环境因素、车辆自身参数和驾驶员驾驶行为等因素的影响，新能源汽车的能耗模型能够定量解释因变量与自变量之间的关系。在目前的新能源汽车能耗分析研究中能耗影响因素主要包括车辆自身参数、驾驶行为、外界因素。目前国内外新能源汽车能耗模型主要从动力学和数据驱动方法两个角度进行研究。当前研究中存在的主要问题和不足是新能源汽车能耗分析模型影响因素考虑不全面，多种能耗影响因素解耦不彻底，导致多种影响因素耦合分析不准确，对基于数据驱动的能耗分析方法应用不足，未发挥在数据量爆发式增长的条件下大数据技术的优势。针对上述问题，本案例基于新能源汽车行驶速度、电池电压、电流、SOC等参数，提出了新能源汽车能耗影响因素分析方法。构建了新能源汽车多维行驶片段划分方法，利用统计学方法对车辆行驶能耗进行了描述性分析，并对不同加减速组合模式下的车辆能量消耗率分布进行了评估，用于车辆行驶能耗预测、充电基础设施规划。

6.4.2 数据准备

本案例使用了50辆同型号的新能源汽车数据，数据采集频率为1Hz。使用的新能源汽车时间序列数据示例见表6-8。数据以二维矩阵的格式存储和使用，其中每一行代表不同时刻，相邻数据行之间的采样间隔为1s。每一列代表不同参数，包含里程、车速等车辆参数与总电压、总电流、荷电状态（SOC）等相关参数。

表6-8 某新能源汽车状态明细

速度/（km/h）	里程/km	数据采集时间	电池电压/V	电池电流/A	SOC（%）	车辆状态
8.7	19592	2018/2/1 15：29：46	330.7	8.8	88	行驶
10	19592	2018/2/1 15：29：47	330.6	11	88	行驶
11.5	19592	2018/2/1 15：29：48	330.4	12.2	88	行驶
13.4	19592	2018/2/1 15：29：49	330.2	13.4	88	行驶
17.3	19592	2018/2/1 15：29：50	329	17.1	88	行驶
19.3	19592	2018/2/1 15：29：51	328.5	23.3	88	行驶
20.6	19592	2018/2/1 15：29：52	330.2	29.2	88	行驶

6.4.3 新能源汽车能耗影响分析模型

（1）车辆行驶片段提取方法

为了方便对新能源汽车的运行规律进行统计分析，本节针对行驶状态数据提出一种新能源汽车多维行驶片段划分方法，并应用于实际的新能源汽车行驶数据的切分。按照新能源汽车行驶数据的规律，进一步将行驶片段数据划分为三级片段，包括行程片段、短行程片段和动力学片段。

1）行程片段之间间隔大于180s的怠速或停止状态，如长时间停车或充电过程。行程片段代表了车辆长时间维度的完整的行驶过程，反映了车辆宏观行驶规律以及行驶出发地和目的地转移规律。

2）短行程片段之间往往由小于180s的怠速状态分割开。这种怠速往往发生在等待红灯通行，或等待前车移动过程中，短行程片段是一个车辆从起动到停止的完整的行驶过程，反映了车辆的微观行驶特征。

　　3）在一个典型的短行程片段中，存在若干起步、加速、减速、匀速、怠速等动力学片段。在不同的行驶工况下，这些动力学片段以不同的长度、速度和里程组成了短行程片段。并进一步构成了完整的行程片段。这些动力学片段代表着车辆处在短暂的恒定的行驶状态中，反映了驾驶员的驾驶行为即对加速踏板和制动踏板的操作。

　　三级行驶片段的定义见表 6-9。

表 6-9　三级行驶片段定义

片段类型	定　义
行程片段	大于 180s 怠速状态或停止状态分割的行驶过程
短行程片段	小于 180s 的怠速状态分割的行驶过程
动力学片段	恒定速度或加减速的行驶过程

　　行程片段如图 6-22 所示，以其中一段行程片段为例进行短行程片段和动力学片段的切分说明。一个行程片段往往包括若干完整的汽车起动到停止的过程，如图 6-23 所示。每一个短行程片段根据速度和加速度又可以进一步划分为动力学片段。基于对新能源汽车的实际行驶数据的统计分析，为了使划分的动力学片段不至于在低速阶段过于零散，本节所制定的动力学片段划分规则见表 6-10。

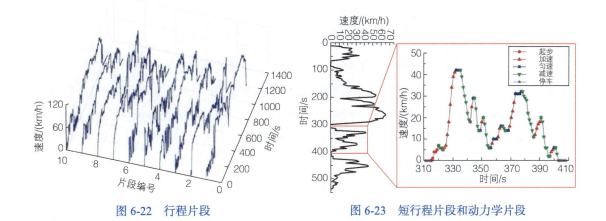

图 6-22　行程片段　　　　　　图 6-23　短行程片段和动力学片段

表 6-10　动力学片段划分规则

片段类型	速度 /（km/h）	加速度 /（m/s²）
起步片段	≥0（从静止起步）	>0.15
加速片段	>4	>0.15
减速片段	>4	<−0.15
匀速片段	>4	≥ −0.15 且 ≤ 0.15
怠速片段	≤4	0

　　划分完的三级行驶片段分别放在如表 6-11 所示的片段记录表中，记录表中的每一行代表一条片段数据的记录向量。

表6-11 三级行驶片段示例

片段记录表	开始时间	结束时间	开始里程/km	结束里程/km	平均速度/（km/h）	…	车辆状态
trip_frag_vin	2018-09-27 20：58：48	2018-09-27 21：20：28	108941	108946	14.71	…	—
	2018-09-28 10：15：10	2018-09-28 10：28：08	108965	108971	28.45	…	—
	…	…	…	…	…	…	…
micro_frag_vin	2018-09-27 21：08：40	2018-09-27 21：11：38	108943	108944	14.31	…	—
	2018-09-27 21：11：38	2018-09-27 21：14：50	108944	108945	22.88	…	—
	…	…	…	…	…	…	…
kinematic_frag_vin	2018-09-27 21：08：40	2018-09-27 21：08：45	108943	108943	11.00	…	加速
	2018-09-27 21：08：45	2018-09-27 21：08：48	108943	108943	17.00	…	减速
	2018-09-27 21：08：48	2018-09-27 21：09：08	108943	108944	31.70	…	加速
	2018-09-27 21：09：08	2018-09-27 21：09：17	108944	108944	43.67	…	匀速
	2018-09-27 21：09：17	2018-09-27 21：09：21	108944	108944	46.25	…	加速
	2018-09-27 21：09：21	2018-09-27 21：09：28	108944	108944	47.71	…	匀速
	…	…	…	…	…	…	…

$$\text{frag}_{vin}^{trip} = (\text{frag}_{vin}^{trip_1}, \text{frag}_{vin}^{trip_2}, \cdots, \text{frag}_{vin}^{trip_m})^T \tag{6-20}$$

$$\text{frag}_{vin}^{micro} = (\text{frag}_{vin}^{micro_1}, \text{frag}_{vin}^{micro_2}, \cdots, \text{frag}_{vin}^{micro_l})^T \tag{6-21}$$

$$\text{frag}_{vin}^{kmc} = (\text{frag}_{vin}^{kmc_1}, \text{frag}_{vin}^{kmc_2}, \cdots, \text{frag}_{vin}^{kmc_n})^T \tag{6-22}$$

$$\text{frag}_{rec} = (\text{time}_{start}, \text{time}_{end}, \text{mileage}_{start}, \text{mileage}_{end}, \cdots, \text{EV}_{state}) \tag{6-23}$$

式中，frag_{vin}^{trip}、$\text{frag}_{vin}^{micro}$、$\text{frag}_{vin}^{kmc}$ 分别为行程片段、短行程片段、动力学片段；frag_{rec} 中记录了各个片段的信息；time_{start}、time_{end} 分别为开始时间、结束时间；mileage_{start}、mileage_{end} 分别为开始里程（km）、结束里程（km）；EV_{state} 为车辆状态。

（2）车辆行驶能耗计算方法

相比于使用新能源汽车标称能耗值或使用固定的工况评价新能源汽车的能耗水平，通过动力电池的实际功率值对新能源汽车的实际能耗进行评价具有更强的实际意义。对于一段新能源汽车的实际行程，基于行程中采集的动力电池/电机的电压和电流数据，这里提出动力电池能量消耗量 EC_b、电机能量消耗量 EC_m、附件能量消耗量 EC_a 以及动力电池制动能量回收量 ER_b 四项能量指标来计算和评价新能源汽车的能耗水平。计算方法如下：

$$\text{EC}_b = \sum_i^{N-1} U_{bi}I_{bi}(t_{i+1}-t_i) \tag{6-24}$$

$$\text{ER}_b = -\sum_i^{N-1} \min[U_{bi}I_{bi}(t_{i+1}-t_i), 0] \tag{6-25}$$

$$\text{EC}_m = \sum_i^{N-1} U_{mi}I_{mi}(t_{i+1}-t_i) \tag{6-26}$$

$$EC_a = EC_b - EC_m \tag{6-27}$$

式中，U_{bi} 和 I_{bi} 分别是 i 时刻的动力电池电压和电流值；U_{mi} 和 I_{mi} 分别是 i 时刻的电机电压和电流值；需要说明的是，在新能源汽车制动能量再生过程中电流从电机流向动力电池，本节将该方向定义为负；N 是行驶过程的时间长度。

动力电池能量消耗量 EC_b、电机能量消耗量 EC_m、附件能量消耗量 EC_a 以及动力电池制动能量回收量 ER_b 分别除以行程距离得到动力电池能量消耗率 ECR_b、电机能量消耗率 ECR_m、附件能量消耗率 ECR_a 以及动力电池制动能量回收率 ERR_b 四项能量消耗或回收率指标。

6.4.4　应用案例

新能源汽车的整体能量消耗主要取决于三个部分：车辆行驶能量消耗、辅助设备能量消耗和减速过程中制动能量回收。车辆动力学方程表明车辆能耗与速度、加速度曲线、关键部件的效率和辅助设备的使用频率及强度密切相关。这些因素会同时受到天气、交通状况和驾驶员行为的复杂耦合影响，因此难以使用通用的理论公式全面描述和覆盖各种因素在不同条件下的复杂、非线性耦合影响效果。但是，海量的新能源汽车实际运行数据为分析研究新能源汽车在复杂工况下的能耗水平提供了有力的支持。在本节中，将新能源汽车能耗影响因素主要分为三类：车辆参数、环境参数和驾驶员相关因素。在前文得到的三级行驶片段的基础上，补充能耗、环境、交通状况等信息，考虑影响因子的作用范围和数据粒度的多样性，在不同层次的行驶片段的维度上进行各影响因素的讨论分析。

（1）车辆参数

车辆相关的参数主要包括速度、加速度以及制动能量回收等参数。其中速度和加速度参数是描述车辆运动状态的基本参数，与动力电池和电机的功率输出存在着显著关联。在本节中，由于 GB/T 32960 规定上传的参数不包括加速度项，因此加速度参数由速度变化和时间间隔计算而来：

$$a_i = \frac{v_{i+1} - v_i}{t_{i+1} - t_i} \times \frac{1000}{3600} = \frac{v_{i+1} - v_i}{3.6(t_{i+1} - t_i)}, i = 1, 2, \cdots, N-1 \tag{6-28}$$

式中，v_i 是车辆在时间戳 i 处的行驶速度（km/h）；a_i 是车辆在时间戳 i 处的加速度（m/s^2）；N 是行驶片段的时间长度。

驾驶员根据实际复杂多变的行驶工况判断以及结合自己驾驶经验和驾驶意愿会对方向盘、加速踏板和制动踏板进行频繁的操作，车辆的速度和加速度参数会随之在短时间内发生频繁波动。因此，考虑到车辆参数的即时性和波动性，本节在动力学片段维度上从微观视角研究车辆参数对新能源汽车能耗的影响。针对动力学片段中的起步、加速、匀速、减速和怠速五种车辆状态，分别统计片段的平均速度、平均加速度以及能量消耗和制动能量回收等参数，结果如图 6-24a 和 b 所示。可以看出，随着加速度和减速度强度的增加，ECR_b 和 ERR_b 都出现了明显增加的趋势。图 6-24a 中起步、加速和匀速状态下动力学片段的统计结果表明，在相同加速度下，在低速和中速阶段，ECR_b 随着平均速度的增加而减小，而在高速阶段 ECR_b 随着平均速度的增加而增加。对于图 6-24b 所示的制动能量回收，在相同的减速度下，ERR_b 随着平均速度的增加而迅速增加，并在中速阶段达到峰值，而峰值 ERR_b 的位置随着减速度的增加向更高速度方向移动。在峰值出现位置后的高速阶段，ERR_b 随速度的增加而减小。

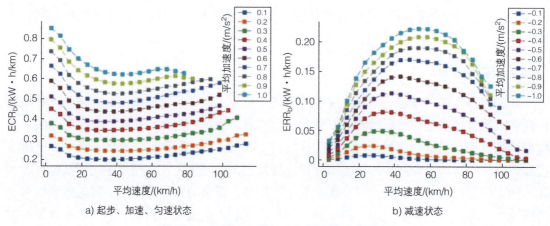

a) 起步、加速、匀速状态   b) 减速状态

图 6-24   能量消耗率随平均速度的变化曲线

此外，本例进一步研究了加速度与 ECR_b 和 ERR_b 之间的关系，结果如图 6-25 所示。可以看出，ECR_b 中位数与加速度呈显著的线性关系，在高加速阶段可以达到极高的水平。ERR_b 最初随减速度的增加而增大，在大减速度阶段趋于相对稳定，这与电池制动能量回收能力限制有关。基于行程片段的能耗和制动能量回收的统计结果表明，制动能量回收技术的应用可节约行驶过程中 7.6% ~ 28.7% 的总能耗。

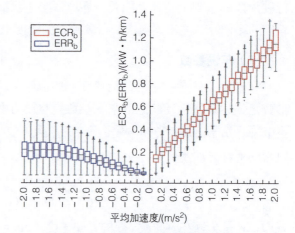

图 6-25   能量消耗率和能量回收率与
平均加速度的关系曲线

（2）环境参数

本例以新能源汽车实际行驶数据为基础，结合网络爬取的北京市覆盖行驶数据时间范围的天气数据以及交通运输部科学研究院提供的交通信息数据，从短行程片段维度分析了环境温度、交通状况等环境相关因素与车辆能量消耗率以及附件能量消耗率的关系。基于全量不同季节、不同环境温度下的微行驶片段的统计分析，得到车辆平均 ECR_b 和 ECR_a 如图 6-26a 中红色和蓝色箱线所示。可以看出，ECR_b 和 ECR_a 的总体趋势均呈 U 形，最低值出现在 15 ~ 20℃之间。且低温环境下的 ECR_b 高于高温环境，图 6-26b 所示的季节能耗统计结果也证明了这一结论。

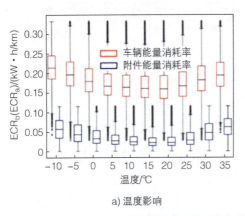

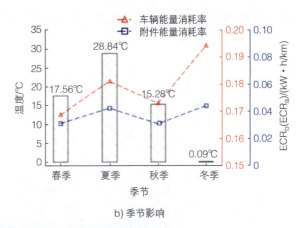

a) 温度影响   b) 季节影响

图 6-26　温度与季节对新能源汽车能量消耗率的影响

冬季的动力电池能量消耗率 ECR_b 值最高，其次是夏季、秋季和春季。这意味着在冬季驾驶新能源汽车比其他季节在同一行程中需要多消耗能量，因此新能源汽车在冬季环境下续驶里程会发生较为明显的缩减。这种能耗明显上升的原因在于：夏季和冬季空调、座椅温度调节等功能的使用造成附件能耗 ECR_a 明显高于其他季节；低温对电池容量和电池内阻存在负面影响，这将限制动力电池的输出性能，并增加发热能耗。

考虑到北京市日均拥堵时间达到 5.83h，交通拥挤会显著降低交通运输效率，并使内燃机车的燃料消耗提高 18%～65%。交通状况是另一个影响新能源汽车能耗的重要环境因素。图 6-27 显示了北京市平日交通指数的分布示例。根据交通指数，交通状况可分为五类，见表 6-12。

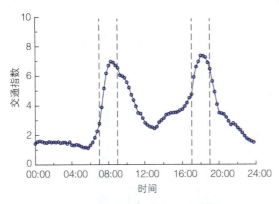

图 6-27　北京市交通指数分布情况

表 6-12　北京市交通指数及对应拥堵等级

交通指数	拥堵等级
[0, 2)	畅通
[2, 4)	基本畅通
[4, 6)	轻度拥堵
[6, 8)	中度拥堵
[8, 10]	严重拥堵

考虑到城市工作日和节假日中的出行规律存在明显差异，本节将工作日和节假日的短行程片段分别进行了统计分析，如图 6-28a、b 和表 6-13 所示。工作日中，ECR_b 高峰时段与交通指数峰值时段分布基本一致；早高峰时段 ECR_b 最高，比非高峰时段增加 6.56%，平均速度最低，晚高峰次之。在节假日中，早高峰向后推迟 2h（9：00—11：00）。晚高峰时间比平日提前 2h（15：00—17：00），能耗峰值同样与交通拥堵的时段发生重叠。

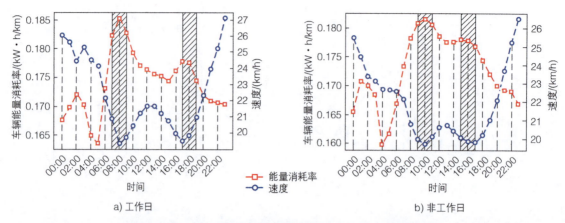

a) 工作日　　　　　　　b) 非工作日

图6-28　工作日和非工作日车辆平均速度与平均能量消耗率

表6-13　北京市工作日及节假日交通高峰/非高峰时段平均速度和平均能量消耗率

参数	工作日			节假日		
	早高峰	晚高峰	非高峰	早高峰	晚高峰	非高峰
平均速度/（km/h）	19.92	20.05	23.17	19.90	19.98	22.64
平均能量消耗率/（kW·h/km）	0.1834	0.1766	0.1721	0.1808	0.1774	0.1705

（3）驾驶员因素

驾驶员的驾驶行为对制动能量回收和能量消耗具有重要影响。驾驶行为可以定义为驾驶员面对实时工况做出的即时决策，特别是驾驶员操作加速踏板和制动踏板的行为，表征为车辆运动状态的实时变化。经过对本节研究的电动出租车的全量动力学片段统计发现，不同车辆状态发生的平均频率为：起步1.98次/km、加速9.09次/km、匀速10.3次/km、减速11.33次/km和停车1.78次/km。如图6-29所示，起步和加速状态消耗的能量占总能量的82.59%，起步、加速和减速状态的总行驶时间和行驶里程占比分别达到81.79%和64.82%。

平均速度和加速度参数已经在车辆参数小节中进行过分析，在本小节中，提出了加速度分布参数包括95%的加速度分位数和5%的减速度分位数用以量化加速踏板和制动踏板的操作频率和强度。根据所提出的加速度参数的分布，驱动模式分为四类：

1）"HaHd"（高加速和高减速模式）。

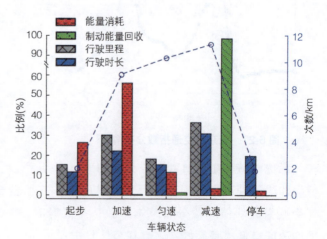

图6-29　车辆状态频率及对应能量消耗率与能量回收率占比

2）"HaLd"（高加速和低减速模式）。

3）"LaHd"（低加速和高减速模式）。

4）"LaLd"（低加速和低减速模式）。

分别统计不同驾驶模式对应的 ECR_b，如图 6-30 所示。结果表明，"LaLd"驾驶模式的 ECR_b 最低，与"HaHd"模式相比能耗降低了近 9.26%。"HaLd"驾驶模式的 ECR_b 略高于"LaHd"驾驶模式，表明频繁高强度的加速踏板操作对 ECR_b 的影响可能大于制动踏板操作。因此，通过对驾驶行为模式的分析，可以得出结论：在驾驶过程中，合适的驾驶模式、更平稳的加速 / 制动踏板的操作方式可以有效地降低能耗。

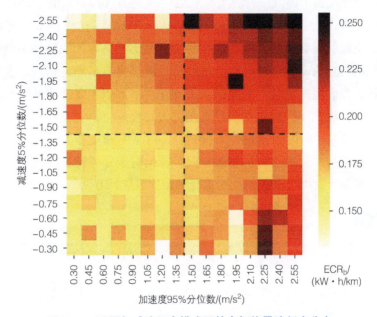

图 6-30　不同加减速组合模式下的车辆能量消耗率分布

综合上述新能源汽车能耗的关键影响因素分析，在冬季驾驶新能源汽车比其他季节在同一行程中需要多消耗约 10% 的能量，且缓加减速的驾驶模式相比急加减速的驾驶模式能够节省约 9% 的能量消耗。

6.4.5　总结

本案例基于新能源汽车行驶速度、电池电压、电流、SOC 等参数，提出了新能源汽车能耗影响因素分析方法：构建了一种新能源汽车多维行驶片段划分方法，根据车辆运行数据能够将行驶片段数据划分为三级片段，包括行程片段、短行程片段和动力学片段；基于各种类型片段，利用统计学方法对车辆行驶能耗进行了描述性分析，并对不同加减速组合模式下的车辆能量消耗率分布进行了评估。上述结果可用于车辆行驶能耗预测、充电基础设施规划等研究工作。

6.5 新能源汽车行驶工况构建方法

6.5.1 应用背景

车辆行驶工况是针对某一类车辆（如乘用车、公交车、重型车辆等），在特定交通环境（如高速公路、城市道路等）下，用来描述车辆行驶规律的时间 - 速度曲线。主要应用于通过试验模拟，反映真实情况下的车辆经济性、动力性、排放性、新能源汽车的续驶里程等指标，直接影响能耗、排放等相关法规和标准的科学化制定。目前美国、欧盟和日本已分别开发出符合本国实际情况的工况测试曲线，即三大标准工况体系，被世界各国广泛应用。我国也已经开发出中国汽车行驶工况 CATC（China Automobile Testing Cycle），包括轻型车行驶工况（CLTC）和重型商用车行驶工况（CHTC）。这些标准工况都是根据各国城市地理形势、交通状况和车辆性能的典型特征开发出的具有代表性的车辆行驶工况。典型车辆行驶工况的构建为车辆能耗、排放等经济性测试提供了理论依据，也为车辆动力系统参数匹配设计、控制策略优化与开发提供了支撑。本案例主要介绍基于马尔可夫过程理论的工况构建方法，将汽车行驶过程当作马尔可夫过程进行研究。在运动学片段的基础上根据加速度将原始速度 - 时间数据进行二次划分，以平均速度作为指标，将模型事件集划分为不同状态，构成马尔可夫过程的状态空间，提出基于总体特征参数偏差最小的工况起始片段选择方法和基于最小二乘法原理的工况结尾片段选择方法。

6.5.2 数据准备

选取 2016 年 3 月 7—13 日这一周为采样时间，避开了国家法定假日期间，使获取的数据更接近实际正常情况。

由于采用了"车载终端 + 远程传输"的数据采集方法，因此数据在采集和传输过程中难免存在数据误传、漏传等一些误差现象。在该时段内采集到的数据有百万余条，通过观察发现这些数据之间确实存在一些奇异数据点和无效数据段。本文运用 MATLAB 编程对该时段数据进行筛选，其原则参照以下几点：

1）当行驶时间 $t \leqslant 10s$ 时，将这段数据设为奇异点，将其剔除。

2）当速度为零的连续点的时长大于 300s 时，认为该时段车辆处于长时间停车或数据连接中断，保留 300s 的数据点作为怠速时间段并删除剩余部分。

3）将加速度大于 6m/s 的时刻点定为毛刺，并认为此时刻车速等于前一个时刻的车速，作剔除毛刺处理。考虑到车辆会有紧急制动的情况，因此当车辆减速度过大时认定为紧急制动，故不作处理。

6.5.3 车辆行驶工况构建模型

常用的车辆行驶工况构建方法有随机选择法、最佳增量法、V-A 矩阵法、小波变换法和基于马尔可夫过程理论方法等。下面以基于马尔可夫过程理论的方法为例介绍。

马尔可夫过程是一种随机过程，马尔可夫过程的特征是下一时刻的状态只依赖于当前时刻的状态而与之前的状态无关，这种性质称为马尔可夫的无后效性。马尔可夫过程的原理可以用图 6-31 表示。

如图 6-31 所示，假设在 t 时刻发生了事件 B_1，它有可能由 $t-1$ 时刻的 A_1，A_2，A_3，$\cdots$，A_n 等事件产生，但是 $t+1$ 时刻可能发生的事件 C_1，C_2，C_3，$\cdots$，C_n 只由当前 t 时刻发生的事件 B_1 决定，而与 $t-1$ 时刻发生的事件没有关系，这就是典型的具有无后效性特征的马尔可夫过程。

在生活实际中，随机事件和随机过程大量存在，这些随机事件和随机过程有很大一部分都满足马尔可夫过程特征，如人口的增长模型、液体中微粒所做的布朗运动、出行方式预测等。马尔可夫过程理论的发明和应用极大地推动了概率分析模型和状态预测领域相关研究的发展。由于满足马尔可夫

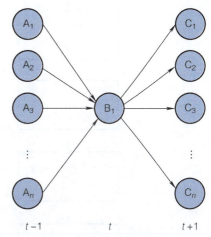

图 6-31　马尔可夫过程原理

过程特征的随机事件下一时刻状态只与该时刻状态有关，因此在数据处理过程中可以对数据进行实时处理，只保留当前状态的数据，减小了数据分析时的储存空间占有量，为具有大量数据基数的概率分析问题提供了方便。马尔可夫过程理论具有实时性和有效性等优点，自诞生以来已经在生物、物理、化学、计算机等领域得到了广泛应用。车辆在行驶过程中下一时刻的速度只与当前时刻的速度有关，因而车辆速度随时间变化的过程是一个典型的马尔可夫过程，可以利用马尔可夫过程的相关理论进行分析。

马尔可夫过程通常包含两个组成部分，即状态空间和转移矩阵。假设某个满足马尔可夫过程的随机事件只存在 1, 2, 3, $\cdots$, i, $\cdots$, k 这 k 种状态，由这 k 种状态组成的空间称为状态空间。在随机事件发生过程中，给出一个状态 i 就存在一定的概率使状态 i 发生或者保持本身状态不变，这个概率叫作转移概率。这个概率的大小表示某个状态转移到下一个状态的可能性大小，该值越大，则表明下一时刻该状态更有可能出现。如果状态空间中存在 k 个状态，就会有 $k \times k$ 个转移概率，构成一个 k 阶转移概率矩阵（转移矩阵）。该矩阵的每一行代表着当前的状态，每一列代表了下一个状态，转移概率矩阵中的每一行均为非负实数且每行之和等于 1。

马尔可夫随机过程记为 Z_τ, $\tau = 1, 2, \cdots, T$，其状态空间记为 $S = \{1, 2, \cdots, K\}$，其中 Z_τ 代表每个时刻 τ 的模型事件，则对于 τ 和所有的状态 $s_1, s_2, \cdots, s_\tau$ 有

$$P\{Z_\tau = s_\tau \mid Z_{\tau-1} = s_{\tau-1}, Z_{\tau-2} = s_{\tau-2}, \cdots, Z_1 = s_1\} = P\{Z_\tau = s_\tau \mid Z_{\tau-1} = s_{\tau-1}\} \qquad （6-29）$$

基于马尔可夫过程理论的方法进行行驶工况构建的主要流程如图 6-32 所示，首先在行程片段的基础上利用加速度的大小得到不同运动状态的模型事件，然后根据马尔可夫随机过程的相关理论，将各模型事件按照平均速度的大小划分到若干个状态空间中。利用状态空间

的转移概率矩阵来选取备选片段，结合工况起始和结尾片段的选取最终拟合行驶工况曲线。

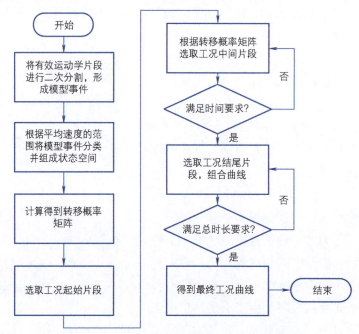

图 6-32　基于马尔可夫过程理论的工况构建流程

将条件概率 $P\{Z_r=s\,|\,Z_{r-1}=r\}$ 定义为状态 r 到状态 s 的转移概率，在行驶过程中，根据平均速度的大小将模型事件划分为不同类别的状态，则基于行驶过程中模型事件间的转移统计可以得到状态转移概率矩阵 $\boldsymbol{T}$ 为

$$\boldsymbol{T} = \begin{bmatrix} p_{11} & p_{12} & \cdots & p_{1K} \\ p_{21} & p_{22} & \cdots & p_{2K} \\ \vdots & \vdots & & \vdots \\ p_{K1} & p_{K2} & \cdots & p_{KK} \end{bmatrix} \tag{6-30}$$

式中，转移概率 p_{ij} 表示车辆在当前时刻 t 的状态 i 转移到下一时刻 $t+1$ 的状态 j 的概率，其计算方法为

$$p_{ij} = N_{ij} \Big/ \sum_j N_{ij} \,(i=1,2,\cdots,K;\,j=1,2,\cdots,K) \tag{6-31}$$

式中，N_{ij} 表示所有模型事件中，当前时刻属于状态 i 的模型事件在下一时刻转移到状态 j 的模型事件的次数。

基于上述得到的状态转移概率矩阵 $\boldsymbol{T}$，在进行行驶工况构建时，确定工况起始片段后，采用随机事件模拟来确定中间工况曲线，即产生一个（伪）随机数，使其服从一个已知的概率分布，这里指的是马尔可夫过程中的转移概率矩阵，根据随机数的取值范围判断下一片段所属状态。假设当前工况片段所属状态为 i，则可以得到该状态转移到各个状态的概率值，即状态转移概率矩阵中第 i 行的转移概率，进而在（0，1）区间内取一个（伪）随机数 r，若 r 满足

$$\sum_{j=1}^{k-1} p_{ij} < r < \sum_{j=1}^{k} p_{ij} \qquad （6-32）$$

则可判定下一片段的状态为 k。在所有属于状态 k 的备选片段中，选取其初速度与前一片段末速度差值最小的一个，若速度差值在一个合理的小范围内，则该片段为所求片段。将其加入工况曲线序列，然后将 k 值赋予 i，迭代重复直到拼接起来的中间工况曲线长度达到要求为止。在完成基于马尔可夫过程的中间工况曲线的构建后，选择合适的结束片段共同组成行驶工况曲线。

6.5.4　应用案例

本节使用车辆行驶数据进行行驶工况构建的案例研究。首先将行驶数据划分为运动学片段，运动学片段是指车辆从一个怠速开始到下一个怠速开始的行驶片段，考虑到数据在采集和传输过程中不可避免地会存在数据误传、漏传等异常现象，片段划分后会存在一些短时间片段和无效片段，按照以下规则进行筛选：

1）若相邻有效数据时间间隔超过 300s，则认为该运动学片段缺乏完整性，予以剔除。

2）若某运动学片段中的怠速时段超过 300s，则认为该片段无效，予以剔除。

3）若某运动学片段的总时长小于 20s，则将该片段剔除。

依据上述原则进行筛选后，得到有效运动学片段。一个典型的运动学片段包括四个运动状态，即加速状态、减速状态、匀速状态和怠速状态。进而通过分析研究国内外车辆运动状态的划分原则，选取加速度阈值为 0.15m/s^2 来定义四种车辆行驶状态：

1）**怠速状态**：速度 = 0 的短暂停车过程。

2）**加速状态**：速度 $\neq 0$ 且加速度 $\geqslant 0.15\text{m/s}^2$ 的连续运转过程。

3）**减速状态**：速度 $\neq 0$ 且加速度 $\leqslant -0.15\text{m/s}^2$ 的连续运转过程。

4）**匀速状态**：速度 $\neq 0$ 且加速度的绝对值 $\leqslant 0.15\text{m/s}^2$ 的连续运转过程。

将不同的运动状态下的行驶片段按照平均速度划分到 0～10km/h，10～20km/h，20～30km/h，30～40km/h，40～50km/h 等状态空间内，进而结合上节中介绍的行驶工况构建流程构建行驶工况曲线，如图 6-33 所示。

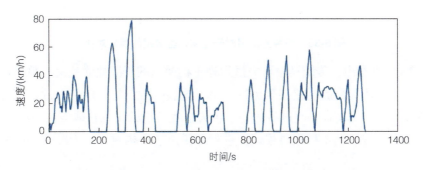

图 6-33　基于马尔可夫过程理论方法构建的行驶工况曲线

为了进一步分析说明改进后的马尔可夫过程理论的准确性和优异性，本文利用传统的马尔可夫过程理论在同样的样本数据基础上构建出了传统马尔可夫过程理论工况曲线，具体图形如图 6-34 所示。

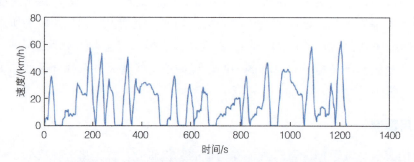

图 6-34　传统马尔可夫过程理论构建的代表性行驶工况

从图 6-33 和图 6-34 可以看出，传统的马尔可夫过程理论和改进的马尔可夫过程理论最终形成的工况曲线有较大的差别，传统的马尔可夫过程理论各个片段之间的小范围速度波动较多，速度变化大。为进一步分析两者的差异，计算传统随机法工况曲线的所有特征参数，并与整体试验数据和利用改进方法构建的工况曲线的特征参数进行对比，改进方法与传统方法相对于整体试验数据的误差对比情况如图 6-35 所示，其中横坐标从左到右分别表示平均速度、行驶平均速度（除急速外）、速度标准偏差、平均加速度、平均减速度（绝对值）、加速度标准偏差、急速时间、加速时间、减速时间、匀速时间。

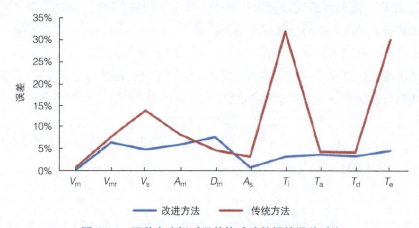

图 6-35　两种方法相对于整体试验数据的误差对比

从图 6-35 可以看出，传统马尔可夫过程理论构建出的工况曲线相对于整体试验数据的误差较大，部分特征参数的误差甚至超过 30%，这表明传统的马尔可夫过程理论随机性较大，真实性较低。相比而言，改进后的马尔可夫过程理论的误差总体均在 10% 以内。由此可以看出，运用改进后马尔科夫过程理论进行片段遴选所构建出的工况循环曲线精度明显提高。

为进一步说明改进马尔可夫过程理论和传统马尔可夫过程理论与样本数据的接近程

度，分别计算整体试验数据、传统马尔可夫过程理论和改进马尔可夫过程理论得到的统计分布特征参数。为了更直观地对比分析两种方法的优劣，统计了传统马尔可夫过程理论、改进马尔可夫过程理论和原始样本数据的车辆行驶状态比例分布、速度频度和加速度频度，具体图形如图 6-36 ~ 图 6-38 所示。

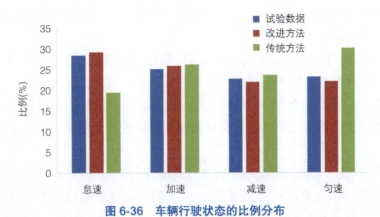

图 6-36　车辆行驶状态的比例分布

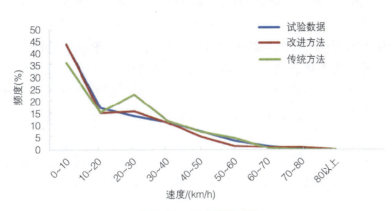

图 6-37　速度频度对比

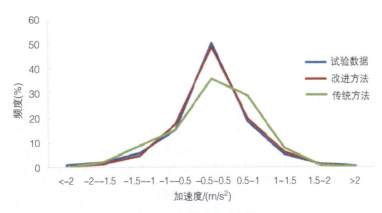

图 6-38　加速度频度对比

从图6-36可以看出，传统的马尔可夫过程理论构建的循环工况的行驶状态分布与样本数据的行驶状态分布有较大差别。在样本数据中，怠速时间段的比例较大，加速、减速和匀速段的比例接近。传统的马尔可夫过程理论行驶状态呈现的特点是匀速段比例最大，加减速段比例接近，怠速段最小，这与样本数据的实际分布情况误差较大。相反地，改进后的马尔可夫循环工况其加速度分布情况与样本数据基本一致，这表明改进后的马尔可夫过程理论能较好地反映样本数据的行驶状态。

从图6-37可以看出，改进马尔可夫过程理论构建的工况其速度频度规律与试验数据较为一致，且占比较为相近。而传统的马尔科夫过程理论得到的工况的速度频度规律与试验数据有较大的差异，特别是在10 ~ 30km/h这一速度段与试验数据有明显的误差。可见改进后的马尔可夫工况构建方法能够较好地反映试验数据在各个速度段的分布情况，真实性和可靠性较高。

从图6-38可以看出，试验数据的加速度频度呈现出"中间高，两边低"的分布规律。其中，加速度落在-0.5 ~ 0.5m/s^{2}的比例最大，即怠速段和匀速段的占比较大，而加减速比例占比较小。对比分析可知，传统的马尔可夫过程理论并没有呈现出明显的"中间高，两边低"的分布规律，与样本数据的分布情况有较大差别，原因在于马尔可夫过程理论的随机性较大，且由于各个马尔可夫片段进行组合时采用直接拼接的方法，很容易造成拼接点处出现速度突变从而导致加减速度较大的情况，这也反映了传统马尔可夫过程理论在工况片段组合过程中存在的问题。相反地，改进的马尔可夫过程理论构建的工况其加速度频度规律与试验数据较为吻合，其分布情况与样本试验数据一致，可见改进后的马尔可夫过程理论构建方法能够较好地反映试验数据的加减速分布情况，真实性和可靠性较高。

基于上述分析，本节介绍的改进的马尔科夫过程理论工况构建方法考虑了传统马尔可夫过程理论构建行驶工况时存在的起始片段和结尾片段选择随机性较大的问题，提出了基于总体特征参数偏差最小的工况起始片段选取原则和基于最小二乘法的结尾片段选取原则。改进后的马尔可夫过程理论较好地解决了传统马尔可夫过程理论随机性较大、速度突变频繁等缺点，对传统的随机方法起到了很大的改善作用，避免了由于随机法所造成的真实性低、可靠性差的问题，大大提高了最终构建的行驶工况曲线与实际的试验数据的接近程度，能够较好地反映出北京市乘用车的实际行驶情况和北京市较为典型的道路交通特征。

6.5.5　总结

本案例主要介绍了基于马尔可夫过程理论的工况构建方法，将汽车行驶过程当作马尔可夫过程进行研究。首先，在运动学片段的基础上根据加速度将原始速度-时间数据进行二次划分，得到若干模型事件。其次，以平均速度作为指标，将模型事件集划分为不同状态，构成马尔可夫过程的状态空间。通过计算转移矩阵可以得到各个状态之间互相转移的概率，作为工况中间片段的参考依据。同时，提出基于总体特征参数偏差最小的工况起始片段选择方法和基于最小二乘法原理的工况结尾片段选择方法。从结果分析可以看出，整个工况曲线误差率较小，在合理的范围内，证明该方法构建的行驶工况合理有效。

本章习题

1. 正态分布如何应用于故障电池识别？"3σ 准则"的含义是什么？如何识别异常点？

2. 径向基函数神经网络如何实现电池内阻和容量拟合？电池内阻与容量受哪些因素影响？

3. 车辆行驶状态分为几种？如何采用马尔可夫方法构建行驶工况？

第 7 章
新能源汽车跨网大数据应用实例

学习目标：

- 了解统计学方法在充电站选址、节能减排、交通能耗优化中的应用
- 掌握随机森林在新能源汽车关键零部件故障诊断中的应用
- 了解平均自回归模型在动力电池衰退预测中的应用

随着新能源汽车产业的快速发展以及网络通信、大数据技术的迅速崛起，新能源汽车与诸多其他运行网络的联系越发密切和频繁，例如，通过充电与电网的融合、行驶过程中与路网、交通网的交互通信、销售运营过程中与车辆服务、上下游产业的交叉，新能源汽车的跨网应用大大拓宽了新能源汽车的生产、运营和利益价值。本章对新能源汽车在电力行业、交通行业、服务行业的应用实例分别进行介绍。

CHAPTER 07

7.1　充电基础设施选址规划应用

7.1.1　应用背景

随着汽车产业的快速发展，新能源汽车充电需求量和需求时空分布特征也发生了显著的变化。随着充电需求的动态演变，当下合适的充电站规划方案在未来不一定仍是合适的方案。在充电站规划过程中，在所研究城市存量充电站的基础上，既要考虑新能源汽车出行、充电行为在时间维度和空间维度上的随机性，满足短期的充电需求，也要着眼于长远的发展，考虑长时间尺度下新能源汽车数量、交通网络、电网约束等宏观因素，支撑基础设施合理选址和部署规划，这对于优化新能源汽车使用体验、降低用户"里程焦虑"和提高充电桩利用率具有重要的意义。本案例以动态充电需求时空分布预测结果为基础，提出考虑动态充电需求变化、存量充电站和容量限制充电排队系统的充电站选址定容规划模型；以规划阶段内的充电相关成本最小化作为优化目标进行公共充电站规划，提出综合考虑充电车辆到达率分布和"站端 - 车端"成本平衡优化的充电站容量规划方法；在考虑动态充电需求的基础上提出的充电站规划方法提高了规划方案对未来新能源汽车发展及充电场景变化态势的适应性。

7.1.2　数据准备

结合北京市实际经济、交通发展情况，本案例选取图 7-1 所示的海淀区作为研究区域进行充电站规划模型的研究。海淀区内包含高校、居民区、商业区、公园、景区等城市要素，属于北京市人口数量、交通路网较为密集的区域，能够较为全面地反映、代表北京市的实际规划环境。如图 7-2 所示，测试区域被切分为 811 个六边形区域，基于城市新能源汽车出发地 - 目的地（origin-destination，O-D）空间转移事件的统计，获取了特定时间间隔和片区时空组合对应的车辆驶出和驶入次数，本案例将 6：00—9：00 期间日均驶出车辆数 ≥ 3 辆的区域视为居民区，针对海淀区的居民区分布识别结果如图 7-2 所示。本案例假设拥有私人充电桩的新能源汽车用户在私人充电桩可用时段倾向于在家充电，结合私人充电桩拥有率和已识别的居民区，后续根据充电特征对该区域的充电需求进行属性判别，并针对公共充电需求开展充电站规划案例研究。

7.1.3　充电规划模型构建

在充电站规划过程中存在两个关键要素：一是决定充电站在所规划区域中的布局方案，即选址；二是决定充电站内配备充电桩的类型及数量，即定容。充电站规划模型的总体流程总结如图 7-3 所示，首先在当前规划阶段充电需求时空预测及聚合结果的基础上，根据充电车辆数和充电次数初步筛选充电热点地区作为拟建设充电站的预选区域。对于拟建设区域进行"0-1"编码，并与当前阶段的存量充电站进行融合，基于此进行充电需求的时空再聚合。基于充电需求时空分布结果，结合规划模型对充电站的位置和容量进行协同规划。

其中，充电站容量配置影响着充电站的建设投资、充电资源利用率以及用户充电的等待时间。若充电站配置的充电桩较少，则充电排队等待时间会较长，造成充电体验较差；若充电桩较多，则会导致充电桩的平均利用率较低，进而导致充电资源浪费。因而，充电站的容量配置需在减少排队等待时间和提高充电桩利用率二者之间寻求合适的平衡。在完成拟建设方案的部署后核算新能源汽车充电成本和充电站建设、运营成本，基于优化目标函数和约束条件评价建设方案的优劣，并进一步迭代建设方案，直至达到模型设定的结束优化条件同时满足相关的约束条件，输出最优充电站选址定容方案。

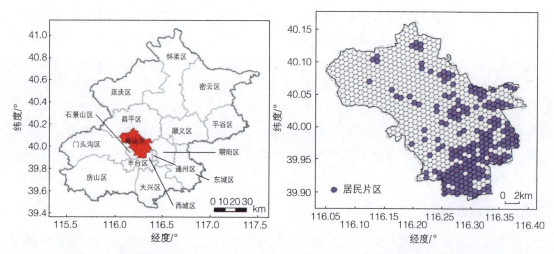

图7-1　北京市海淀区地理位置　　　　　图7-2　北京市海淀区充电站选址候选点

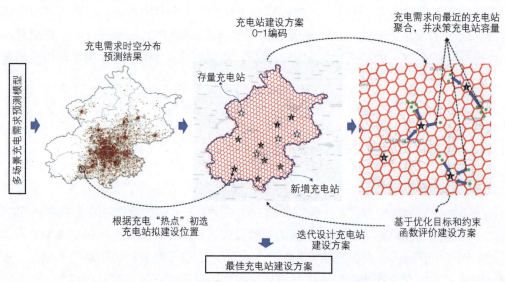

图7-3　基于跨网数据融合的充电站选址规划方法研究框架

　　此处提出的充电站规划模型主要是为了满足新能源汽车的动态充电需求，同时也考虑了充电站侧成本。考虑以上因素，本节以充电基础设施的建设运营成本和新能源汽车充电成本最低为优化目标，进行充电站规划模型的设计。具体说明如下：

（1）充电站端成本

充电站端成本 C_{CS} 主要包括建设成本 C_{CSI} 和运营管理成本 C_{CSM} 两部分。假设充电站的运营管理成本 C_{CSM} 与初始建设成本 C_{CSI} 的比例为 k_{MI}，即 $C_{CSM} = k_{MI}C_{CSI}$；同时，充电站的初始建设成本 C_{CSI} 主要包括施工成本 C_{CSB} 和充电桩硬件成本 C_{CSP}，假设单桩成本为 c_P，则考虑某一具体充电站的建设成本可以表示为

$$C_{CSj} = (1+k_{MI})(C_{CSB} + C_{CSP}) = (1+k_{MI})(C_{CSBj} + c_P N_p^{CSj}) \tag{7-1}$$

假设充电站的建设费用 C_{CSB}（包括土地租赁、人工费用等）与充电桩硬件成本成比例关系，且比例系数为 k_{BP}，则充电站端的成本可通过下式计算：

$$C_{CSj} = (1+k_{MI})(1+k_{BP})c_P N_p^{CSj} \tag{7-2}$$

（2）车辆端成本

车辆充电成本主要包括充电成本、行驶成本和时间成本，即

$$C_{EV} = C_{EVC} + C_{EVD} + C_{EVT} \tag{7-3}$$

式中，充电成本 C_{EVC} 代表车辆在充电站进行充电所付出的成本，包括电费、停车费等；充电行驶成本 C_{EVD} 代表车辆从充电需求产生位置行驶至目标充电站所付出的成本；等待时间成本 C_{EVT} 主要体现在车辆到达充电站后是否可以立即开始充电，如果是，则等待时间成本为零，否则，进入图 7-4 所示的充电站车辆充电排队系统中，根据排队论方法计算充电等待时间成本。

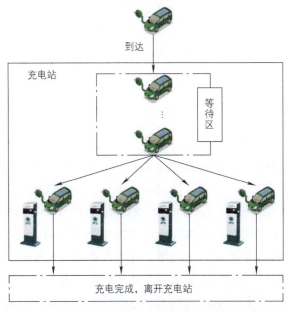

图 7-4　充电站车辆充电排队模型

综合充电站成本和新能源汽车充电成本，充电站规划的优化目标可以表示为规划阶段内的充电站成本和新能源汽车用户充电成本最小化，具体说明如下：

$$\min\{C_{\mathrm{CS}}, C_{\mathrm{EV}}\} \tag{7-4}$$

$$\mathrm{s.t.}\ \ d_{ij} \leqslant d_{\max}(\forall i \in \Omega_{\mathrm{CD}}, j \in \Omega_{\mathrm{CS}}) \tag{7-5}$$

$$t_{\mathrm{CS}j} \leqslant t_{\max}(\forall j \in \Omega_{\mathrm{CS}}) \tag{7-6}$$

$$P_{N,\mathrm{CS}j} \leqslant P_{N,\max}(\forall j \in \Omega_{\mathrm{CS}}) \tag{7-7}$$

$$d_{\min}^{\mathrm{CS}} \leqslant d_{ij}^{\mathrm{CS}} \leqslant d_{\max}^{\mathrm{CS}}(\forall i, j \in \Omega_{\mathrm{CS}}) \tag{7-8}$$

$$1 \leqslant \sum_{j=1}^{M} x_{\mathrm{AO}lj} \leqslant N_{\mathrm{CS,max}} \tag{7-9}$$

$$1 \leqslant \sum_{j=1}^{M} N_{\mathrm{p}}^{\mathrm{CS}j} \leqslant N_{\mathrm{p,max}} \tag{7-10}$$

$$N_{\mathrm{p,min}}^{\mathrm{CS}} \leqslant N_{\mathrm{p}}^{\mathrm{CS}j} \leqslant N_{\mathrm{p,max}}^{\mathrm{CS}}(\forall j \in \Omega_{\mathrm{CS}}) \tag{7-11}$$

其中，式（7-5）限制了充电行驶距离；式（7-6）限制了充电等待时间；式（7-7）限制了充电拒绝率；式（7-8）限制了充电站间距离上下限；式（7-9）和式（7-10）分别限制了充电站数量和充电桩数量；式（7-11）规定了充电站内充电桩数量的上下限。

7.1.4　应用案例

首先针对该阶段的不同类别新能源汽车的充电需求进行时空聚合，然后结合现存充电站（桩）的空间分布进行充电站规划。充电站规划的优化目标设置如下：

$$\min\left\{C_{\mathrm{CS}}^{T_{\mathrm{p}}=0}, C_{\mathrm{EV}}^{T_{\mathrm{p}}=0}\right\} \tag{7-12}$$

海淀区公共充电需求以及公共充电站规划结果如图 7-5 所示，其中红色星号代表建设快充站的片区位置，蓝色星号代表建设慢充站的片区位置，灰色圆点代表充电需求片区，圆点与星号之间的连线代表基于理性人假设的充电站和充电需求之间的充电服务关系。从规划充电站的空间分布结果来看，公共充电站的选址规划结果与充电需求热点区域高度重合，多数充电站分布在人口密度和充电需求较大的南部和东部，该区域大部分处在北京市五环路以内，充电站密度显著高于其他区域，充电距离较短而充电站平均覆盖需求片区数量较少；而北部和西部由于存在较大面积的景区、公园以及人口密度相对较低，因此规划充电站密度也相对较低，平均充电距离较长，充电站平均覆盖充电需求片区数量也显著多于东南区域。

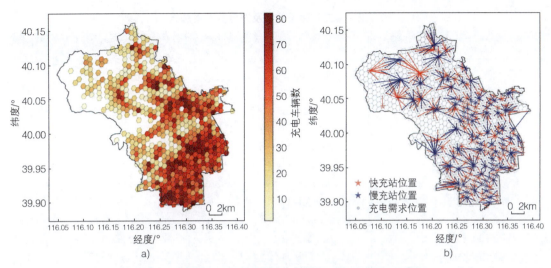

图 7-5　海淀区公共充电需求分布及公共充电站规划结果

公共充电站规划方案的具体位置信息及对应的充电桩数量总结见表 7-1 和表 7-2。

表 7-1　快充站建设位置及充电桩数量总结

位置	充电桩数量	位置	充电桩数量	位置	充电桩数量
人民大学北路 3 号	4	学院南路 82 号	4	潘庄北路 13 号	3
上庄路 - 沙阳路	6	上地信息路 38 号	4	大牛坊社区	4
西王庄小区停车场	5	玉渊潭南路 166 号	5	景宜里小区	4
枫丹丽舍小区	5	中关村军民融合产业园	5	北坞公园停车场	3
龙岗安居里	5	安宁庄公园停车场	6	北太平庄路 43 号	4
学院路 20 号	4	海淀南路 7 号	4	锦秋家园	3
知春嘉园	6	上地东路 27 号	7	玲珑路	4
华润万橡府	4	莲花池东路 126 号	6	菊园小区	3
阜成路 97 号	5	知春路 76 号	3	中关村南大街 2 号	3
新街口外大街 16-7	3	稻香湖路 28 号	5	永丰嘉园三区	4
蓝靛厂西路 9 号	4	树村郊野公园	4	万安西路	3
正红旗西街 16 号	3	永泰中街	5	香泉路环岛西侧香山路 1 号	3
软件园西路	4	北大医疗产业园	3	苏家坨镇南安河路 1 号	3
上地办公中心	4	唐家岭路 8 号	3	罗庄南路	4
中关村南大街甲 54 号	3	花园东路 29 号	6	凤凰岭南停车场	3
西三环北路 2 号院	5	天香颐北里	4	玉渊潭停车场	3
中关村南大街 32 号	4	用友软件园东区	5	军温路 87 号	2
新苑街 10 号	6	新风路	2	东北义园停车场	2
阜成路 8 号院	6	中国铁塔产业园	5	稻香园南社区	2

表 7-2　慢充站建设位置及充电桩数量总结

位置	充电桩数量	位置	充电桩数量	位置	充电桩数量
中关村南大街 2 号	13	龙湖颐和原著	9	黑龙潭路 114 号	7
馨悦家园	12	杏石口路 47 号	15	成府路 20 号院	9
科学院南路 3 号	16	远大园四区	24	林业大学北路 20 号	14
海悦梧桐苑	11	二龙闸路 - 中直路	10	航天城五院社区	9
永泰西里东区	16	中关村南大街 32 号	8	百旺家苑	8
学院路 20 号	14	紫竹院南路 9 号	9	中海枫涟山庄	13
水磨社区	11	新苑街 10 号	10	兴隆庄 49 号	12
华润万橡府	15	三星庄村	9	上地一街	10
阜成路 8 号	12	大柳树路甲 17 号	11	西山林语 3 区	14
岭南路 30 号院	12	麓景嘉园南里	9	生命园路 16 号	12
车道沟南里小区	16	复兴路丙 11 号	14	永翔北路 9 号院	12
车公庄西路 34 号	12	辉煌国际园区停车场	14	阜石路 9 号院	15
厢红旗四号院	15	西四环中路 31 号	13	学院南路 82 号	9
知春路 76 号	16	北四环中路 241 号	9	中发百旺商城停车场	8
光耀东方广场	13	北清路 28 号院	12	黑塔公园	12
五棵松公园停车场	20	上地东路 27 号	11	阜成路 33 号院	9
软件园北街	8	圆明园西路 1 号院	6	西直门外大街甲 143 号	9
双清路 93 号	11	科学园南里西街	11	柳林村社区	14
广泰小区西区	9	京香花园	15	温泉路 59 号	10
马连洼北路 169 号	10	天香颐北里	10	双泉堡甲 2 号院	10

　　上述公共充电站规划方案与充电需求热点分布以及存量充电站分布的对比情况如图 7-6 所示。结果显示，海淀区充电需求的热点区域都对应地规划了公共充电站，说明所规划的充电站布局符合实际需求，具有实际应用价值。此外，除了现存充电站以外，还新增了中关村南大街 2 号、馨悦家园、科学院南路 31 号等片区的公共充电站，进一步在存量充电站布局的基础上扩展了区域充电站的充电服务能力。

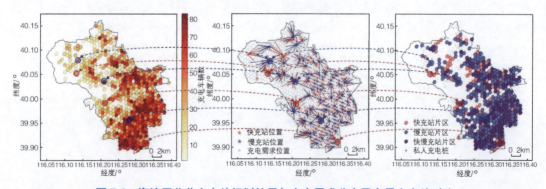

图 7-6　海淀区公共充电站规划结果与充电需求分布及存量充电站对比

　　规划方案的关键参数总结见表 7-3。从规划结果来看，在初始规划阶段，共建设快充站 123 座，慢充站 78 座，其中快充桩的数量为 489 台，慢充桩为 958 台。从成本因素来看，快充站的车端充电成本中日均行驶成本约为 1.87 元，日均充电等待时间成本约为 0.1 元；而慢充站的车端充电成本中的日均行驶成本约为 3.01 元，远高于快充站。推测其原因为，虽然慢充站数量较多，但是其服务的片区数量也远多于快充站，存在部分较为偏远地区的充电需求片区行驶至附近慢充站的距离较远的情况。此外，由于慢充站中未设置等待区域，因此慢充站的日均等待时间成本为 0。

从站端成本来看，快充站的初始建设成本约为 1853.8 万元，而慢充站的初始建设成本约为 385.6 万元；快充站的运营成本约为 1762.9 万元，慢充站的运营成本接近 115.7 万元。所规划的快、慢充站平均最近充电站距离分别为 1.05km 和 1.15km 左右，最大最近充电站距离分别为 4.54km 和 4.56km，说明充电站布局密度和与充电需求的空间服务关系较为合理。从平均充电等待时间来看，快充站的平均充电等待时间约为 0.24min，而慢充站则不允许充电排队等待，所以充电等待时间为 0；从充电拒绝率来看，由于快充站设有等待区域且充电完成速度较快，因此拒绝率较低，为 0.39%，而慢充站的充电拒绝率略高，达到了 0.77%。

表 7-3　公共充电站规划结果总结

充电站	$M_{CS}^{T_P}$	$N_P^{T_P}$	车端充电成本		站端成本		平均最近充电站距离 /km	最大最近充电站距离 /km	平均充电等待时间 / min	平均充电拒绝率（%）
			日均充电行驶成本 / 元	日均充电等待时间成本 / 元	初始成本 / 万元	运营成本 / 万元				
快充站	123	489	1.87	0.1	1853.8	1762.9	1.05	4.54	0.24	0.39
慢充站	78	958	3.01	0	385.6	115.7	1.15	4.56	0	0.77

7.1.5　总结

本案例以动态充电需求时空分布预测结果为基础，提出了考虑动态充电需求变化、存量充电站和容量限制充电排队系统的充电站选址定容规划模型；以规划阶段内的充电相关成本最小化作为优化目标进行公共充电站规划，提出综合考虑充电车辆到达率分布和"站端 - 车端"成本平衡优化的充电站容量规划方法。以北京市海淀区为例进行案例研究，在考虑动态充电需求的基础上提出的充电站规划方法提高了规划方案对未来新能源汽车发展及充电场景变化态势的适应性。

7.2　车辆电动化节能减排分析

7.2.1　应用背景

气候变化问题日益突出，低碳绿色发展要求汽车产业低碳化转型。在交通领域，我国碳减排任重道远。2022 年，我国交通部门的碳排放约为 12 亿 t，占全国碳排放的比重约为 10%，乘用车领域的碳排放量约占交通行业总碳排放量的 58%。我国汽车行业碳排放与经济增长尚未脱钩，近年仍保持 5% 左右年均增速。加快推广节能与新能源汽车应用，将有效推进实现汽车领域低碳化和绿色发展，为扭转温室气体排放快速增长的局面、实现中国

2030年左右双碳目标做出积极贡献。本节将介绍新能源汽车的行驶阶段碳排放计算模型的建立方法，为评估新能源汽车的碳排放提供科学依据。

7.2.2 数据准备

本案例数据覆盖了2020年全国运行的超过500万辆新能源汽车的运行数据，获取的数据主要为车辆实时运行数据，其中车辆实时数据的采集项目见表7-4。因为获取的原始数据往往存在着较多的问题，数据质量普遍不高，而数据质量差的数据往往会严重影响数据分析的结果，所以需要对原始数据进行预处理工作。数据预处理主要有三个步骤，分别是数据异常值处理、数据插补以及行程片段的切分。

表 7-4　车辆实时数据采集项目

数据项	定义	数据项	定义
时间	数据采集时间，秒级时间戳	车外温度	车外部的温度（℃）
VIN	车辆编号	车内温度	车里面的温度（℃）
加速踏板开度	加速踏板开度（%）	空调状态	空调开启状态，1为开启，0为关闭
制动踏板开度	制动踏板开度（%）	电流	电池系统总电流（A）
车速	车辆实际速度（km/h）	电压	电池系统总电压（V）
里程	车辆累计行驶里程（km）	SOC	电池系统荷电状态（%）
电机转速	电机转速（r/min）		

（1）数据异常值处理

数据异常值识别主要依靠各个数据项的标称值范围进行筛选：首先是对车辆实时数据的异常值筛选——加速踏板开度、制动踏板开度、SOC的标称范围设置为0~100%；车速的标称范围设置为0~220km/h。其次是针对车辆趟次能耗数据的筛选——距离的标称范围设置为4~22km，ΔSOC标称范围设置为0~50%。所有包含在标称范围之外数据项的数据均被认为是异常数据，并进行整帧删除。

（2）数据插补

数据插补是对数据中存在的空缺值以及缺少的数据帧进行插补。缺少数据帧是指：理论上获取的数据应该是1帧/10s，但是因为传输的问题可能导致数据帧丢失。所以为了填补这些缺失的数据帧以及少量数据项的空值，先对时间按每10s一帧数据进行插帧，对于值为连续值的数据项，比如里程，插入数据帧数据的大小等于前后帧数据的平均值；而对于为离散值的数据项，比如空调状态，令插入数据帧的状态与前一帧数据的状态相同。

（3）行程片段的划分

规定当车速大于0时，将数据划分为行驶数据；当车速和电流均为0时，将数据划分为静置数据；当车速为0、电流大于0时，将数据划分为充电数据。根据相邻两帧数据接收时间差值，在差值大于5min时将数据划分不同的行驶、静置和充电片段。

7.2.3　新能源汽车行驶阶段碳排放计算模型

本案例基于实车数据建立了新能源汽车行驶阶段碳排放计算模型，计算流程如图 7-7 所示。模型主要分为两个部分：新能源汽车 WTP（well to pump，油井到油泵）模型和能耗模型。新能源汽车 WTP 模型考虑了多种发电方式和技术，将各地能源结构转换为电力碳排放因子 [单位为 g/（kW·h）]。另一方面，在能耗模型中，通过车辆的行驶片段和充电片段，考虑充电桩效率，可以得到每辆车的实际电网能耗（单位为：kW·h/km）。

至此，则可计算出每辆车的每千米碳排放量（单位为 g/km），结合该车在一段时间内的行驶里程（单位为 km），则可以得到每辆车在一段时间内的碳排放量（单位为 g）。最后，根据不同的需求可以统计出不同层面的车群在一段时间内的行驶阶段碳排放量。

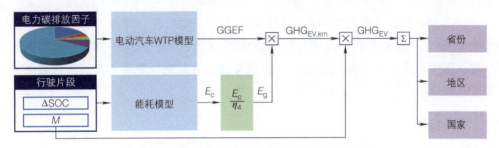

图 7-7　新能源汽车行驶阶段碳排放计算流程图

构建新能源汽车 WTP 模型的目的是根据地区能源结构计算当地电力碳排放因子，即电网每输出 1kW·h 电所产生的碳排放量。模型还考虑了能源运输、发电、输电和配电等过程的损耗，如图 7-8 所示。

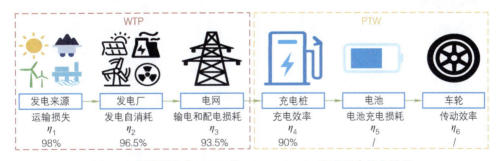

图 7-8　新能源汽车 WTW（well to wheel，油井到车轮）阶段

注：数据来源于 GREET 模型、《中国电力年鉴》等，后两个效率不同的车辆会取不同的值，在能耗模型中间接体现。

能耗模型的核心思想是统计某段时间内的行驶片段数量，并根据每个行驶片段相邻的充电片段（安时积分法）计算出该段时间内的车辆行驶平均能耗。对于一段时间的行驶片段的能耗进行统计，可以得到该段时间内该车的平均能耗，如下所示：

$$E_c = \frac{\sum_{i=1}^{n} E_{c,i} S_i}{\sum_{i=1}^{n} S_i}$$

（7-13）

$$E_{c,i} = \frac{\sum\limits_{j=1}^{m} W_{cf,j}}{mS_i} \qquad (7\text{-}14)$$

$$W_{cf,j} = \sum\limits_{p=1}^{T_j-1} U_p I_p (t_{p+1} - t_p) \qquad (7\text{-}15)$$

式中，E_c 为一段时间内平均行驶能耗（kW·h/km）；$E_{c,i}$ 为第 i 个行驶片段的能耗（kW·h/km）；S_i 为第 i 个行驶片段的里程（km）；$W_{cf,j}$ 表示第 j 个充电片段的充电能量（kW·h）；m 表示用来计算行驶片段能耗的相邻充电片段数量；T_j 表示第 j 个充电片段的总帧数；U_p、I_p 和 t_p 分别表示第 p 个时刻的动力电池电压（V）、电流（A）和时间戳（s）。

为了提高准确性，本节选取行驶片段左右各两个充电片段，用于计算能耗，并且充电片段的 SOC 变化范围必须囊括行驶片段的 SOC 变化范围。使用这种方法计算能耗的优势在于体现了温度、工况等对能耗的影响，并且考虑了电池充电效率、车辆传动效率、电池容量的衰退效应。

7.2.4 应用案例

由图 7-9 可以看出，由于北京、广东等地区人口众多、经济繁荣，新能源汽车保有量较大，而清洁能源发电占比却较低；相反，四川、云南等西部地区，拥有非常低碳的能源结构，新能源汽车的数量却很少。因此，对于西部地区，新能源汽车能够发挥更多的减排优势，应该通过相应的财政政策大力推广新能源汽车。而对于东部地区，则需要将能源结构低碳化作为首要目标。

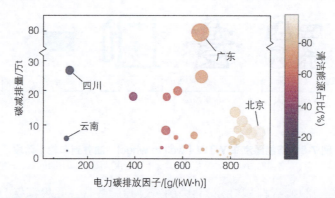

图 7-9 2020 年中国大陆各省份电力碳排放因子、碳减排量、车辆数、清洁能源占比

由图 7-10 和图 7-11 可以看出，在新能源汽车典型省份，由于电动乘用车体量庞大，因此其减排效果最为显著。相较于四川而言，北京、上海虽然拥有大量的新能源汽车，但减排效果却不如四川，客车和专用车的减排效果更是收效甚微。

由图 7-12 以看出，随着年份的增加，每个等级新能源汽车的平均每千米碳减排量逐年增加。由于新车的接入，各等级乘用车中的不同用途车辆（私人、出租、公务、租赁）占比在发生变化，但乘用车各种用途的能耗差别较小，因此减排量提升的原因在于电动乘用车节能减排技术的进步（其中 C 级车辆技术提升成效最为显著）。

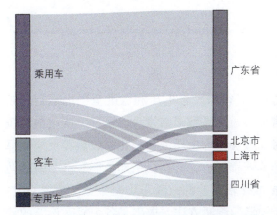

图 7-10　典型省份各种新能源汽车碳减排桑基图　　图 7-11　典型省份各种新能源汽车数量桑基图

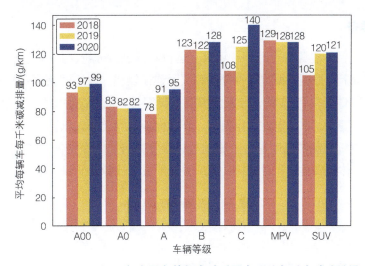

图 7-12　2018—2020 年全国各等级电动乘用车平均每千米碳减排量

7.2.5　结论

据统计，道路交通排放已占全球碳排放总量的 18%，在我国同样占据重要比例。而我国汽车行业的碳排放与经济增长尚未实现脱钩，仍保持着较高的增速。因此，加速推广节能与新能源汽车应用，是实现汽车领域低碳化和绿色发展的有效途径之一。针对新能源汽车行驶阶段碳排放计算模型的建立，则为评估新能源汽车的碳排放提供了科学依据。该模型通过考虑各地能源结构和车辆实际运行数据，可以计算出每辆车在一段时间内的碳排放量。通过新能源汽车 WTP 模型和能耗模型的结合，能够更准确地评估新能源汽车在不同地区的碳减排效果，为制定地区性的政策提供依据。最后，结合应用案例分析，可以看出由于新能源汽车的大规模使用，一些省份的减排效果显著。不过，不同地区的能源结构和新能源汽车保有量差异较大，因此在推广新能源汽车方面需因地制宜，对于能源结构较为清洁的地区，新能源汽车的减排效果会更为明显，应该加大政策支持力度。

7.3　新能源汽车关键零部件故障诊断

7.3.1　应用背景

新能源汽车三电系统（电池、电机、电控）必须在安全电压和温度范围内运行，超过规定范围轻则降低电池性能，缩短其使用寿命，重则导致事故发生。例如，当电池系统存在内短路、外短路、过热或热失控等问题时，就会因为电压失衡或化学放热等反应而释放出大量的能量，伴随有冒烟、起火甚至爆炸等连锁反应，甚至会引起新能源汽车事故乃至危及人身安全。针对上述问题，本案例根据822辆新能源故障车历史数据（依据GB/T 32960格式要求），总结出面向12项三电系统故障的诊断方法，提出了各个故障诊断的特征值，然后基于特征值构建随机森林诊断模型，提出了完善的模型参数优化、评价体系。

7.3.2　数据准备

本书依据822辆新能源故障汽车三年以上运行数据进行分析，其格式符合GB/T 32960上传要求。在此基础上，根据特征重要性分析和实际建模发现，数量可观且可用国标数据特征项进行准确预测的警告项共有12种，分别为温度差异警告、电池高温警告、电池单体不一致警告、单体电池欠压警告、单体电池过压警告、车载储能装置类型欠压警告、车载储能装置类型过压警告、驱动电机控制器温度警告、驱动电机温度警告、绝缘警告、SOC过低警告和SOC过高警告，其与具体故障类型和对应特征项的关联形成了故障特征知识库，见表7-5。

表7-5　故障特征知识库

警告项	故障项	特征项
温度差异警告	温度差异故障	单体电池温度
	单体温升过大故障	单体电池温升最大值
	单体温降过大故障	单体电池温降最小值
	温度聚类离群故障	单体电池温度聚类离群因子
	温度局部异常故障	单体电池温度局部离群因子
	最高单体电池温度传感器信息传递故障	最高单体电池温度
	温度差异波动过大故障	单体电池温度
	电压差异过大故障	单体电池电压
电池高温警告	电池高温故障	单体电池温度
	单体温度过高故障	单体电池温度
	整体温度过高故障	单体电池温度
	局部温度过高故障	单体电池温度
	单体电池温度传感器输出异常故障	单体电池温度
	电压升高过大故障	单体电池压差
	电压降低过大故障	单体电池压差

（续）

警告项	故障项	特征项
单体电池不一致警告	单体电池一致性差故障	单体电池电压
	温度不一致故障	单体电池温度
	电压不一致故障	单体电池电压
	单体电池聚类离群故障	单体电池电压聚类离群因子
	单体电池局部异常故障	单体电池电压局部离群因子
	内阻不一致故障	单体电池电压、总电流
单体电池欠压警告	单体电池欠压故障	单体电池电压
	单体电压过低故障	单体电池电压
	整体电压过低故障	单体电池电压
	最低单体电池电压传感器信息传递故障	最低单体电池电压
	局部电压过低故障	单体电池电压
单体电池过压警告	单体电池过压故障	单体电池电压
	单体电压过高故障	单体电池电压
	最高单体电池电压传感器信息传递故障	最高单体电池电压
	整体电压过高故障	单体电池电压
	局部电压过高故障	单体电池电压
车载储能装置类型欠压警告	车载储能装置类型欠压故障	总电压
	总电压传感器信息传递故障	总电压
车载储能装置类型过压警告	车载储能装置类型过压故障	总电压
SOC 过高警告	SOC 过高故障	SOC
	SOC 传感器信息传递故障	SOC
SOC 过低警告	SOC 过低故障	SOC
驱动电机温度警告	驱动电机温度故障	驱动电机温度
	驱动电机功率过大故障	驱动电机转速、驱动电机转矩
	驱动电机转矩过大故障	驱动电机转矩
	驱动电机效率偏低故障	驱动电机转速、驱动电机转矩、电机控制器直流母线电流、电机控制器输入电压
	驱动电机转速过大故障	驱动电机转速
	驱动电机温度传感器信息传递故障	驱动电机温度
驱动电机控制器温度警告	驱动电机控制器温度故障	驱动电机控制器温度
	驱动电机控制器输入电压过大故障	驱动电机控制器输入电压
	驱动电机控制器直流母线电流过大故障	驱动电机控制器直流母线电流
	驱动电机控制器温度传感器信息传递故障	驱动电机控制器温度
绝缘警告	绝缘故障	绝缘电阻
	绝缘电阻传感器信息传递故障	绝缘电阻

7.3.3　故障诊断模型建立

故障诊断机器学习模型的建立过程包括样本集划分、模型选取、模型训练、参数优化与评价方法。

（1）样本集划分

在进行机器学习时，数据集需要划分成训练集和测试集。通常采用交叉验证法来验证模型的有效性。

k 折交叉验证是先将数据集 D 划分为 k 个大小相似的互斥子集 $D = D_1 \cup D_2 \cup \cdots \cup D_k$，$D_i \cap D_j = \varnothing (i \neq j)$。每个子集 D_i 都尽可能保持数据分布的一致性，即从 D 中通过分层采样得到。然后，每次用 $k-1$ 个子集的并集作为训练集，余下的作为测试集；这样就可获得 k 组训练、测试集，从而可进行 k 次训练和测试，最终返回的是这 k 个测试结果的均值。显然，交叉验证法评估结果的稳定性和保真性在很大程度上取决于 k 的取值。为强调这一点，通常把交叉验证法称为"k 折交叉验证"。k 最常用的取值为 10，因此利用 10 折交叉验证法对模型效力进行验证。图 7-13 给出 10 折交叉验证的示意图。

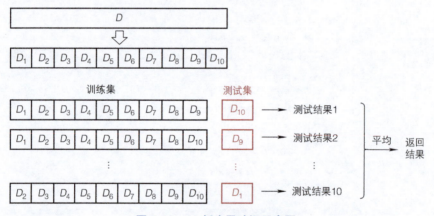

图 7-13　10 折交叉验证示意图

为了减小样本不同引起的差别，k 折交叉验证通常要随机使用不同的划分重复 p 次，最终的评价结果是这 p 次 k 折交叉验证结果的均值。

（2）核心模型

对某一时刻的 12 项通用警告的预测问题实际上是典型的二分类问题，根据特征数据分析对应的通用警告标志位是否为 1，如果为 1 则警告，否则不警告。常用的分类模型有人工神经网络、KNN 算法和随机森林（random forest，RF）等，人工神经网络虽然分类的准确度较高，能够逼近复杂的非线性关系，但神经网络需要大量的参数，并且比较适合在数据量大的时候使用；KNN 算法比较适用于样本容量较大的类域的自动分类，而对于样本容量较小的类域比较容易产生误分；RF 在当前的很多数据集上，相对其他算法有着很大的优势，并且可以解决小样本情况下的机器学习问题。研究中所涉数据样本中的警告数据条目相对较少，故采用 RF 模型对数据进行分类。

随机森林是一种有监督的以决策树为基础的集成学习算法，广泛应用于分类问题和回归问题，其基本思想是组合多个分类能力较弱的分类器。RF 算法可以形成分类能力强的分类器群，实际应用中能够进一步提高故障诊断结果准确率，因此被用于建立故障诊断模型。

作为一种基于决策树的 bagging 集成算法，其通过随机的思想限制了传统分类器的过拟合现象，应用分类回归树（classification and regression tree，CART）作为基分类器并根据基尼系数（Gini index）最小原则对节点进行分裂，实现对实际问题的分类。

在故障诊断中，设 RF 由 k 个分类器集合而成，将其表示为

$$H = \{h_1(T), h_2(T), \cdots, h_k(T)\} \tag{7-16}$$

式中，T 为输入的故障特征集；$h_q(T)$, $q = 1, 2, \cdots, k$ 为基分类器。分别利用 CART 算法生成决策树，并综合分类结果进行投票得出最终结果，其实现过程为：

1）通过 bagging 有放回的重采样思想，对数据进行 k 次抽样，每个数未被抽中的概率为 $(1-1/k)k$。当 k 趋于无穷大时，k 个样本集包含了 2/3 的原始数据，用作 RF 训练集，未被抽中的数据则为测试集。

2）对训练集进行决策树构建，使用 Gini 作为划分最优特征和最优分裂值的指标，若某一特征 t_i 包含 S 个类别，其 Gini 值为

$$\text{Gini}(t_i) = \sum_{j=1}^{s} \sum_{j \neq 1} p_j p_j = 1 - \sum_{j=1}^{s} p_j^2 \tag{7-17}$$

式中，P_j 为第 j 个类别的出现概率。同时可知，Gini 越小，分类精度越高，因此需遍历决策树所有特征，取 Gini 最小的特征作为当前节点的分裂特征。设所选特征即为 t_i，则其最优分裂值 a 为

$$\min_a \text{Gini}(t_i, a) = \frac{N_1}{N} \text{Gini}(t_1) + \frac{N_1}{N} \text{Gini}(t_2) \tag{7-18}$$

式中，t_1、t_2 为 t_i 的两个子样本集；N_1、N_2 为两个子集的样本数；N 为样本数。根据式（7-18）规则生成故障诊断决策树时，从含有 M 个故障特征的集合 T 中抽取 $m = \sqrt{M}$ 个特征作为分裂节点，直到达到树的最大深度完成决策树生长和分类。

3）综合 K 个决策树的分类结果，在少数服从多数的原则下进行投票，投票结果即为 RF 模型的故障诊断结果。

（3）模型关键超参数

随机森林计算效率较高，适用于各种量级不同的数据和多特征输入样本。由 RF 模型实现故障诊断的过程可知，决策树的数量很大程度上决定了模型性能和分类准确率，即参数 n_estimators 的选择。参数值越大，参与投票的决策树结果也更多，因此 n_estimators 越大，模型性能越好，但是训练时间和过拟合可能性也会随之升高。而限制决策树分裂的最大深度则可以有效地防止过拟合，即参数 max_depth 的选择，决策树每分裂一次对样本的需求便增加一倍，作为应用最广泛的剪枝参数，max_depth 在多特征且样本量较少的数据中效果显著。另外，RF 模型还有同样属于剪枝参数的 min_samples_leaf 和 min_samples_split，但其重要性和对结果的影响程度很小，因此 RF 模型参数优化主要针对参数 n_estimators 和参数 max_depth。

参数值与具体问题和数据信息密切相关。针对模型的故障特征数据集，经多次试算后，n_estimators 参数调优的范围确定为 1～100，且从 10 开始以 10 为步长，max_depth 参数调优范围确定为 1～30，从 5 开始以 5 为步长。以单体电池不一致故障和温度差异故障的观察窗特征数据集为例，输入全部观察窗特征，利用网格搜索法进行参数调节试验，通过 10 折交叉验证法对不同参数组合下 RF 模型的故障诊断效果进行评价，得出结果如图 7-14 所示。

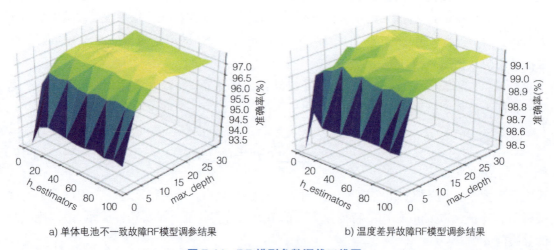

a) 单体电池不一致故障RF模型调参结果　　　　　　b) 温度差异故障RF模型调参结果

图 7-14　RF 模型参数调优三维图

由图 7-14a 中单体电池不一致故障 RF 模型的故障诊断准确率变化趋势可知，参数 max_depth 对结果影响较大，准确率随其增大而大幅提升，在参数值为 15 时达到最优状态，继续增加深度后准确率有所降低。此时参数 n_estimators 对结果的影响保持在 0.8% 以内，准确率随其增大而波动变化。根据各参数组合所输出的准确率结果，结合模型复杂度和运行时间进行综合评价后，选择 n_estimators 为 70、max_depth 为 15 作为单体电池不一致故障 RF 模型的最优参数组合，此时准确率为 97.36%。

由图 7-14b 中温度差异故障 RF 模型的故障诊断准确率变化趋势可知，参数 max_depth 对结果影响更为明显，准确率随其增大而提升，在参数值为 20 时达到最优状态，此后虽有微小提升，但同时模型复杂度和样本需求也在增加，而此时参数 n_estimators 对结果的影响保持在 0.05% 以内，准确率随其增大而波动变化。根据各参数组合所输出的准确率结果，结合模型复杂度和运行时间进行综合评价后，选择 n_estimators 为 50、max_depth 为 20 作为温度差异故障 RF 模型的最优参数组合，此时准确率为 99.16%。

（4）评价体系

模型预测效果的评价指标包括正样本、负样本和全样本预测准确率，根据模型预测结果的混淆矩阵计算得到。混淆矩阵示意表见表 7-6。

表 7-6　混淆矩阵示意表

真实情况	预测结果	
	阴性	阳性
阴性	TN（真阴性）	FP（假阳性）
阳性	FN（假阴性）	TP（真阳性）

对于二分类问题，生成 2×2 的混淆矩阵，将样例根据其真实类别与预测类别划分为真阳性（true positive，TP）、假阳性（false positive，FP）、真阴性（true negative，TN）和假阴性（false negative，FN），表 7-6 中 TP 的值代表被正确预测为阳性的正样本个数，TN 的值代表被正确预测为阴性的负样本个数，FP 的值代表被错误预测为阳性的负样本个数，FN 的值则代表被错误预测为阴性的正样本个数。可以看出，TP + FP + TN + FN = 样本总数，TP + FN = 正样本总数，TN + FP = 负样本总数。

进而，全样本准确率 Acc、敏感性 Sn 与特异性 Sp 分别定义为

$$Acc = \frac{TP + TN}{TP + FP + TN + FN} \tag{7-19}$$

$$Sn = TPR = \frac{TP}{TP + FN} \tag{7-20}$$

$$Sp = TNR = \frac{TN}{TN + FP} \tag{7-21}$$

可以看出，敏感性即为正样本准确率，特异性则为负样本准确率。

具体到本研究所涉故障诊断问题，对于某种故障，出现该故障相关警告的数据条目为正样本，未出现该故障相关警告的数据条目则为负样本，若模型预测某条数据出现该故障，则模型对该条数据的预测结果为阳性，反之则预测结果为阴性。根据机器学习模型预测的 12 种故障类别，均能够在国标数据警告项中找到对应警告，故其预测效果可直接使用上述评价指标准确评价。

7.3.4　应用案例

将从 822 辆故障车中提取出的正负样本合并，按照 7∶3 的比例随机划分训练集与测试集，将训练集输入 RF 模型中进行训练。利用训练好的模型拟合验证集中的特征，将预测的结果与真实的结果进行比对，再分别改变时间窗长度与提前预测的帧数，画出不同时间长度、提前预测帧数下验证集上的准确率，12 种故障的准确率三维图如图 7-15 所示。其中，提前预测帧数表示对故障进行提前预测的时间，1 帧代表 10s，帧数为 0 时表示不同窗口长度下故障诊断的效果，窗口长度表示用来预测的观察窗口长度。例如，当窗口长度为 5、提前预测帧数为 1 时，表示以连续的 5 个观察窗特征数据提前 10s 预测目标时刻的故障信息，准确率表示不同窗口长度、不同提前预测帧数下的整体准确率结果。对 12 项参数预测的结果如图 7-15 所示。

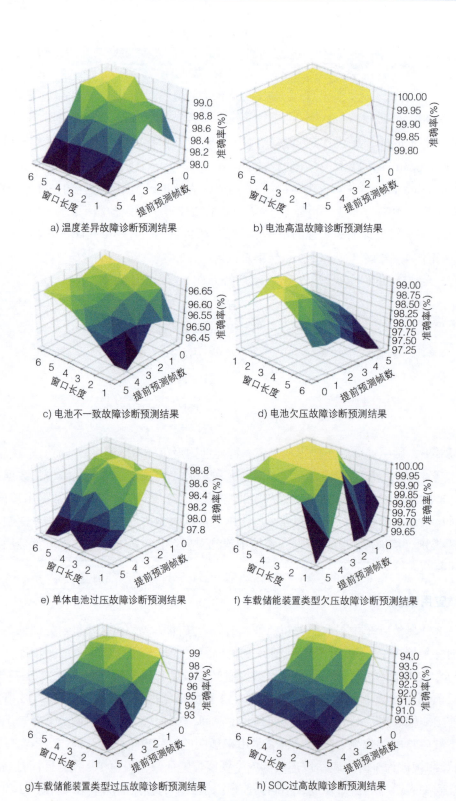

a) 温度差异故障诊断预测结果

b) 电池高温故障诊断预测结果

c) 电池不一致故障诊断预测结果

d) 电池欠压故障诊断预测结果

e) 单体电池过压故障诊断预测结果

f) 车载储能装置类型欠压故障诊断预测结果

g)车载储能装置类型过压故障诊断预测结果

h) SOC过高故障诊断预测结果

图 7-15　故障预测结果

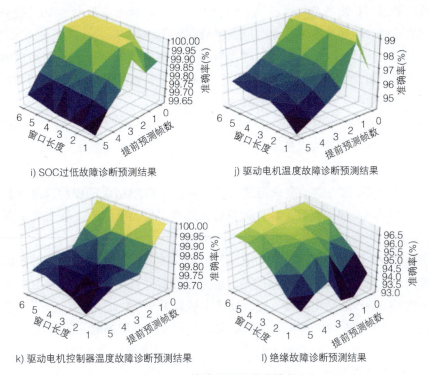

i) SOC过低故障诊断预测结果　　　　j) 驱动电机温度故障诊断预测结果

k) 驱动电机控制器温度故障诊断预测结果　　　　l) 绝缘故障诊断预测结果

图 7-15　故障预测结果（续）

1）由图 7-15a 可知，模型对温度差异故障的预测准确率随提前预测帧数的增加而降低，随窗口长度的增加而提高。选择窗口长度为 10、提前预测帧数为 1 构建此故障的诊断预测模型，此时准确率最高为 99.16%。

2）由图 7-15b 可知，模型对电池高温故障的预测准确率几乎达到了 100%，其结果基本不随窗口长度和预测帧数而变化。

3）由图 7-15c 可知，电池不一致故障预测准确率结果随提前预测帧数的增加而降低，随窗口长度的增加而提高。综合评价后，选择窗口长度为 10、提前预测帧数为 1 构建此故障的诊断预测模型，此时准确率最高为 99.06%。

4）由图 7-15d 可知，电池欠压故障预测准确率结果随提前预测帧数的增加而降低，随窗口长度的增加而提高。综合评价后，选择窗口长度为 10、提前预测帧数为 1 构建此故障的诊断预测模型，此时准确率最高为 99.92%。

5）由图 7-15e 可知，RF 模型的单体电池过压故障预测准确率结果随提前预测帧数的增加而降低，随窗口长度的增加而提高。综合评价后，选择窗口长度为 10、提前预测帧数为 1 构建此故障的诊断预测模型，此时准确率最高为 98.8%。

6）由图 7-15f 可知，车载储能装置类型欠压的预测准确率随提前预测帧数的增加而降低，随窗口长度的增加而提高。综合评价后，选择窗口长度为 10、提前预测帧数为 2 构建此故障的诊断预测模型，此时准确率最高为 100%。

7）由图 7-15g 可知，车载储能装置类型过压故障的预测准确率随提前预测帧数的增加而有所降低，随窗口长度的增加而提高。综合评价后，选择窗口长度为10、提前预测帧数为1构建此故障的诊断预测模型，此时准确率最高为99.99%。

8）由图7-15h可知，模型对SOC过高故障的预测准确率随提前预测帧数的增加而降低，随窗口长度的增加而提高。综合评价后，选择窗口长度为10、提前预测帧数为1构建此故障的诊断预测模型，此时准确率最高为93.8%。

9）由图7-15i可知，SOC过低故障的预测准确率随提前预测帧数的增加而降低，随窗口长度的增加而提高。选择窗口长度为10、提前预测帧数为1构建此故障的诊断预测模型，此时准确率最高为100%。

10）由图7-15j可知，驱动电机温度故障的预测准确率结果随提前预测帧数的增加而降低，随窗口长度的增加而提高。综合评价后，选择窗口长度为10、提前预测帧数为1构建此故障的诊断预测模型，此时准确率最高为99%。

11）由图7-15k可知，模型对驱动电机控制器温度故障的预测准确率随提前预测帧数的增加而降低，随窗口长度的增加而提高。综合评价后，选择窗口长度为10、提前预测帧数为1构建此故障的诊断预测模型，此时准确率最高为99.95%。

12）由图7-15l可知，RF模型对绝缘故障的预测准确率随提前预测帧数的增加而降低，随窗口长度的增加而提高。选择窗口长度为10、提前预测帧数为1构建此故障的诊断预测模型，此时准确率最高为96.5%。

综上所述，绝大多数故障随着窗口长度的增加，准确率提升，随着提前预测帧数的增加准确率明显降低，最终窗口长度与提前帧数的选定需根据具体警告项的预测效果选定。

7.3.5　总结

本案例基于GB/T 32960格式的822辆新能源故障车历史数据，提出了面向12项三电系统故障的诊断方法，首先提出了各个故障诊断的特征值，基于特征值构建随机森林诊断模型，提出了完善的模型参数优化、评价体系，实现了所有故障项93%以上准确率的精准评估。

7.4　新能源汽车动力电池衰退预测应用

7.4.1　应用背景

近年来，新能源汽车保有量持续增加，车辆续驶里程衰退与安全风险问题依旧是车主和社会关心的问题。不同车主用车的环境温度、湿度、路况、驾驶习惯、充电习惯等各不相同，车辆运行工况复杂，并且个别车辆的使用工况接近于滥用，导致车载动力电池健康产生不同程度的衰退。另外，新能源汽车持续高强度使用及售后保养服务不到位，导致动力电池异常衰退与车辆续驶里程缩水，甚至造成起火等安全事故。本案例通过开展车载动力电池健康衰退预测的研究，让车主能够掌握车辆状态，发现异常，及时进行售后检测、保养与维修，延缓电池衰退，降低事故风险，为保障新能源车辆安全运行具有重要意义。

7.4.2　数据准备

车载动力电池健康衰退预测模型训练的整体实施方案流程如图 7-16 所示。

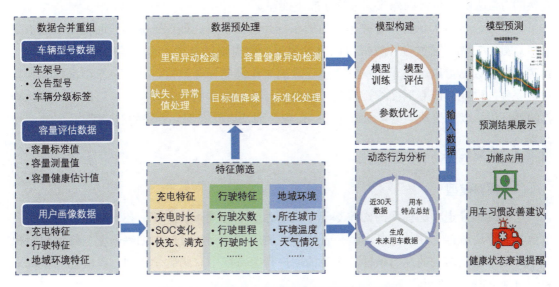

图 7-16　车载动力电池健康衰退预测实施方案

我们需要先做数据准备，主要包括数据合并重组模块、特征筛选与目标值提取模块、数据预处理模块。

（1）数据合并重组

选取车辆型号数据表、容量评估数据表、用户画像数据表，根据车架号将三张表合并。然后重新定义切分片段，将每一辆车的行驶、充电特征数据聚合重组。切分片段为一次充电结束至下一次充电结束，每条数据为一个充电片段，一个片段内所有的行驶数据聚合到一个片段中，一个充电片段有且只有 1 次充电行为。

（2）特征筛选与目标值提取

依照用户的充电特征、形式特征、所在地域和环境特征，进行用车特征筛选和提取。充电特征包括片段充电时长、充电间隔时长、片段充电 SOC 变化量、充电起始 SOC 值、是否快充、是否满充等；行驶特征包括片段行驶次数、片段行驶里程、片段行驶时长、停车次数和时长等；地域环境特征包括车辆所在的城市、城市的温度和天气条件等。将提取出来的这些特征再通过相关性检验进行筛选，避免因为特征相关性过高导致模型出现多重共线性的问题。同时，将容量评估数据中的容量健康估计值作为模型训练的目标值。

（3）数据预处理

首先进行里程、容量健康异动两项检测，用以修正或丢弃异常的用车数据。其中，容量异动指的是电池有更换、维护或突发性容量损伤的情况；里程异动检测算法主要解决车主自行调整车辆行驶总里程以及行驶数据缺失等问题；算法使用函数计算滑动平均值和卷积，以检测出异动的时间节点，随后可以使用拼接或者最小二乘的算法对里程、容量的数值进行调整修复。之后对其余特征值进行缺失、异常值处理，对容量健康估计值使用小波变换的方法去噪，再将训练数据进行标准化处理。

以车型公告号为单位，合并车主的用车行为特征，以此训练数据构建回归模型能带来诸多好处。首先，通过合并数据可以减少构建回归模型的数量，以此实现降低资源消耗；其次，合并数据可以填补车型在各个里程段的电池健康评分数值，让每个车型都能得到相对更完整的电池健康衰退曲线；最后，通过统计相同车型的大量数据，可以区分并剔除异常的特征值，以增强预测结果的可靠性，使拟合训练出的模型有更好的准确性。

7.4.3　模型构建

（1）预测模型

电池健康衰退预测模型的构建基于车载动力电池的健康状态评估技术完成。使用历史电池健康评估数据，并结合各车型公告号车主的用车行为特征数据训练模型。模型利用梯度下降的算法在客观的现实条件和主观的用户行为特征中总结数学规律，以实现对车辆未来的电池衰退情况做出预测。

在模型选择方面，首先考虑选用可解释性更优且消耗资源更少的多项式回归模型。在训练回归模型的同时，观察各个特征对容量衰退影响的显著性，用以归纳简化用户行为特征。其次，对比使用整合移动平均自回归模型（ARIMA），将最近的实时容量评分加入训练数据，增加考虑了用户用车的季节性和周期性等特点，实现对电池健康衰退的动态模拟预测，增强了模型预测的准确性。最后，在已完成的模型基础上，采用L1正则化（Lasso）以避免模型出现过拟合，使模型有更好的鲁棒性。

除此之外，模型可以根据车主的驾驶习惯和充电习惯，找出对电池健康有显著影响的特征因素。在预测车载动力电池衰退情况的同时，对车主的用车行为特征进行分析，为车主提供电池保养维护方案和充电、行驶习惯改善建议。图7-17为车载动力电池健康衰退预测的技术流程。

（2）关键技术

1）小波变换去噪。在进行数据预处理时，方案采用了小波变换的算法来处理容量健康估计的异常值，并将目标值范围收缩聚拢。小波变换是一种普遍应用于信号时频分析和处理的算法，它基于短时傅里叶变换的数学算法发展优化，具备良好的时频特性，因此实际应用也非常广泛，符合本次电池衰退研究的异常值处理应用场景。

小波去噪方法首先对含噪声数据进行小波变换，然后对变换得到的小波系数通过数学公式处理，以去除其中包含的噪声，之后对处理后的小波系数进行小波逆变换，便可得到去噪后的数据。这种分析方法的优点是能对时间或空间频率的局部分析，使信息压缩后保持与源信息的特征一致，充分突出数据某些方面的特征，且在传递中可以抗干扰。使用小波变换的方法实现了异常值去除和目标值聚拢，为模型能达到最佳的训练效果打下基础。图 7-18 是小波变换去噪的技术展示图。

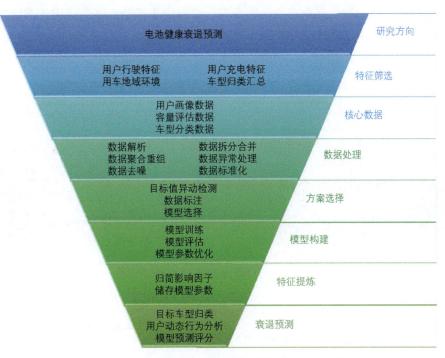

图 7-17　车载动力电池健康衰退预测技术流程图

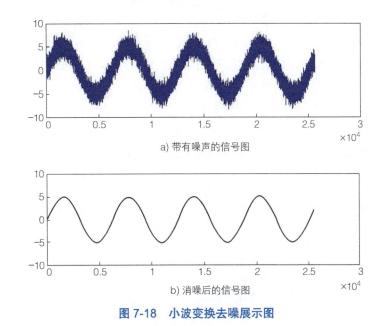

a) 带有噪声的信号图

b) 消噪后的信号图

图 7-18　小波变换去噪展示图

2）L1 正则化（Lasso）。在模型训练拟合时，引入了 L1 正则化（Lasso）的技术手段避免了模型出现过拟合。在让模型有更好的鲁棒性的同时，能找出对电池容量健康产生显著影响的特征因素。以模型提炼出的特征因素作为数据支撑的关键点，能有针对性地为每一位用户提供独特的行驶、充电行为改善方案，以减缓车载动力电池健康状态的衰退程度。图 7-19 是对部分车型的影响特征进行 L1 正则化的展示图。

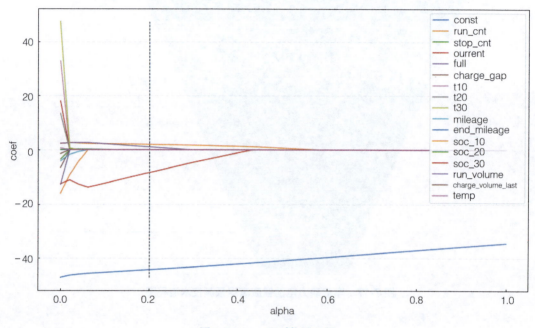

图 7-19　L1 正则化展示图

（3）模型训练

用处理好的数据训练模型，让模型进行自适应拟合迭代，并循环调整优化 L1 正则化惩罚项的系数，使重要影响因子保留的数量在指定区间之内。最终使模型拟合达到稳定，并且没有出现过拟合或欠拟合的情况即可完成训练，如图 7-20 所示。将模型保留下来的特征值的参数记录保存，作为关键影响因素为用户制定用车习惯改善方案。

1）Lasso 模型训练（pyspark.ml.regression.LinearRegression）。

确定参数：
elasticNetParam = 1（L1 正则化）
solver = 'auto'
调整惩罚参数 α（regParam）
确定保留特征的数量区间，且 end_mileage 不能为 0
调整梯度下降步长（tol）：使用默认值
调整迭代次数（maxIter）：使用默认值 100
记录异常参数

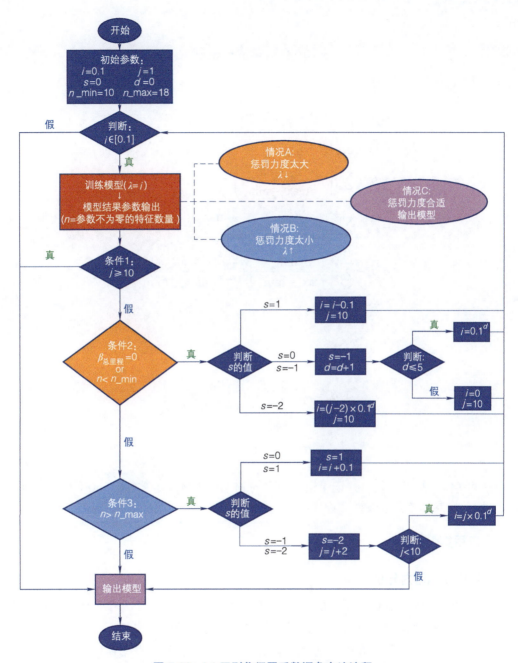

图 7-20　L1 正则化惩罚系数调参方法流程

2）Min-Max 反向转换参数。

根据保存的标准化参数表 v2_mm，转换模型训练结果参数，转换公式和原理如下。

经过 MinMaxScaler 模型转换后的输入 x'：

$$x' = \frac{x - \min}{\max - \min}$$

其中：

$$x' \in [0,1], \ x \in [\min, \max]$$

模型训练后结果方程为

$$
\begin{aligned}
y_i &= \beta_0 + \beta_1 x_1' + \beta_2 x_2' + \cdots + \beta_n x_n' \\
&= \beta_0 + \sum_1^n (\beta_n x_n') \\
&= \beta_0 + \sum_1^n \left(\beta_n \frac{x_n - \min_n}{\max_n - \min_n} \right) \\
&= \beta_0 + \sum_1^n \left(\frac{\beta_n x_n}{\max_n - \min_n} - \frac{\min_n}{\max_n - \min_n} \right) \\
&= \beta_0 - \sum_1^n \left(\frac{\beta_n \min_n}{\max_n - \min_n} \right) + \sum_1^n \left(\frac{\beta_n}{\max_n - \min_n} x_n \right) \\
&= \beta_0' + \sum_1^n (\beta_n' x_n)
\end{aligned}
$$

其中：

$$
\beta_0' = \beta_0 - \sum_1^n \left(\frac{\beta_n \min_n}{\max_n - \min_n} \right)
$$

$$
\beta_n' = \frac{\beta_n}{\max_n - \min_n}
$$

将 β_0' 和 β_n' 作为结果参数，并记录模型输出的 MAE、RMSE、R2adj、n0（不为 0 的权重系数数量），将参数储存至数据知识库中。

7.4.4　应用案例

（1）用户动态行为分析

对近六个月有连续运行数据的所有车辆进行预测。首先，对近六个月的容量评分表进行分析，提取有连续运行的车辆信息数据；其次，筛选这部分用户最近一段时间内的行为特征数据；最后，利用统计方法总结用户的用车行为特点，利用滑动窗口生成下一个片段的用车行为数据。

（2）模型预测

将用户动态行为分析数据进行标准化后，作为输入数据让模型进行预测，输出数据为未来的容量健康估计值。

用户行为预测表对每一个 vin 做行为分析，取最近 N 天的特征值，见表 7-7，滚动推测下一帧数据值。

表 7-7　电池衰退预测模型输入特征

特征名称	释义	字段类型	备注
vin	车架号	STRING	
veh_model_name	车型	STRING	
veh_level	车辆分级标签	STRING	
action_date	数据时间	STRING	
end_time	有效数据结束时间（s）	BIGINT	时间戳
city	运行城市	STRING	city 众数
charge_gap	充电间隔时长（s）	BIGINT	一次充电的开始时间 start_time，减去上一次充电结束的 end_time
end_mileage	结束里程（km）	DOUBLE	
mileage_gap	片段行驶里程	DOUBLE	一次充电结束至下一次充电结束的里程间隔差
start_min_cell_temp	开始最小单体温度	DOUBLE	
low_temp_rate	低温充电占比	DOUBLE	查所在城市（city）的低温占比 /10℃以下占比
high_temp_rate	高温充电占比	DOUBLE	查所在城市（city）的高温占比 /35℃以上占比
run_cnt	片段行车次数	INT	一个充电片段的行驶次数（一次充电结束至下一次充电结束之间 category = 10 的条目数）
stop_cnt	片段停车次数	INT	一个充电片段的停车次数（一次充电结束至下一次充电结束之间 category = 20 的条目数）
t_run	片段行车总时长（s）	BIGINT	一个充电片段的行驶总时长（一次充电结束至下一次充电结束之间 category = 10 的时长总和）
t_stop	片段停车总时长（s）	BIGINT	一个充电片段的停车总时长（一次充电结束至下一次充电结束之间 category = 20 的时长总和）
t_charge	充电持续时长（s）	BIGINT	一个充电片段的充电时长（一次充电 category = 30 的时长）
soc_run	行驶 soc 总变化量	INT	一个充电片段的行驶 ΔSOC（一次充电结束至下一次充电结束之间 category = 10，导致 SOC 的变化量）
soc_stop	停车 soc 总变化量	INT	一个充电片段的停车 ΔSOC（一次充电结束至下一次充电结束之间 category = 20，导致 SOC 的变化量）
soc_charge	充电 soc 总变化量	INT	一个充电片段的行驶 ΔSOC（一次充电结束至下一次充电结束之间 category = 30，导致 SOC 的变化量）

（续）

特征名称	释义	字段类型	备注
start_soc	充电起始 soc	INT	
run_volume	行驶充电总电容量	DOUBLE	行驶充电电容总和（一次充电结束至下一次充电结束之间 category = 10，100×charge_volume_ah / delta_soc）
Full	是否满充	INT	1 满充，0 非满充
Current	是否快充	INT	1 快充，0 慢充
is_holiday	是否节假日	INT	1 是，0 否
volume_var	容量保持率	FLOAT	volume_var = charge_volume / cha_volume_std

（3）功能应用

依照模型筛选出来的关键影响因素为用户制定用车习惯改善方案，可根据模型参数依次列举影响电池健康的用车行为特征排名，做成展示报告，并且对有滥用车辆习惯的车主提出规范用车建议，以改善车辆电池健康衰退情况，降低售后压力与成本。同时，根据大数据总结不同车型在低电池容量的事故率和维修率等痛点，分别为每个车型制定电池健康衰退关键节点，在不同节点给予用户提醒和警示，建议用户在动力电池到达使用效益亏损节点之前进行电池保养或更换。

（4）训练模型构建数据知识库

利用车企的数据资源库，在完成对每个车型的机器学习模型构建之后，基于模型筛选的用车特征，建立数据知识库。知识库样例如图 7-21 所示。

	基础信息	地域环境特征			驾驶习惯特征						充电习惯特征					
	公告号	城市平均温度	城市低温占比	城市高温占比	总行驶里程	片段行驶里程区间	驾驶环境温度	片段行驶频次	片段行车时长范围	节假日出行频次	片段充电频次	充电持续时长	充电SOC跨度	充电环境温度	是否经常快充	是否经常满充
模型参数	A	α_1	α_2	α_3	α_4	α_5	α_6	α_7	α_8	α_9	α_{10}	α_{11}	α_{12}	α_{13}	α_{14}	α_{15}
	B	β_1	β_2	β_3	β_4	β_5	β_6	β_7	β_8	β_9	β_{10}	β_{11}	β_{12}	β_{13}	β_{14}	β_{15}
	......															
默认均值	A	X_{A_1}	X_{A_2}	X_{A_3}	X_{A_4}	X_{A_5}	X_{A_6}	X_{A_7}	X_{A_8}	X_{A_9}	$X_{A_{10}}$	$X_{A_{11}}$	$X_{A_{12}}$	$X_{A_{13}}$	$X_{A_{14}}$	$X_{A_{15}}$
	B	X_{B_1}	X_{B_2}	X_{B_3}	X_{B_4}	X_{B_5}	X_{B_6}	X_{B_7}	X_{B_8}	X_{B_9}	$X_{B_{10}}$	$X_{B_{11}}$	$X_{B_{12}}$	$X_{B_{13}}$	$X_{B_{14}}$	$X_{B_{15}}$
	......															

图 7-21　数据知识库样例

数据知识库的特征包含四个部分：基础信息、地域环境特征、驾驶习惯特征和充电习惯特征。其中，基础信息为车型公告号，用于定位消费者想要查找的品牌车型在数据库中的位置；地域环境特征为消费者所在的城市信息，根据对应城市匹配相应的平均温度和该城市一年的高温、低温时间占比；驾驶习惯特征包含车主的行驶里程区间、片段行驶频次、片段行车时长等驾驶行为特征；充电习惯特征包含车主的片段充电频次、充电持续时长、快充占比等充电行为特征。并且，除了有模型参数之外，数据知识库还涵盖了各个车型下，利用大数据计算的车主用车行为特征的平均水平。这样，在之后的业务场景应用中，即可在消费者不清楚自己用车习惯的情况下，使用大数据统计的默认均值来填充其用车行为特征。

7.4.5　总结

针对新能源汽车主流消费者的需求，设计了两种电池健康衰退预测产品的应用场景。场景 A 为消费者在购买新车前，对不同车型品牌的电池健康衰退程度的对比筛选。场景 B 为消费者在租车或者二手车交易前，对指定车辆的电池健康性能评估和衰退预测。

（1）产品应用场景 A：消费者购车前对比

根据产品应用场景 A 的对应情况，考虑到此类目标消费者在购车前并没有相对明确的目标车型，且在对于购车后车辆的使用情况难有准确的预估。因此，在场景 A 的情况下，消费者仅需填写选购汽车的品牌、车系、年款和运行城市，即可获得该款车型的电池健康衰退平均走势，以实现对不同选购车型的对比和筛选。图 7-22 为产品应用场景 A 的展示界面样例。

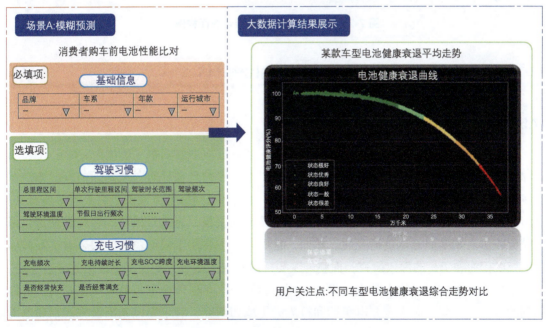

图 7-22　产品应用场景 A 展示界面样例

（2）产品应用场景 B：二手车性能评估预测

不同于产品应用场景 A，使用业务场景 B 的消费者大多都可以获取到所选二手车的车架号或车辆型号。因此，在基础信息中需要填写具体的车架号或车辆型号。由于此类消费者的关注点在于对所选车辆在当前节点的电池健康状态评估的准确性，因此场景 B 需要用户提供车主对于交易车辆的使用情况，以保证电池健康预测评估的准确性。图 7-23 为产品应用场景 B 的展示界面样例。

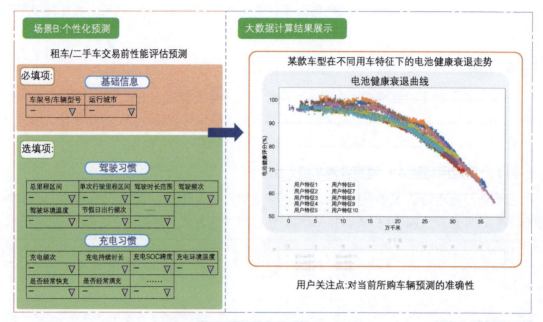

图 7-23　产品应用场景 B 展示界面样例

7.5　新能源汽车群体充电负荷和充电车辆比例评估

7.5.1　应用背景

新能源汽车充电负荷通常指车载动力电池在充电过程中的功率（单位为 kW）。随着新能源汽车的逐步普及，其群体充电负荷对区域供电的影响日益显著。准确评估新能源汽车群体充电负荷对实现有序充电、扩容充电站以及优化配电网络等方面的研究具有重要意义。目前，对车辆群体充电负荷的估计主要依赖于日行驶里程、充电开始时间等间接变量，通过模拟或仿真来推测充电负荷变化。然而，这些方法主要基于模型仿真，缺乏对实际群体车辆充电行为和负荷的深入研究，面临的主要挑战是缺乏基于大规模车辆数据的分析方法。

本研究基于实际车辆大数据，提出了评估新能源汽车群体充电负荷和充电车辆占群体比例的方法，实现了对真实充电负荷和行为的提取和研究，对于充电基础设施规划和电力供给等相关研究具有重要意义。

7.5.2　数据准备

输入数据选用新能源汽车运行数据，动态数据内容主要包含数据记录时间、位置、动力电池系统总电压、总电流、动力电池 SOC 等，静态信息包括车型、车辆用途等。

7.5.3 模型构建

群体充电负荷评估方法：

1）模型获取新能源汽车充电片段，组成数据向量。这里以单个充电数据片段 c_k^{seg} 为例，其数学形式为

$$c_k^{\mathrm{seg}} = \left[v_k, t_k^{\mathrm{start}}, t_k^{\mathrm{end}}, p_k^{\mathrm{chg}}, e_k^{\mathrm{chg}}, \cdots, g_k^{\mathrm{lon}}, g_k^{\mathrm{lat}} \right] \tag{7-22}$$

式中，v_k 为该片段的车辆唯一识别码；t_k^{start} 和 t_k^{end} 分别为充电开始和结束时间；p_k^{chg} 为充电功率；e_k^{chg} 为该充电时间段内车辆充入能量；g_k^{lon} 和 g_k^{lat} 为经纬度数据。片段可以记录完整充电过程，也可记录一个充电过程的子片段。

2）获取目标时间段邻域的电动汽车充电片段数据集合。由于充电负荷计算需要大量充电片段参与，而目标时间段内的充电负荷仅受邻域时间范围内的充电片段影响。为提高计算效率，在计算负荷之前，需基于原始充电片段数据集 $P_{\mathrm{chg}}^{\mathrm{seg}}$，构建面向目标时间段邻域的电动汽车充电片段数据集合 $P_{\mathrm{chg},t}^{\mathrm{U}}$，构建方式为

$$P_{\mathrm{chg},t}^{\mathrm{U}} = \left\{ c_k^{\mathrm{seg}} \in P_{\mathrm{chg}}^{\mathrm{seg}} \mid t_k^{\mathrm{start}} \in \left[t^{\mathrm{prev}}, t \right], t_k^{\mathrm{end}} \in \left[t, t^{\mathrm{next}} \right] \right\} \tag{7-23}$$

式中，t 指定目标时间范围，这里为日期，以天为单位；t^{prev} 和 t^{next} 分别为前一天和后一天对应日期。

3）构建离散时间窗口对应的车辆群体充电功率集合。日期参数 t 对应当天全天时间段，为实现实车数据高效处理，将日期为 t 的全天时间离散成 q 个时间窗口，τ 对应离散时间窗口。这里以 1min 为最小时间单位，q 取值 1440 对应一天时间。离散时间窗口 τ 对应的车辆群体充电功率集合 S_{τ}^{int} 为

$$S_{\tau}^{\mathrm{int}} = \left\{ p_k^{\mathrm{seg}} \mid c_k^{\mathrm{seg}} \in P_{\mathrm{chg}}^{\mathrm{seg}}, t_k^{\mathrm{start}} \leqslant \tau, t_k^{\mathrm{end}} \geqslant \tau \right\} \tag{7-24}$$

4）计算离散时间窗口对应的车辆群体充电负荷。对于指定区域、电动汽车群体、离散时间窗口的充电功率集合，将对应的电动汽车实际充电功率累加，得到时间窗口 τ 对应的车辆群体累加充电负荷数值 $\rho_{\tau}^{\mathrm{load}}$，为

$$\rho_{\tau}^{\mathrm{load}} = \sum_{p_k^{\mathrm{seg}} \in S_{\tau}^{\mathrm{int}}} p_k^{\mathrm{chg}} \tag{7-25}$$

对于指定时间段 $T_{\mathrm{days}}^{\mathrm{m}} = \left[\tau_1, \tau_2, \cdots, \tau_k, \cdots, \tau_n \right]$，车辆群体的充电负荷时间序列可表示为

$$\rho_{T_{\mathrm{days}}^{\mathrm{m}}}^{\mathrm{load}} = \left[\rho_{\tau=\tau_1}^{\mathrm{load}}, \rho_{\tau=\tau_2}^{\mathrm{load}}, \cdots, \rho_{\tau=\tau_k}^{\mathrm{load}}, \cdots, \rho_{\tau=\tau_n}^{\mathrm{load}} \right] \tag{7-26}$$

群体充电车辆占比评估方法：对于某一时刻，充电车辆在区域车辆群体中数量的占比，一定程度上反映了该群体充电行为的活跃度。充电车辆占比的计算过程与充电负荷计算过程相似，对于区域新能源汽车群体，利用式（7-24）中的离散时间窗口方法和式（7-25）

中的统计方法，对每个时间窗口的充电车辆和行驶车辆数量进行统计，可得到随时间变化的群体充电、行驶车辆数量及各自比例。

7.5.4 应用案例

本节选取北京地区纯电动汽车实际运行数据进行数据分析。

图 7-24 为 4 种车辆用途电动汽车群体连续 14 天充电负荷曲线和日充电车数曲线；图中横坐标为时间，单位为小时（h），计数方式为从第一天 0 点开始按小时累加，原点为周一 0 点；纵坐标为充电负荷和车数两类，负荷单位为兆瓦（MW），车数单位为千辆。从图 7-24 中可以看出，4 种车辆用途电动汽车群体的充电负荷曲线都具有明显的周期性，且随着当日充电车辆数提高，充电负荷明显升高。

图 7-24a 和 b 为私人乘用车群体充电负荷曲线和对应的日充电车数曲线。在工作日，私人电动乘用车群体充电负荷最高峰在 23：00—次日 1：00，平均日充电车数为 1000 辆时，该峰值约为 1.5MW，次峰值在 8：00—9：00，平均日充电车数为 1000 辆时该峰值约为 1.1MW，同时在 12：00 和 16：00 时充电负荷略有提升；在休息日，私人电动乘用车群体充电负荷最高峰仍然在夜间 23：00—次日 1：00，平均日充电车数为 1000 辆时该峰值约为 1.8MW，次峰值在 16：00，平均日充电车数为 1000 辆时该峰值约为 1MW。从图 7-24b 可以看出，私人乘用车群体车辆数量在周五达到最高，周六、周日逐渐下降，在周一～周四相对较低。

图 7-24c ～ h 为租赁乘用车、出租乘用车、公务乘用车的充电负荷曲线和群体车数曲线。它们的充电负荷峰值在时间维度上位置相似，且工作日和周末的充电负荷形状差异不明显。3 类车辆用途电动汽车群体的充电负荷最高峰值均出现在 23：00—次日 1：00，次高峰均出现在 16：00 左右。公务乘用车群体的车辆数量在周五达到最高，在周六和周日最低。

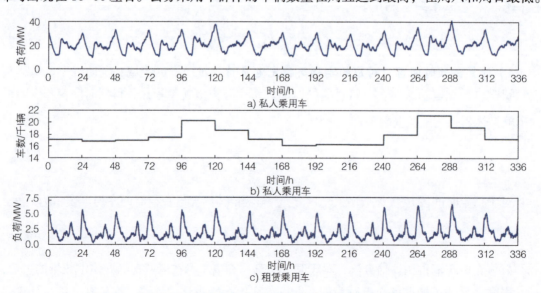

图 7-24　北京不同车辆用途电动汽车群体充电负荷曲线和群体车数曲线

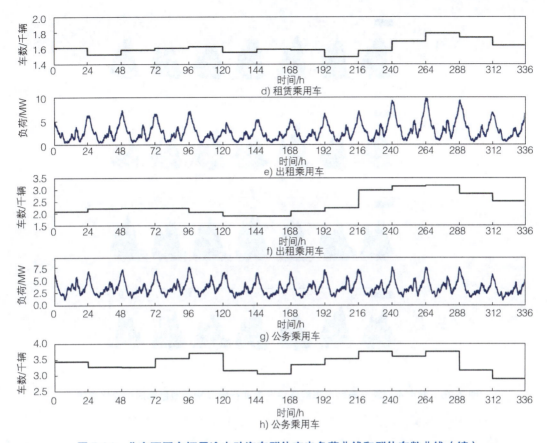

图 7-24　北京不同车辆用途电动汽车群体充电负荷曲线和群体车数曲线（续）

图 7-25 为不同季节北京市纯电动汽车群体中充电和行驶车辆的数量随时间变化的曲线。图 7-25a ~ d 分别代表春季、夏季、秋季和冬季的结果，为方便比较，四个子图的最大值均标准化为 1000 辆，其中时间分辨率为 1min。图中参数 R_{dc} 表示充电车辆数量与行驶车辆数量比值的平均值。

从图 7-25 中可以看出，车辆群体行驶数量的最大值出现在 9∶00—11∶00，充电车辆数量峰值出现在 23∶00—次日 1∶00 的时间段。通过对比春夏秋冬 4 个场景的充电数量，可以发现北京电动汽车在冬季下午存在更多的补电现象。而对比春夏秋冬 R_{dc} 可以发现，北京夏、冬季的平均充电车数要较春、秋季较高，主要原因可能为夏、冬季新能源汽车更多用能导致群体充电车数比例上升。

7.5.5　总结

通过结合实车大数据分析技术，可以有效评估新能源汽车群体的充电负荷和充电车辆占比，从而实现对区域新能源汽车群体充电行为和充电需求的量化评估。这一方法为城市新能源汽车充电基础设施的科学规划、区域供电网络的优化、新能源汽车消费者用能行为的研究等方面提供了坚实的数据和模型支撑，助力新能源汽车基于大数据的科学发展。

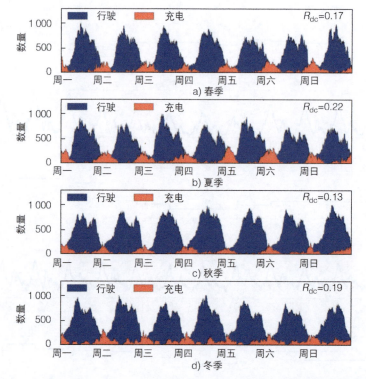

图7-25 北京不同季节电动汽车群体中充电和行驶车辆的数量随时间变化曲线

本章习题

1. 充电站选址过程中可以用到哪些数据可视化方法与工具？选址时需考虑哪些因素？

2. 如何计算新能源汽车交通能耗指数？应考虑哪些影响因素？

3. 如何采用随机森林对关键零部件的故障进行分类？如何采用实际运行数据优化随机森林参数？

第8章
新能源汽车数据化发展趋势

学习目标：

- 了解并能简述大数据未来的挑战
- 了解并展望大数据在未来交通出行中的作用与发展趋势
- 了解新能源汽车与大模型融合的趋势

　　未来，新能源汽车将不仅仅是道路交通载运工具，也将成为智能移动平台。车辆的智能化不仅代表着车辆操作的自动化程度提升，也意味着通过数据分析和机器学习等高级技术实现个性化服务和预测性维护。车辆网联化将实现车与车、车与基础设施以及车与服务网络的高效可靠连接，为新能源汽车提供丰富、多维的信息，提升车辆驾驶性、安全性和舒适性。智能化和网联化叠加将重塑我们对道路交通载具的定义和认知。同时，我们还需要审视这些发展趋势带来的新挑战，包括数据安全性、数据复杂性、计算复杂性和系统复杂性等。

8.1 未来新挑战

在未来交通出行中，大数据技术将会发挥巨大的作用，大数据技术将为智能交通的发展带来巨大的变化，这是由大数据技术的特点决定的。大数据能够及时地对交通大数据分析、处理，做出快速响应，从而帮助人们快速发现交通异常，方便交通管理。大数据技术具有高效率的数据挖掘能力，能快速发现大量交通数据中的内在规律，从而提高交通管理的运营效率以及道路通行能力。大数据的分布式并行处理能够对复杂的块表进行关联分析，可以支撑高并发多用户访问，帮助人们在交通紧急事件中快速处置、多方协作，提高数据处理能力。大数据技术的预测能力可以帮助用户预先了解交通拥堵情况，尽量避开拥堵路段，实时监控交通的动态运行。大数据技术能够有效地解决未来交通中所面临的难题。但是大数据技术在未来交通中也面临着许多挑战。

8.1.1 数据的安全性

科技发展日新月异，既诞生了像智能手机这样方便全人类的发明，也衍生出了电话诈骗、电话推销等诸多问题。那么对于未来的车载数据来说也是一样，既有着重要的使用价值，也会带来一系列安全性问题。未来的车载数据盗窃会呈现出隐蔽性、快速性及随时性的特点，数据安全将成为汽车大数据应用的头等大事。

未来车载信息的覆盖面之广足以包括消费者的各种习惯、爱好和其他基本信息。相比手机信息泄露，车载系统被盗窃和入侵将造成更为严重的后果。车载系统首先包括了消费者经常出入的地点，例如上班地点、家庭住址、家庭成员活动地址等；使用汽车通话已经不是新鲜的技术，因此车载系统还包括了消费者与家人的联系方式；当然，未来使用汽车支付的场所除了收费站以外还将增多，所以账户信息也会存在汽车里；甚至还可以根据消费者的日程安排计算出消费者的喜好、购买力等等，使汽车成为新一轮的垃圾信息推广的重灾区。

监管平台和监管条例还需要完善和改进。如何界定哪些数据是可以获取的？车厂和企业如何保护消费者的数据？这些数据应该如何使用？因此应当加快建立对消费者数据使用的监管机制，对车厂或者其他平台使用消费者数据的行为进行监管，防止有人利用这些数据进行非法的活动。

尽管可以预见大数据将给我们的出行带来诸多的便利和改进，但是既往的教训告诉我们，科技发展其实是一把双刃剑。要扩大有利的那一面，防范不利的那一面，扩大优势，缩小劣势。维护交通领域大数据安全的同时又充分利用好交通领域大数据，任重而道远。

8.1.2 数据的复杂性

在未来交通出行领域，随着科技的快速发展和智能化水平的提高，各种类型的信息都被详尽地记录并转化为数据。这些数据不仅涵盖了驾车人的行为习惯、驾驶偏好等个性化数据，还包括了实时的天气状况、路况信息、铁路车辆的运行状态、航班的起飞降落时间等广泛的交通数据。这种趋势导致数据量的增长呈现出指数级上升的态势，一个先进的数据平台每天可能需要处理的数据量可能高达 PB（拍字节）甚至 EB（艾字节）级别。

更为复杂的是，这些数据的结构类型也多种多样。有传统的结构化数据，如数据库中的表格数据；有半结构化数据，如 XML、JSON 等格式的数据；还有大量的非结构化数据，如社交媒体上的文本、图片、视频，以及来自各种传感器的实时数据流等。这些数据中既有精确的数字信息，也有复杂的语音信息和图文信息，它们共同构成了交通出行领域的庞大数据生态。

面对如此庞大且复杂的数据集，数据平台面临着巨大的挑战。首先，平台需要具有强大的数据接收能力，确保能够实时、准确地捕获来自各个渠道的数据。其次，平台还需要具备高效的数据存储能力，不仅要能够容纳海量的数据，还要确保数据的安全性和可靠性。同时，为了满足各种数据分析和应用的需求，平台还需要支持灵活的数据检索和访问方式。

为了应对这些挑战，数据平台必须不断地优化其数据存储架构，提高数据的处理能力，以满足大数据时代的需求。此外，随着云计算、人工智能等技术的发展，数据平台还需要积极探索新的数据处理和分析方法，以更好地挖掘和利用这些宝贵的数据资源，为未来的交通出行提供更加智能、便捷的服务。

8.1.3　计算的复杂性

在未来的交通系统中，要想对大量的交通数据进行分析并得出相应的结论，需要进行复杂的运算，而且为了及时对交通系统进行调控，处理数据的速度要快，这就给交通大数据的计算带来了很大的挑战。

大数据计算不能像处理小规模数据集那样做全局数据的统计分析和迭代计算，由于数据量庞大，在分析大数据时，往往需要重新审视和研究它的可计算性、计算的复杂性和求解算法。大数据样本量巨大，内在关联密切而复杂，价值密度分布很不均匀，这些特征对建立大数据计算方法提出了挑战。

大数据计算本质上是在给定的时间、空间、计算条件的限制下，如何实现"算得多"，即分析出尽可能多的交通系统的信息。从"算得快"到"算得多"，考虑计算复杂性的思维逻辑有很大的转变。所谓"算得多"，并不是指计算的数据量越大越好，而是需要计算出尽可能多的有用的结果。需要探索从足够多的数据，到刚刚好的数据，再到有价值的数据的按需约简的计算方法。近几年自动驾驶汽车取得重大进展就是很好的案例。其为了降低计算量，研究了基于自举和采样的局部计算和近似方法和适应大数据的非确定性算法等理论，提出了不依赖于全量数据的新型算法理论。

8.1.4　系统的复杂性

交通系统大数据对计算机系统的运行效率和能耗提出了苛刻的要求，由于交通系统大数据分析需要消耗巨大的计算机软硬件资源，因此需要对处理系统进行优化。大数据处理系统的效能评价与优化问题具有挑战性，不但要求厘清交通系统大数据的计算复杂性与系统效率、能耗间的关系，还要综合度量系统的吞吐率、并行处理能力、作业计算精度、作业单位能耗等多种效能因素。

针对大数据的价值稀疏性和访问弱局部性的特点，需要研究大数据的分布式存储和处理架构。

大数据应用中，计算机系统的负载量发生了本质性变化，计算机系统结构需要革命性的重构。信息系统需要从数据围着处理器转改变为处理能力围着数据转，关注的重点不是数据加工，而是数据的搬运；系统结构设计的出发点要从重视单任务的完成时间转变到提高系统吞吐率和并行处理能力，并发执行的规模要提高到 10 亿级以上。构建以数据为中心的计算系统的基本思路是从根本上消除不必要的数据流动，必要的数据搬运也应由"大象搬木头"转变为"蚂蚁搬大米"。

大数据技术在管理未来交通系统方面还面临着许多挑战，但是随着大数据研究的进一步深入，相信这些问题最终都能够得到很好的解决。未来交通将成为大数据驱动下的智慧交通系统。

8.2　智能化、网联化发展趋势

随着通信技术、人工智能、计算机技术的快速发展，智能化已经成为一种潮流和趋势。从智能手机、智能家电，到企业的智能制造、智能物流等，智能化已经渗透到社会的各行各业。在"工业 4.0""智能交通""智慧城市"和"互联网 +"的大背景下，汽车智能化已经成为汽车产业发展的重要潮流和趋势。车辆智能化不仅代表着操作的自动化程度提升，还意味着通过数据分析和机器学习等高级技术实现个性化服务和预测性维护。传感器和摄像头等设备不断生成大量数据，这些数据需要被实时收集、分析和处理，以优化车辆性能、提高安全性并提升用户体验。

（1）车辆智能化

智能汽车在解决能源、安全和环境问题上具有巨大的潜力，例如：通过采用自动驾驶技术能够减少 90% 人为操作引起的交通事故；通过车 - 车通信和智能速度规划，在智能化发展的前期可以将道路通行率提高 10% 以上，在高度自动化阶段可以将道路通行率提高 50% ~ 90%；在节能减排方面，通过经济性驾驶和整体智能交通规划，能源消耗至少能降低 15% ~ 20%。由于智能汽车存在巨大潜力，汽车的智能化已经成为行业发展的热点，并且正在引起行业的巨大变革。可以预见，在不久的将来，汽车的电动化与智能化将会对传统的汽车行业格局产生很大的冲击。如果说汽车的电气化只是将汽车的动力由内燃机换为电动机，对传统汽车行业格局的改变有限，那么汽车的智能化就是把一辆汽车变成一辆有着智慧的机器。

在车辆智能化的背景下，世界各国和地区纷纷制定相应的汽车智能化研究计划，欧盟、美国和日本均发布政策法规来推动智能网联汽车发展。中国在《节能与新能源汽车技术路线图 2.0》中确认了全球汽车技术"低碳化、信息化、智能化"的发展方向，也明确提出我国汽车智能化技术发展的目标：以 2035 年为节点，中国方案智能网联汽车核心技术国际领先，产品大规模应用；关键核心技术自主化水平显著提升，形成协同高效、安全可控的智能化产业链；建立汽车智慧出行体系，形成汽车、交通、能源、城市深度融合生态。此外，国家工业和信息化部、国家发展改革委、测绘局等相关部委出台多部政策，从智能化、网联化、智能制造、地图信息采集、大数据等多个方面促进智能汽车的发展。

（2）车辆网联化

汽车网联化是指以车内网、车际网和车载移动互联网为基础，按照约定的通信协议和数据交互标准，在车 -X（X 为车、路、行人及互联网等）之间，进行无线通信和信息交换的大系统网络。"网联化"是中国抛出的一个概念，最早出现在关于研究制定《"十三五"新能源汽车战略规划》的相关报道中，2016 年，我国在《装备制造业标准化和质量提升规划》中提出了开展智能网联汽车标准化工作。汽车网联化的核心在于利用互联网技术建立车与人、车与路、车与车、车与外部世界之间的连接，从而实现智能动态信息服务、车辆智能化控制和智能交通管理。网联化汽车的普及将对汽车服务产生重大影响，通过随时采集并分析车辆的各种数据，可以实现车辆的在线远程监控及车辆的预测性维护。但网联化远不止于车，还涉及语音交互方案、交通数据采集端、交通资源调配模式、大数据和云计算方案，甚至店铺、停车场、交通枢纽等服务方的设备更新和兼容。5G 技术具有低延时、高速率、大带宽等优势，其应用不仅在数据层面拓宽了汽车网联化发展的道路，更是为其发展提供了必要的支持。在 5G 的加持下，网联化可以实现车与车、车与人、车与外部世界的畅通交互，突破 4G 时代网络缺陷对技术发展、数据积累及处理能力的限制。车辆网联化强调车辆与外部世界的互联，包括车与车（V2V）、车与基础设施（V2I）以及车与服务网络（V2N）的连接。这需要大规模的数据传输和处理，确保信息的实时性和准确性。车辆需要不断交换数据，以便在复杂的交通环境中做出快速反应。低延迟、高带宽的数据传输对于网联化车辆的安全和效率至关重要。

随着汽车联网技术的多样化和联网率的不断提升，车联网服务市场潜力将逐步释放。据美国 IHS 公司预计，到 2035 年，全球智能驾驶汽车销量将超过 1000 万辆。汽车智能化与网联化的协同发展，将突破单车数据孤岛，引导汽车行业走向智能交通时代，与电动化一起共同实现人们对于既环保又有极致驾乘体验的"新四化"（即电动化、智能化、网联化、共享化）汽车的追求。

8.3　跨网融合发展趋势

融合开放已经成为汽车产业发展的新时代特征。新能源汽车跨网融合发展将极大地激发人们的创新潜能，未来的汽车将不仅仅是交通工具，它们还将与智慧城市、能源管理系统、娱乐服务等多个行业深度融合。不同来源的数据需要被整合和分析，从而提供全面的服务。这种数据整合需要解决数据格式、传输协议、隐私保护等多方面的问题，确保各系统间的数据能无缝对接。同时还能够有效拉动消费、投资和出口"三驾马车"，促进产业优化升级，充分发挥国内市场优势和内需潜力，使经济实现新的增长。"汽车 + X"协同发展效应显著，将对我国经济社会发展产生深刻影响，将为实现我国汽车强国梦奠定基础，推动形成互融共生、合作共赢的产业发展格局成为必然。

（1）新能源汽车与交通网跨界融合

智能网联新能源汽车作为多行业、多领域深度融合交叉的新一代汽车产品，将会催生一系列新兴的产业形态、出行模式、交通运输方式，将成为建设交通强国产业链条上的核心节点。通过依托智能网联汽车产业的发展进行交通强国战略的顶层设计，推动智能网联新能源汽车和智慧交通技术的发展，可以抢抓全球汽车、交通产业深度变革和融合给我国带来的战略机遇，加快实现我国从交通大国向交通强国的转变。

新能源汽车与交通网跨界融合能够产生巨大的效益与发展潜力。例如，汽车共享化在交通供给不足的情况下，能够提高交通资源利用效率、破解交通供求矛盾。同时电动化、智能化与共享化的互相支持，将进一步为交通系统带来更优的客运服务质量。其与智能交通、智慧城市的融合也为智能交通提供了更大的发展空间。新能源汽车与交通网跨界融合也促进了不同交通方式的融合发展，能够优化交通运输结构，是构建现代综合交通运输体系的必然要求。

（2）新能源汽车与能源网跨界融合

能源互联网是推动我国能源革命的重要战略支撑，汽车产业作为能源互联网建设的战场之一，将进一步深化与能源产业的融合发展。《新能源汽车产业发展规划（2021—2035年）》中明确提出要推动新能源汽车与能源融合发展。一方面，加强新能源汽车与电网双向能量互动。加强高循环寿命动力电池技术攻关，推动柔性配电网络建设升级。另一方面，促进新能源汽车与可再生能源融合发展。鼓励清洁能源综合利用和"光储充放"（分布式光伏 - 储能系统 - 充放电）多功能综合一体站建设，促进新能源汽车与气象、可再生能源电力预测预报系统信息共享与融合，加强新能源汽车充电、制氢与风电光伏协同调度，逐步提升车用可再生能源比例。

推动新能源汽车与大电网及可再生能源相互融合的能源系统建设、汽车与电网融合（vehicle-to-grid，V2G）技术的产业化发展，将使具有分布式移动储能功能的新能源汽车在平衡电网负荷、提高电网效率、促进可再生能源消纳方面发挥重要作用。随着新能源汽车渗透率的不断提升和低碳交通运输体系构建，V2G 模式有望成为传统汽车行业和能源行业实现低碳绿色转型的重要路径。

（3）新能源汽车与信息网跨界融合

汽车一直是工业与信息化融合的典型应用，汽车智能化、网联化推动了新一代通信技术的普及。汽车的数据感知、传输、处理和车辆行驶的安全性需求推动了具备低延时、高可靠性的 5G 通信技术的发展。自动驾驶是 5G 应用的重要场景，智能汽车的发展也将带动以汽车为载体的芯片、软件、信息通信、数据服务等产业成为新的经济增长点。

在 5G 的应用场景中，需求最大的是车联网。自动驾驶具备 5G 发展所需要的基础条件——市场足够大、对安全可靠性有刚需、用户消费需求多样性。基于 5G 短时延通信（毫秒级），将自动驾驶所需计算能力移到云端，突破车规级计算能力局限性与功耗大的问题。

自动驾驶实现路线分为两个方向：一个是单车智能；另一个是车路协同。单车智能路线方向，高精度传感器、激光雷达、惯性导航系统的昂贵成本使得全自动驾驶的成本居高不下，此外完全依靠车辆自身的传感设备也难以实现高等级自动驾驶。车路协同是基于无线通信、传感探测等技术进行车路信息获取，并通过车车、车路信息交互和共享，实现车辆和基础设施之间智能协同与配合目标。根据《节能与新能源汽车技术路线图 2.0》对车路协同技术的发展规划，到 2025 年左右，实现基于车路数字化信息共享的有条件自动驾驶开始应用；到 2030 年左右，基于车路云协同决策的自动驾驶技术逐步成熟，在重点路口、路段和封闭园区实现应用；到 2035 年左右，实现基于车路云一体化协同控制的自动驾驶技术应用。

（4）新能源汽车与服务网跨界融合

汽车产业进入全新时代，产业边界不断扩展且日益模糊，除了原先处于产业中心的汽车制造企业之外，提供新型软硬件的科技公司，出行服务的运营商、服务商、内容商，以及基础设施的建设与运营单位都将成为未来汽车产业的重要组成部分。过去垂直线形的汽车产业链，将逐渐演变成立体网状的生态系统，可充分发挥带动相关产业转型升级、促进产业深度交叉融合及形成新型产业生态体系的作用。

基于新能源汽车与服务网跨界融合的以人为本的新型服务模式已经成为一种发展大趋势。大数据背景下的汽车服务与传统汽车服务相比呈现出了众多新特点、新内容，多样化的服务类型如图 8-1 所示。结合大数据分析，给用户提供及时、专业的定制化服务，将是未来新能源汽车商业领域的发展趋势。

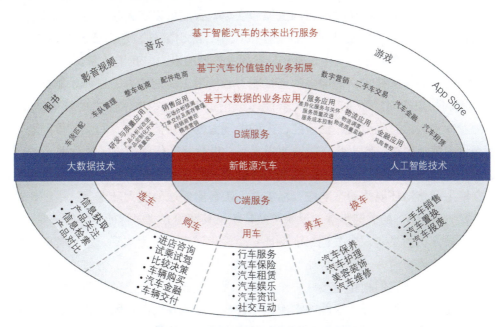

图 8-1　大数据环境下的汽车服务生态圈

8.4 大模型融合趋势

在新能源汽车发展的浪潮中，大模型融合趋势正逐渐成为焦点。随着车辆智能化和网联化的不断推进，单一模型已经难以满足复杂交通环境和多样化用户需求的要求。大模型融合不仅仅是技术的简单叠加，而是通过跨行业合作和数据整合，实现多领域、多系统的深度融合。通过大数据分析、机器学习和人工智能技术的应用，未来的新能源汽车将能够提供更加精准和个性化的服务。这一趋势不仅重塑了我们对汽车功能的期望，也带来了全新的挑战和机遇，推动着整个行业向更高效、更智能的方向迈进。

8.4.1 大模型体系框架

自2017年Transformer模型提出之后，预训练语言模型（pre-trained language model，PLM）异军突起，不断刷新各类NLP任务的性能上限。随着技术发展，大规模预训练语言模型参数数量快速增加，模型能力也飞速跃升，2022年底，随着ChatGPT的发布，人们广泛意识到大模型给技术和生产力带来的无限潜力，开始讨论大语言模型是否产生了智能的"涌现"，研究基于大语言模型应用到生产生活领域的具体方法。在当下，大模型技术路线已在产业界达成广泛共识，但究竟它将成为类似Web 3.0的技术浪潮，还是一场足以绵延至少十年的产业革命，仍是一个值得深思的问题。以大模型为核心的通用人工智能（AGI）革命是第四次重大技术变革，它可以和蒸汽革命、电力革命、信息革命相提并论，并将持续至少20年，深刻改变我们的世界。若干年后，整个人类社会的生产和生活将会因AGI革命的演进而发生翻天覆地的变化。

如今，各行各业已清晰认识到大模型在应用中的广阔前景与价值，然而，如何才能发挥出大模型的巨大潜力并推动生产力的发展和变革？我们可以将大模型比作汽车引擎，它为汽车提供动力。然而，要制造出一辆完整的汽车，除引擎外，还需要转向系统、底盘、内饰以及其他所有必要组件。同样，要充分发挥大模型的潜力，我们还需要在这个"引擎"基础上加入一系列高级技术，如增强的记忆能力和使用工具的能力，这样才能开拓更广泛的应用领域和想象空间。而AI agent（智能体）正是集合这些技术能力的载体，如图8-2所示。随着针对大语言模型的广泛研究，人们发现大模型目前存在"幻觉"等问题，导致在真实场景中落地困难。鉴于此，能够调用工具，进行复杂任务规划、执行的agent技术，逐渐进入人们研究的领域。AI agent的出现开启了一种新的交互方式，不再是被动的执行工具，它能主动感知环境并动态响应，标志着人工智能领域的重大转变。这一创新是迈向通用人工智能（AGI）的关键步骤，反映了从传统工具使用方式向智能实体的转变。

智能体被定义为具备六个关键维度特征：个性化设定、智力水平、情感智能、感知能力、价值观念和成长潜力。这些特征使它们能够适应多种应用场景。为使单个智能体发挥出色的能力，需要让它们相互连接并协作，以处理和完成更为复杂的任务。实际上，无论是人类社会还是自然界，群体智能的案例比比皆是。正如我们需要团队和组织将个人联合起来一样，自然界中的蜂群、蚁群和鱼群也展示出超越个体的高级智能行为。简单个体聚集成群体时，个体间交互能够使群体涌现超越个体的智能。随着研究的深入，AI agent 相互间能够通过通信形成协作，完成单智能体无法完成的工作。结合能够自主理解、规划、执行、反思任务的 AI agent 技术，群体智能的出现，大大拓展了大模型能力的上限。

图 8-2　AI agent 的能力特点

8.4.2　大模型与新能源汽车

2023 年初，由 ChatGPT 为代表的大模型，引领了一场巨大的科技浪潮，汽车行业在其中也不可避免，各大车企纷纷投入与大模型相关的布局。

长城官宣成立了 AI Lab，到 2023 年 9 月 AI Lab 已经有超过 400 人规模。长城的 AI Lab 又称智能空间实验室。很明显，长城大模型发力的首站会是智能座舱空间。吉利在汽车研究院也成立了类似的机构，即 AI 智能研究部。吉利汽车集团已经具备全栈自研的大模型技术。理想则在 2023 年 6 月公布了大模型 Mind GPT，其原有的座舱人工智能助手理想同学将基于大模型打造新一代的多模态人机交互技术体系。Mind GPT 所展示的功能，在理想最近更新的 OTA 5.0 上刚刚落地实现。

尽管由于车端算力的限制，千亿级参数规模的大模型还未被搬上车，但 BEV + Transformer 的框架在这一年中几乎统一了所有厂商的智驾感知系统。无论在智能驾驶还是智能座舱上，更大规模、更为通用的模型都正在替代此前多个专用小模型的格局。AI 大模型不是普通的技术和创新，而是技术范式级的创新。简单来说，在未来相当长一段时间内，AI 大模型将是很多技术问题的答案。

（1）大模型上车，首先从座舱语音开始

关于大模型上车给车端带来什么，在过去有很多讨论与实践。AI 赋能下的汽车新智能可以总结为：

第一，AI 重新定义了汽车的人机交互方式。

第二，在未来一段时间内，无论是高速还是城区的自动驾驶，将涌现越来越多的端到端的技术。

第三，舱驾一体将加快落地。

第四，汽车将变成开放的平台，接入更多的服务和体验内容，来帮助用户解决实际的问题。

座舱领域，尤其是语音交互，可能是过去这一年用户感知变化最为明显的领域。当前结合大模型，语音正在发生新的变化。交互方式正从规则模式转变为更自然的方式；交互场景，从过去单一任务的交互，转变为基于多任务的应用；座舱，也正从单一语音交互向多模态交互转变。iPhone开启了消费电子的触控交互时代，目前绝大部分消费电子的交互都是以触控为主，汽车也延续了这样的交互方式。但差别在于，无论是手机、iPad还是电脑，都属于大部分时间是一个人使用的私人设备，汽车是比较少见的一对多的设备。所以，汽车当前以触控为主、语音为辅的交互方式未必是最佳方案。大模型的出现让语言的理解能力迈上了一个新的高度。因此，从智能空间的角度，未来车内的主要交互形态，将从触控为主、对话为辅，逐步向以对话为主、触控为辅转变。

因为对话式的交互，用户是完全开放式的输入，所以下个阶段行业面临的很大挑战是，座舱一端的输出也要变成开放式的——所有的用户界面（UI）都会变成生成式的。UI的布局要根据用户的语言逻辑自动生成，高度匹配用户的语义。

与此同时，今天座舱应用提供的能力都是基于各个公司的垂直领域相互独立的。比如用户要去吃望京的美食，需要跨美团和地图两个应用。未来不同的科技企业都会有属于自己的agent，它代表了各自公司的通用能力和私域能力，这些agent可能会像人与人一样组建成社会网络。在数字世界里，agent组成的社会网络，通过这种全新的接口形式把各家的能力联通起来。

（2）大模型驱动的下一代自动驾驶

理想汽车有一组内部数据：60%的出行场景下，只有驾驶员一个人在车内。因此，如果不能通过自动驾驶把驾驶员解放出来，智能座舱是无法发挥价值的。与高度个性化的座舱服务不同，自动驾驶是极度标准化的功能。自动驾驶目前所处的阶段，无论从技术研发还是市场占有率上，都在高速增长。

由于城区自动驾驶功能的快速推进，BEV + Transformer + 占用网络 + 无图化是过去这几年车企的主要研发方向。具备鸟瞰视角（bird's eye view）的大模型实现了多摄像头的融合感知，从而大幅提高了智驾感知的数据驱动比例。

除了对自动驾驶端到端技术架构的影响，大模型也在帮助提升针对训练需要的海量数据标注。理想内部一年要做大概1000万帧的自动驾驶图像的人工标定，外包的价格大概为6到8元钱一帧，一年成本接近一亿元。但使用大模型进行自动化标定后，过去需要用一年完成的工作基本上3个小时就能搞定，效率提升千倍。从车端到云端，大模型正全面推动自动驾驶的体验进化。

（3）掘金大模型的挑战

除了智能驾驶、智能座舱这两大最常见的智能化领域，汽车从生产、制造、营销、服务的全链条，也可能被大模型改造。比如在设计研发领域，腾讯云AI代码助手的能力已经可以帮助开发团队完成编码的编制、测试以及质量提升。通过生成式人工智能（AIGC）生成的数字化营销内容，可以帮助销售团队更好地理解用户。比如在卖车的过程中，每个用户对车的需求和想法都不一样，如何为其创造独特的内容，如何让内容的表述更好地切中潜在车主的需求，将对销售转化有很大帮助。

长城汽车 AI Lab 内部已经开始使用 AI 做造型设计，并且将其使用 AI 的作品与人工设计的作品拿来做图灵测试，目前已经很难辨认出来是否是由 AI 设计的。

不少人将 2023 年称为大模型元年，大模型的技术盛宴才刚刚开始，而汽车作为当前最大的消费电子单品，可能会成为从中技术获益最大的一支。

本章习题

1. 判断：未来交通出行中，大数据分析只能应用于城市交通领域。　　　（　　）
2. 判断：未来交通出行中，大数据分析可以提高交通安全性。　　　（　　）
3. 判断：智慧交通已成为未来交通运输业优先发展的主题。　　　（　　）
4. 判断：未来交通发展的关键突破点是一体化、绿色化、智能化和共享化。（　　）
5. 判断：传统的数据安全能够应对大数据的管理。　　　（　　）
6. 判断：数据挖掘技术在交通领域的应用中不适用于交通流预测。　　　（　　）
7. 大数据分析在未来交通出行中的应用可以帮助优化以下哪个方面？（　　）

A. 路网规划　　　　　　　　　　　　B. 车辆造型设计

C. 驾驶员技能培训　　　　　　　　　D. 以上选项都不是

8. 以下哪个不是大数据分析在未来交通出行中的应用之一？（　　）

A. 实时路况监测与预测　　　　　　　B. 个性化出行推荐

C. 无人驾驶技术　　　　　　　　　　D. 车辆安全控制

9. 大数据的负面影响有（　　）。

A. 大量用户信息，用户无隐私

B. 因客定价，商家可动态调整商品价格，最大化榨取用户价值

C. 出行购物更方便

D. 智能推荐头条信息

10. 简述一下大数据与新能源汽车结合下的未来发展趋势。

11. 谈论一下你对大模型与新能源汽车融合的看法，具体的应用场景有哪些？

由数字技术引爆的"数字化升级"是中国汽车制造业的机遇，通过数字技术赋能，可以全面提升企业整体运营效率，进一步优化消费者购买和产品体验。与此同时，中国汽车制造业数字化升级还有很长的路要走，挑战与机遇并存。

新能源汽车行业数字化发展的大趋势将是升级贯穿产品设计开发、仿真验证、测试生产以及运营等全生命周期的数字化转型，从而推动打通数据壁垒，提升车企服务业务水平。

就新能源汽车产品本身的数字化发展趋势而言，软件定义汽车是大势所趋，因为车辆架构正朝着以通用计算平台为基础、面向服务架构的方向发展。未来车辆差异化将更多体现在软件和先进电子技术赋能的用户交互界面和体验层面，软件将带动汽车技术革新，引领产品差异化。

软件定义汽车是指在模块化和通用化硬件平台支撑下，以人工智能为核心的软件技术决定整车功能的未来汽车。在新能源汽车技术的发展中，软件定义汽车将扮演越来越重要的角色。基于此角度，就新能源汽车自身数字化发展而言，以下发展趋势将越来越明显：

1. 软件化：新能源汽车将越来越软件化，包括传感器、车载操作系统、车辆控制单元以及智能座舱系统等。软件将会成为新能源汽车的核心，可以实现对车辆各种功能的控制和管理。

2. 开放平台生态化：未来的新能源汽车将会成为一个开放平台，形成生态体系，各种软件和应用程序可以在车载系统中运行。例如，驾驶员可以通过手机应用程序控制车辆的空调和音响系统，或者通过车载应用程序实现导航和在线娱乐等功能。

3. 与云服务融合：新能源汽车将与云服务融合，通过云服务实现车辆的数据共享和车辆软件的升级。例如，通过云服务实现车辆的远程诊断和修复，或者通过云服务实现车辆的自动导航和自动驾驶等功能。

4. AI技术深度应用：随着人工智能技术的发展及深度应用于汽车领域，新能源汽车智能化的趋势日益明显，可采用人工智能技术实现车辆的自主决策和智能化服务。例如，采用深度学习算法实现车辆的自动驾驶和交通预测等功能，或者采用自然语言处理技术实现车辆的智能语音交互和语音识别等功能。

5. 安全和隐私保护问题更为凸显：随着软件定义汽车的发展，安全和隐私保护将成为一个重要的问题。未来的新能源汽车将会采用各种技术来保护车辆的安全和隐私。例如，采用区块链技术实现车辆数据的安全共享和隐私保护，或者采用安全芯片技术实现车辆软件的安全管理。

总之，新能源汽车技术发展的趋势将会朝着更加智能、高效且环保的方向发展。同时，在新能源汽车技术发展过程中，数字化技术将发挥越来越重要的作用。而从软件定义汽车的角度看，未来的新能源汽车将会更加软件化、智能化和开放化，采用各种云服务、人工智能技术和安全技术来实现车辆的各种功能，提高行驶安全性和驾驶体验。

——王泽兴，等《新能源汽车全生命周期数字化技术应用及发展趋势》

想一想1：数字化技术如何提升汽车制造业效率

数字化升级对中国汽车制造业的影响是全方位的。你认为数字化技术是如何全面提升企业整体运营效率的？例如，在产品设计、仿真验证、测试生产以及运营等环节，数字化技术具体发挥了哪些作用？

想一想 2：软件定义汽车的优势与挑战

软件定义汽车已经成为新能源汽车数字化发展的趋势。你认为这种发展趋势有哪些显著优势？同时，这种趋势可能面临哪些挑战？例如，软件在车辆功能中的核心地位如何改变汽车行业的技术和市场格局？

想一想 3：云服务与新能源汽车的融合

新能源汽车与云服务的融合将实现多种功能。你认为云服务在新能源汽车中具体有哪些应用？例如，车辆的数据共享和远程诊断如何通过云服务实现？这些功能对用户和车企分别有什么益处？

想一想 4：人工智能技术在新能源汽车中的应用

人工智能技术在新能源汽车中有广泛的应用前景。你认为哪些人工智能技术对新能源汽车的发展最为关键？例如，深度学习算法如何在自动驾驶和交通预测中发挥作用？自然语言处理技术在智能语音交互方面有哪些具体应用？

参 考 文 献

[1] 经管之家，曹正凤. 从零进阶！数据分析的统计基础 [M]. 北京：电子工业出版社，2016.

[2] 姚海鹏，王露瑶，刘韵洁. 大数据与人工智能导论 [M]. 北京：人民邮电出版社，2017.

[3] 朱晓峰，王忠军，张卫. 大数据分析指南 [M]. 南京：南京大学出版社，2021.

[4] 张良均，樊哲，赵云龙，等. Hadoop 大数据分析与挖掘实战 [M]. 北京：机械工业出版社，2015.

[5] 余本国，刘宁，李春报. Python 大数据分析与应用实战 [M]. 北京：电子工业出版社，2021.

[6] 宋杰. 大数据处理平台 [M]. 北京：人民邮电出版社，2017.

[7] 赵勇. 架构大数据 [M]. 北京：电子工业出版社，2015.

[8] 张尧学. 大数据导论 [M]. 北京：机械工业出版社，2018.

[9] 程学旗. 大数据分析 [M]. 北京：高等教育出版社，2019.

[10] 杨浚. 实战大数据（Hadoop + Spark + Flink）[M]. 北京：机械工业出版社，2018.

[11] 陈红波，刘顺祥，等. 数据分析从入门到进阶 [M]. 北京：机械工业出版社，2021.

[12] 魏贞原. 机器学习 [M]. 北京：电子工业出版社，2018.

[13] 赵永科. 深度学习 [M]. 北京：电子工业出版社，2016.

[14] 张伟楠，赵寒烨，俞勇. 动手学机器学习 [M]. 北京：人民邮电出版社，2023.

[15] 赵洋. 基于大数据的电动汽车动力电池系统故障诊断方法研究 [D]. 北京：北京理工大学，2018.

[16] 李达，张普琛，林倪，等. 基于多模型耦合的电动汽车三电系统安全性估计方法 [J]. 机械工程学报，2023，59（12）：354-363.

[17] 詹炜鹏，王震坡，邓钧君，等. 基于大数据的电动汽车行驶阶段碳减排影响因素分析 [J]. 汽车工程，2022，44（10）：1581-1590.

[18] 王震坡，张瑾，刘鹏，等. 电动汽车充电站规划研究综述 [J]. 中国公路学报，2022，35（12）：230-252.